ERTRÄGNISSE DEUTSCHER AKTIENGESELLSCHAFTEN

VOR UND NACH DEM KRIEGE

MIT ÜBERBLICK ÜBER DIE NEUESTE ENTWICKLUNG

VON

DR. JUR. ET PHIL. FRHR.

OTTO VON MERING

PRIVATDOZENT AN DER
HANDELSHOCHSCHULE BERLIN

BERLIN
VERLAG VON JULIUS SPRINGER
1923

ISBN-13:978-3-642-90097-6 e-ISBN-13:978-3-642-91954-1
DOI: 10.1007/978-3-642-91954-1

SOFTCOVER REPRINT OF THE HARDCOVER 1ST EDITION 1923

Vorwort.

Die vorliegende Arbeit ist eine volkswirtschaftliche Untersuchung. Als solche hat sie zwar einerseits die Aufgabe, die Verhältnisse bei den einzelnen Privatwirtschaften und unter Umständen auch die Ergebnisse privatwirtschaftlicher Forschung zu berücksichtigen; auf der anderen Seite darf sie sich hierbei aber nicht in Einzelheiten verlieren, sondern muß bestrebt sein, die allgemeine Entwicklungstendenz zu erfassen und das Typische aus der Vielgestaltigkeit der Erscheinungen herauszugreifen.

Zweck der Untersuchung ist die Feststellung dessen, was ist, nicht dessen, was sein soll. Wenn dabei Ergebnisse zutage treten, die das Kapital als besonders schutzbedürftig erscheinen lassen, so ist das eine zwar vorausgesehene, aber nicht gewollte Konsequenz der Untersuchung. Diese Hervorhebung sollte selbstverständlich sein. In einer Zeit, in der fast jede Meinung verdächtigt wird, in irgendwelchen Diensten zu stehen, ist sie es leider nicht.

In einem Schlußkapitel habe ich die Entwicklung zu skizzieren gesucht, die die deutschen Aktiengesellschaften in den letzten beiden Jahren genommen haben.

Berlin, im Juli 1923.

Der Verfasser.

Inhaltsverzeichnis.

I. Gegenstand, Umfang, Quellen und Grenzen der Untersuchung.

Eine Arbeit, die die finanziellen Ergebnisse einer sehr großen Zahl von Aktiengesellschaften zum Gegenstand hat, eine Untersuchung also, die sich auf Massenbeobachtung stützt, kann zunächst und grundsätzlich nur die Zahlen zugrunde legen, die von den Verwaltungen der Gesellschaften in ihren Bilanzen und Gewinn- und Verlustrechnungen veröffentlicht sind. Allerdings sind diese Veröffentlichungen nicht unbedingt zuverlässig. Abgesehen von dem wohl nicht so seltenen Fall einer eigentlichen Bilanzfälschung[1]), spielt das System der stillen Reserven bei den Jahresabschlüssen eine große Rolle. Schon vor 1914 und während des Krieges wurde von diesem System ausgiebig Gebrauch gemacht[2]), und neuerdings ist das Bestreben, heimliche Rückstellungen zu machen, unzweifelhaft noch stärker hervorgetreten: Seitdem fast jeder zahlenmäßige Abschluß zu Erörterungen über große und unverdiente Konjunkturgewinne der Industrie Anlaß gab, die durch Sozialisierung oder Besteuerung nach Möglichkeit beschnitten werden müßten, seitdem die Steuerlasten ins Ungemessene angewachsen sind, haben die Leitungen der Aktiengesellschaften in erhöhtem Maße den Wunsch, die von ihnen erzielten Gewinne teilweise zu verstecken. Außerdem ist hier auch vielfach der mehr oder weniger unbestimmte Gedanke maßgebend, daß die erzielten Gewinne vielleicht nur Scheingewinne sind, die man mindestens nicht in vollem Umfange ausweisen möchte[3]). Immerhin sind den stillen Rückstellungen durch den Dividendenhunger der Aktionäre und den Tantiemehunger der Direk-

[1]) Noch in jüngster Zeit hat sich bekanntlich die Semestralbilanz der Pfälzischen Bank per 30. Juni 1921 als gefälscht herausgestellt.

[2]) Vgl. Passow: Die Bilanzen der privaten und öffentlichen Unternehmungen Bd. I, Allgemeiner Teil, 2. Aufl., S. 195ff., Leipzig u. Berlin 1918, und Rosendorff: Die stillen Reserven der Aktiengesellschaften, S. 16ff., Berlin 1917 (mit Beispielen).

[3]) Vgl. hierüber die späteren Ausführungen im Text und Prion: Die Finanzierung und Bilanz wirtschaftlicher Betriebe unter dem Einfluß der Geldentwertung, S. 43ff., S. 47ff., Berlin: Julius Springer 1921, wo besonders von dem Bestreben der Unternehmer gehandelt wird, die Kosten der Neuanlagen ganz oder wenigstens bis auf den Friedenspreis sofort abzuschreiben.

toren und Aufsichtsräte Grenzen gesetzt, und so erscheint ein ziffernmäßiger Vergleich der Vorkriegs- und Nachkriegszeit zulässig, sofern er nur durch Untersuchungen über die Qualität der Gewinne ergänzt wird.

Nicht alle Aktiengesellschaften sollen der nachfolgenden Statistik zugrunde gelegt werden. An sich lag es nahe, die im Handbuch der Deutschen Aktiengesellschaften verzeichneten Aktiengesellschaften zu berücksichtigen; denn dieses Handbuch führt tatsächlich sämtliche Gesellschaften an. Nach einiger Überlegung erschien es aber geboten, von der Benutzung des Handbuches abzusehen, denn seine Angaben reichen in vielen Fällen zur Feststellung des Reingewinnes der einzelnen Gesellschaften nicht aus, auch sind die Mitteilungen über den Gegenstand des Unternehmens häufig zu dürftig, als daß es möglich wäre, eine geeignete Gruppierung vorzunehmen. Endlich handelt es sich bei den zahlreichen kleinen nur im Handbuch der Deutschen Aktiengesellschaften berücksichtigten Unternehmungen oft um Scheingründungen, Familiengründungen usw., bei denen die Bilanzen in weit höherem Maße als sonst „gemacht" sind. Im übrigen ist ja der Zweck der vorliegenden Untersuchung nicht der, absolute, sondern der, vergleichbare Zahlen zu erhalten.

Nur bei Gesellschaften, deren Aktien an einer Börse notiert sind, kann man einigermaßen ausführliche Angaben über den Gegenstand des Unternehmens und über das Jahresergebnis erwarten. Hier sind auch Scheingründungen ausgeschlossen, und selbst im Falle einer Familiengründung kann man annehmen, daß die Zulassungsstelle der betreffenden Börse dafür Sorge trägt, daß ausreichende Angaben über die Entwicklung des Unternehmens gemacht werden. Zuverlässige und ziemlich ausführliche Mitteilungen über sämtliche Aktiengesellschaften, deren Aktien oder Obligationen börsengängig sind, enthalten „Salings Börsenpapiere" 2. Teil, Berliner Börse und „Salings Börsenpapiere" 3. Teil, Provinzbörsen. Diese beiden Werke wurden demnach dem statistischen Teil der vorliegenden Arbeit vorzugsweise zugrunde gelegt, während für den nichtstatistischen Teil die unzähligen mehr oder weniger inhaltreichen Geschäftsberichte der einzelnen Unternehmungen die wichtigste Quelle bilden.

Freilich kann keine Rede davon sein, daß nun sämtliche Gesellschaften, deren Aktien oder Schuldverschreibungen notiert werden, berücksichtigt wurden. Berücksichtigt werden konnten vielmehr grundsätzlich nur diejenigen Unternehmungen, die vor und nach dem Kriege bestanden, d. h. diejenigen, über die „Salings Börsenpapiere" 1914/15 und „Salings Börsenpapiere" 1921/22 berichten. Alle diejenigen Gesellschaften, über die ein Vorkriegsabschluß nicht vorlag, ferner alle diejenigen, über die kein Abschluß vorlag, der nicht wenigstens einen

Teil des Jahres 1920 umfaßt, wurden nicht berücksichtigt. Unter Erträgnissen „nach dem Kriege" sollen nämlich nicht die Erträgnisse verstanden werden, die in der Zeit nach Abschluß des Waffenstillstandes, also seit November 1918 erzielt wurden. Denn ein großer Teil des Jahres 1919 stand noch im Zeichen, wenn nicht des äußeren, so doch des inneren Krieges. Es kam aber darauf an, die Erträgnisse einer etwas ruhigeren und halbwegs normalen Zeit mit den Vorkriegserträgnissen zu vergleichen, und darum mußte das Jahr 1919 wenigstens teilweise ausscheiden. Umgekehrt ist unter Vorkriegszeit nur ein Geschäftsjahr zu verstehen, das noch vor dem Ausbruch des Krieges, d. h. vor August 1914 abschloß. Denn nur dann lag ein vergleichbares Vorkriegsjahr vor. Ausgeschlossen von der Untersuchung wurden ferner alle Unternehmungen, die nicht in Deutschland ihren Sitz hatten, sowie solche, deren Aktien nicht auf Reichsmark lauten, oder deren Gewinne nicht in Reichsmark berechnet wurden [1]). Nicht berücksichtigt wurden endlich auch liquidierende Gesellschaften, denn die Höhe des Gewinnes, den eine liquidierende Gesellschaft etwa ausweist, ist von dem Stadium der Liquidation abhängig, also zufällig. Es handelt sich aber bei der vorliegenden Untersuchung darum, zwei typische Jahre miteinander zu vergleichen.

In „Salings Börsenpapiere" wird auch über eine Anzahl Gewerkschaften und über einige wenige Gesellschaften mit beschränkter Haftung berichtet. Obwohl es sich bei der vorliegenden Untersuchung weniger um eine Statistik der Aktiengesellschaften als solche handelt, so konnten doch die Gewerkschaften nicht berücksichtigt werden, weil deren Bilanzen und Gewinn- und Verlustrechnungen häufig keine Mitteilung über den Reingewinn machen. Die im „Saling" erwähnten Gesellschaften mit beschränkter Haftung wurden ausgelassen, weil sie zahlenmäßig gar keine Rolle spielen. Dagegen wurde die Reichsbank wegen ihrer großen volkswirtschaftlichen Bedeutung mit berücksichtigt, obwohl sie in juristischem Sinne keine Aktiengesellschaft ist.

Nur die Erträgnisse der Unternehmungen selbst, nicht die Dividenden sollen untersucht werden. Diese Beschränkung ergab sich mit Notwendigkeit aus dem Zweck der vorliegenden Schrift: einen Beitrag zu liefern zur Beurteilung des Volkseinkommens vor und nach dem Kriege. Allerdings zieht der Aktionär aus dem Reingewinn der Aktiengesellschaft über die Zahlung der Dividende hinaus im allgemeinen keinen unmittelbaren Nutzen, aber auf die Dauer bringt ihm nicht nur eine hohe Dividende, sondern auch ein hoher Reingewinn Vorteile, und ein Analogieschluß auf die Erträgnisse der übrigen Unter-

---

[1]) Letzteres trifft besonders bei einigen Unternehmungen in den an Polen abgetretenen Gebieten zu.

nehmungsformen ist nur bei Zugrundelegung des Reingewinnes, nicht bei Zugrundelegung der Dividende möglich. Das gilt vor allem für die Gewinn- und Verlustrechnungen der Nachkriegszeit. Sehr viele Gesellschaften wären in der Lage gewesen, aus dem ausgewiesenen Reingewinn eine erheblich höhere Dividende auszuschütten, als tatsächlich verteilt wurde[1]). Aber dieselben Beweggründe, die wir oben bei Erörterung der stillen Reserven kennengelernt haben, führten in ungleich verstärktem Maße zu einer Beschränkung der Dividende. Ein Vergleich der einst und jetzt verteilten Dividende würde daher ein falsches Bild von den Erträgnissen des deutschen Gewerbes überhaupt geben.

Ist die enge Anlehnung an die ziffernmäßigen Ergebnisse der Gesellschaften für die eigentliche Statistik unvermeidlich, so ist sie doch für die weitere Forschung keineswegs ausreichend. Die chaotischen Währungsverhältnisse der Nachkriegszeit machen auch eine Untersuchung der Frage erforderlich, ob und inwieweit die ausgewiesenen Reingewinne Scheingewinne waren. Hiermit wird ein Problem berührt, das nicht nur privatwirtschaftlich, sondern auch volkswirtschaftlich von außerordentlicher Bedeutung ist, und das deshalb nicht übergangen werden darf. Ein einfacher Hinweis auf die vorhandene Literatur über Scheingewinne genügt schon deshalb nicht, weil, wie wir sehen werden, die verschiedenen Gruppen von Aktiengesellschaften der Gefahr der Scheingewinnkalkulation in sehr verschiedenem Maße unterliegen.

Wie ist nun der Scheingewinn zu definieren? — Ganz allgemein kann man sagen, daß ein Scheingewinn dann vorliegt, wenn für einen einzelnen geschäftlichen Vorgang oder für die Gesamtheit geschäftlicher Vorgänge einer bestimmten Periode rechnungsmäßig ein Gewinn ausgewiesen wird, der infolge der Geldentwertung in Wahrheit nicht oder wenigstens nicht in der angegebenen Höhe erzielt wurde. Der Begriff des Scheingewinnes muß also nicht nur den Fall, den man ge-

[1]) Die Deutsche Bank erzielte im Geschäfsjahr 1920 einen sichtbaren Reingewinn einschl. Vortrag von rund 185 Millionen Mark. Sie verteilte aber nur eine Dividende von 18% im Gesamtbetrage von 71 1/3 Millionen Mark. Bei den übrigen Berliner Großbanken sind die entsprechenden Zahlen folgende: Diskonto-Gesellschaft Reingewinn 160 Millionen, Dividende 49 1/2 Millionen; Dresdner Bank 144 1/4 Millionen und 32 1/2 Millionen; Darmstädter Bank 58 1/2 Millionen und 19 Millionen; Berliner Handels-Gesellschaft 37 Millionen und 13 3/4 Millionen. Von Industrie-Gesellschaften seien nur die Gelsenkirchener Bergwerks A.-G. und die Phoenix Bergbau A.-G. genannt. Erstere hatte 1919/20 einen ausgewiesenen Reingewinn von 13 Millionen und verteilte eine Dividende im Gesamtbetrage von 11,7 Millionen. Hier war also die Spannung zwischen Reingewinn und Dividende nur gering (dafür aber die Abschreibungen sehr bedeutend). Andererseits schüttete der „Phoenix“ für 1919/20 aus einem sichtbaren Reingewinn von 50 1/2 Millionen Mark nur eine Dividende von 21,2 Millionen aus.

wöhnlich im Auge hat, umfassen, daß ein Gewinn ausgewiesen wird, wo tatsächlich ein Verlust eingetreten ist, sondern auch diejenigen Fälle, in denen dem Scheingewinn zwar kein Verlust, aber doch ein niedrigerer oder auch kein Gewinn zugrunde liegt.

Im einzelnen kann ein Scheingewinn in doppelter Beziehung ausgewiesen werden. Einmal durch unrichtige Bewertung der Anlagewerte und zweitens durch unrichtige Bewertung der Umlaufswerte; im ersteren Falle werden ungenügende Abschreibungen gemacht, im zweiten wird der Einstandspreis der Umlaufswerte unabhängig vom Gesichtspunkt der Abschreibungen zu niedrig eingesetzt[1]). Immer handelt es sich darum, daß die ausgerechneten Geldeinnahmen nicht schlechthin Gewinne sind, sondern „durch die Geldentwertung ausgewalzte Kapitalteile“[2]).

Wann sind nun die Abschreibungen ungenügend, und wann ist der Einstandspreis der Umlaufswerte zu niedrig eingesetzt? — Nach Walb[3]) kann man das Gewicht legen entweder auf die Erhaltung des materiellen (mengemäßig bestimmten) Kapitals oder auf die Erhaltung des realen Kapitals oder auf die Erhaltung des relativen — dem volkswirtschaftlichen Zustand angepaßten Kapitals. Der Weg zur Erreichung dieser Ziele kann seinerseits wieder verschieden sein. Man kann mit Mahlberg[4]) alle Bilanzwerte auf einen Goldmarkbetrag zurückführen[5]), man kann mit Prion ein Erneuerungskonto mit Papiermark erkennen, wobei freilich Verluste am umlaufenden Kapital unberücksichtigt bleiben[6]). Man kann auch mit Schmidt[7]) durch Eröffnung eines Vermögenswertkontos die jeweiligen Wiederbeschaffungskosten der Anlagen und Umsatzgüter der Bilanz und Erfolgsrechnung zugrunde legen, und es sind

---

[1]) Auf die besondere Wichtigkeit des zweiten Moments weist Schmalenbach: Die steuerliche Behandlung der Scheingewinne, in den Mitteilungen der Gesellschaft für wirtschaftliche Ausbildung, Sonderband I, H. 1, S. 6, Frankfurt a. M., mit Recht hin.

[2]) Dies ist der treffende Ausdruck von Prion: Die Finanzierung und Bilanz wirtschaftlicher Betriebe unter dem Einfluß der Geldentwertung, S. 17. Berlin: Julius Springer 1921.

[3]) Das Problem der Scheingewinne, S. 8. Freiburg 1921.

[4]) Bilanztechnik und Bewertung bei schwankender Währung. Leipzig 1921.

[5]) Überpreise, d. h. Preise, die höher sind als der allgemeinen Geldentwertung entspricht, sollen sogar zunächst auf den „planmäßigen“ Papierwert reduziert und dann noch durch den allgemeinen Geldentwertungsfaktor dividiert werden. Mahlberg a. a. O. S. 33ff.

[6]) Übrigens scheint es mir sehr zweifelhaft zu sein, ob Prion Recht hat, wenn er es volkswirtschaftlich nicht für richtig hält, die Abschreibungen in voller Höhe der Geldentwertung in den Preisen einzukalkulieren (Prion: Die Finanzierungspolitik der Unternehmung im Zeichen der Scheingewinne, Mitteilungen der Gesellschaft für wirtschaftliche Ausbildung, Sonderband I, H. 1 u. 2, S. 100, Anm.).

[7]) Die organische Bilanz im Rahmen der Wirtschaft. Leipzig 1921.

auch noch andere Methoden denkbar und vor allem praktisch angewandt worden. Wir werden, ohne damit eine grundsätzliche Entscheidung treffen zu wollen, aus praktischen Gründen in der nachfolgenden Untersuchung im allgemeinen die Erhaltung des materiellen Kapitals zugrunde legen und den Maßstab für die Erhaltung dieses materiellen Kapitals durch die Wiederbeschaffungskosten bestimmen. Demgemäß erläutern wir unsere obige Definition der Scheingewinne dahin, daß ein Scheingewinn vorhanden ist, wenn der kalkulierte Einstandspreis einer Ware niedriger ist als der effektive Einstandspreis zurzeit des Verkaufs dieser Ware. In den Wiederbeschaffungskosten müssen die notwendigen jeweils dem Ersatzkostenwert entsprechenden Abschreibungen mit enthalten sein[1]).

Nun hat man[2]) unter Bezeichnung der einzelnen Umläufe des Kapitals mit K 1, V 1, K 2, V 2 usw. gesagt, daß es falsch sei, die Berechnung der Ergebnisse des Umlaufs, in denen die Geldentwertung zum Ausdruck kommt, in der Weise vorzunehmen, daß man K_2 und V_1, K_3 und V_2 einander gegenüberstelle; und in der Tat, diese Gegenüberstellung ist grundsätzlich auch nicht haltbar. Vielmehr darf prinzipiell nur K_1 zu V_1, K_2 zu V_2 in Beziehung gesetzt werden. Aber man setzt ja, wenn man die Geldentwertung außer acht läßt, V_1 und K_1 gar nicht zueinander in Beziehung, denn K_1 ist tatsächlich höherwertig als es scheint, weil es auf einem höheren Geldwert basiert. Es bleibt also nur übrig, K_1 auf den gegenwärtigen Geldwert, d. h. auf den Geldwert zur Zeit des Verkaufstages umzurechnen oder — logisch nicht korrekt, aber als Notbehelf wohl zu verteidigen — die Wiederbeschaffungskosten, d. h. K_2 bei der Kalkulation zugrunde zu legen[3]).

Jedenfalls ist die Berücksichtigung der Wiederbeschaffungskosten, mag sie nun betriebstechnisch für korrekt befunden werden oder nicht, vom volkswirtschaftlichen Standpunkt bei Feststellung des Ertrages der Gesamtwirtschaft nicht zu entbehren. Über die Frage, ob man dem Kaufmann das Recht zuerkennen soll, die Wiederbeschaffungskosten auch tatsächlich beim Verkauf zugrunde zu legen, wird damit selbstverständlich kein Urteil gefällt.

Dem durch die Geldentwertung verursachten Scheingewinn entspricht der durch die Geldwertsteigerung verursachte Scheinverlust. Ein Scheinverlust liegt demnach vor, wenn der kalkulierte Einstandspreis einer Ware höher ist als der effektive Einstandspreis zur Zeit des Verkaufes dieser Ware. Dabei kann sich hinter dem Scheinverlust ein wirklicher Gewinn verbergen. Es kann ihm auch ein geringerer Real-

[1]) Vgl. Schmidt a. a. O. S. 75 u. 81.

[2]) Nicklisch: Zeitschr. f. Handelswissensch. u. Handelspraxis 1921, H. 2, S. 45.

[3]) Auch Leitner: Einkommen und Ertrag, S. 74ff., Berlin 1922, hält die Gewinnmessung auf der Basis der Wiederbeschaffungskosten für unrichtig.

verlust als ausgewiesen, und es kann ihm schließlich auch keinerlei wirklicher Gewinn oder Verlust zugrunde liegen[1]).

Selbst wenn aber auf Grundlage der Wiederbeschaffungskosten des Verkaufstages verkauft wird, so können doch noch durch die Geldentwertung Verluste entstehen, die die tatsächliche Wiederbeschaffung zu dem dem Verkaufspreis zugrunde gelegten Wiederbeschaffungspreis unmöglich machen. Das ist dann der Fall, wenn zwischen dem Verkaufstage und dem Wiederbeschaffungstage eine Geldentwertung eintritt, bzw. eine bereits eingetretene Geldentwertung sich — insbesondere durch Lohnerhöhungen — auswirkt. Hier führt die Geldentwertung direkt zu Verlusten, während sie bei den eigentlichen Scheingewinnen nur indirekt durch Verursachung unrichtiger Kalkulationen verlustbringend wirkt. Zu der Geldentwertung zwischen Beschaffungstag und Verkaufstag tritt also als fernere Ursache von Verlusten bzw. Mindergewinnen die Geldentwertung zwischen Verkaufstag und Wiederbeschaffungstag[2]). In einem weiteren Sinne kann man auch hier von Scheingewinnen sprechen, insofern nämlich der Verkaufspreis zwar nicht wegen der vor dem Verkaufstag liegenden, wohl aber wegen der erst später eingetretenen neuen Umstände tatsächlich zu niedrig war.

Endlich können noch durch die Geldentwertung Verluste eintreten, die mit der Verkaufskalkulation überhaupt nichts zu tun haben: Soweit bei Unternehmen Bargeld und Geldforderungen die Geldschulden übersteigen, muß ein jedes Sinken der Kaufkraft der Währung notwendig einen Verlust bringen, ebenso wie ein jedes Steigen einen Gewinn einträgt. Sind umgekehrt mehr Gläubiger als Geld und Geldschuldner vorhanden, so bedeutet naturgemäß ein Sinken des Geldwertes Gewinn (genauer: Schuldentlastung), ein Steigen des Geldwertes Verlust (genauer: Schuldvermehrung).

Die aufgestellten Grundsätze über Scheingewinne gelten für die einzelnen Privatwirtschaften nur insoweit, als sie mit eigenem Kapital

---

[1]) Im einzelnen kann man fünf Arten von Scheinkalkulationen unterscheiden, die sämtlich auch praktische Bedeutung besitzen:

1. Einem scheinbaren Gewinn liegt ein geringerer Gewinn oder gar kein Gewinn oder ein Verlust zugrunde (typischer Fall des Scheingewinnes).

2. Einem scheinbaren Mindergewinn liegt ein höherer Gewinn zugrunde (Anwendungsfall des Scheinverlustes).

3. Einem scheinbaren Verlust liegt ein geringerer Verlust oder gar kein Verlust oder ein Gewinn zugrunde (typischer Fall des Scheinverlustes).

4. Einer weder Gewinn noch Verlust ausweisenden Kalkulation liegt ein Verlust zugrunde (Anwendungsfall des Scheingewinnes).

5. Einer weder Gewinn noch Verlust ausweisenden Kalkulation liegt ein Gewinn zugrunde (Anwendungsfall des Scheinverlustes).

[2]) Natürlich kann sich die Wiederbeschaffung bei Fabrikationsunternehmen über sehr viele Tage erstrecken, das ist aber prinzipiell für die vorliegende Frage ohne Bedeutung.

arbeiten. Werden Waren mit fremden Geldern beschafft, so kann der Verkaufspreis unter dem Wiederbeschaffungspreis liegen, und das Unternehmen wird doch einen realen Gewinn erzielen, sofern nur der Verkaufspreis höher ist als der Beschaffungspreis. Aber die Gewinnerzielung geht in diesem Falle auf Kosten des Gläubigers, und die Gesamtwirtschaft oder wenigstens die Gesamtheit des investierten Kapitals erleidet, in dem einen wie in dem anderen Falle genau den gleichen Verlust. Auch macht es keinen Unterschied, ob es sich bei dem Kredit um ein Bankdarlehen, um einen Warenkredit oder um eine langfristige Anleihe handelt.

Sämtliche vorstehend erwähnten Umstände können das rechnungsmäßige Ergebnis einer Unternehmung in hohem Grade modifizieren, sie können es sogar völlig über den Haufen werfen, aber eine zahlenmäßige Feststellung, in welchem Umfange dies hei den einzelnen Gesellschaftsgruppen geschehen ist, ist nicht möglich. Nur die allgemeine Tendenz läßt sich verfolgen, und eine wichtige Aufgabe der vorliegenden Untersuchung soll es sein, auch auf diesem statistisch weniger erfaßbaren Gebiete die Lage der einzelnen Gewerbezweige in der Nachkriegszeit zu kennzeichnen. Dabei wird es nicht immer möglich sein, mit apodiktischer Gewißheit Urteile zu fällen. Nicht selten werden wir uns mit Feststellungen begnügen müssen, die gleichsam nur durch Indizienbeweise gestützt werden können, die aber doch über bloße Vermutungen hinausgehen.

II. Statistik der Gesellschaftserträgnisse vor und nach dem Kriege.

Wenn wir eine Statistik der Erträgnisse deutscher Aktiengesellschaften geben wollen, so müssen wir uns zunächst über die Bedeutung des Wortes „Erträgnisse“ klar werden. Ewald Moll hat in seiner sehr gründlichen Abhandlung über „Die Rentabilität der Aktiengesellschaften“[1]) den Begriff des Einkommens der Aktiengesellschaften als Unterlage für eine Rentabilitätsstatistik festzustellen gesucht. Moll verlangt[2]) bei Feststellung des Einkommens zunächst die Nichtberücksichtigung der Gewinn- und Verlustvorträge aus den Vorjahren, ferner die Weglassung der durch Sanierung, Kapitalserhöhungen usw. entstandenen Buchgewinne, den Abzug der Tantiemen an Vorstandsmitglieder und Prokuristen, sowie den Abzug von ordentlichen — nicht

[1]) Jena 1908; die ebenfalls sehr gründliche Schrift des gleichen Verfassers über „Das Problem einer amtlichen Statistik der Aktiengesellschaften“, Berlin 1908, behandelt nur die Bestands- und Bewegungsstatistik.

[2]) a. a. O. S. 224—274.

aber außerordentlichen — Zuweisungen an Wohlfahrtsfonds, während die Aufsichtsratstantiemen vom Einkommen nicht abgezogen werden sollen. Erneuerungsfonds sollen genau — eventuell unter Zuhilfenahme von Rückfragen an die Gesellschaften — daraufhin geprüft werden, ob es sich um „Abschreibungen auf der Passivseite" handelt, die natürlich nicht berücksichtigt werden dürfen, oder um eigentliche Rückstellungen. Nur die ordentlichen, nicht die außerordentlichen Abschreibungen sind nach Moll vom Reingewinn zu kürzen; dagegen sollen Zufallsgewinne und Zufallsverluste bei Feststellung des Gewinnes bzw. Verlustes auf jeden Fall mit berücksichtigt werden. Nach diesen Grundsätzen ist nach Möglichkeit auch die nachfolgende Statistik angefertigt, nur darf man selbst bei Anwendung der größten Sorgfalt nicht glauben, daß die Regeln allenthalben durchgeführt werden können. Denn das scheitert unbedingt an der Undurchsichtigkeit mancher Bilanzen und an dem mangelnden Willen vieler Gesellschaften, ihre Verhältnisse offen darzulegen. Auch war es bei der vorliegenden Privatarbeit nicht möglich, jede einzelne Gesellschaft so individuell zu behandeln, wie Moll das für die amtliche Reichsstatistik vorschlägt. Für eine vergleichende Statistik ist das aber auch nicht erforderlich.

Wenn der Reingewinn des Jahres 1913/14 mit dem Reingewinn von 1920/21 verglichen werden soll, so muß dabei auch berücksichtigt werden, inwieweit sich in der Zwischenzeit das werbende Kapital, d. h. das Aktienkapital und die echten Reserven der untersuchten Gesellschaften, verändert hat. Denn nicht nur auf einen Vergleich der Erträgnisse der beiden Epochen schlechthin kommt es an, sondern mehr noch darauf, welchen Ertrag das 1913/14 arbeitende Kapital in den beiden Vergleichsjahren abgeworfen hat. Die Wirkung des später hinzugetretenen Kapitals muß also nach Möglichkeit ausgeschaltet werden. Das geschieht am besten dadurch, daß die Zinsen auf dieses neu hinzugetretene Kapital von dem Reingewinn des späteren Vergleichsjahres abgezogen bzw. dem Verlust hinzugezählt werden. Nun sind aber sehr viele Kapitalserhöhungen im Laufe des späteren Vergleichsjahres (1920/21) vorgenommen worden, so daß das hierdurch neu hinzugetretene Kapital das Geschäftsergebnis noch nicht in vollem Umfange beeinflussen konnte. Hierdurch wird die eben geschilderte Methode offenbar ungenau; da sich jedoch nicht mit Sicherheit feststellen läßt, wann und in welchem Umfang die infolge Kapitalserhöhung neu hinzugetretenen Kapitalien zu arbeiten anfangen, so mußte die Ungenauigkeit in Kauf genommen werden. Sie vermindert sich in ihrer Wirksamkeit dadurch, daß auch in dem früheren Vergleichsjahre nicht selten — wenn auch viel seltener als 1920/21 — Kapitalserhöhungen vorgenommen wurden, und daß infolgedessen auch das 1913/14 bilanzmäßig ausgewiesene werbende Kapital häufig größer war als das tatsächlich im letzten Geschäftsjahr in vollem Umfange tätig gewesene Kapital. Immerhin erscheint es, um einen Ausgleich für diese Ungenauigkeit zu schaffen, geboten, einen mäßigen Zinssatz für das ausweislich der Bilanzen in der Zwischenzeit hinzugetretene Kapital in Ansatz zu bringen, nämlich 4%. Das eingeschlagene Verfahren sei an der Hand des folgenden Beispiels erläutert: Die Rheinische Aktiengesellschaft für Braunkohlenbergbau und Brikettfabrikation in Köln hatte nach ihrer Gewinn- und Verlustrechnung für das Geschäftsjahr 1913/14 einen Reingewinn abzüglich Vortrag in Höhe von 4958866 Mark, während die Bilanz ultimo März 1914 ein frei werbendes Kapital (Aktienkapital und echte Reserven abzüglich der Rückstellungen aus dem Gewinn des Geschäftsjahres 1913/14) in Höhe von 36805922 Mark aufwies. Nach der Bilanz und Gewinn- und Verlustrechnung für das Geschäftsjahr 1920/21 betrug bei demselben Unternehmen der Reingewinn abzüglich Vortrag 20537724 Mark und das frei werbende Kapital (abzüglich der Rückstellungen aus dem Reingewinn des Geschäftsjahres 1920/21) 109683027 Mark. Der Unterschied zwischen dem frei werbenden Kapital der zweiten und ersten Epoche beträgt demnach

	109683027
./.	36805922
	72877105.

Für dieses in der Zwischenzeit neu hinzugetretene Kapital werden 4%, das sind 2915084 Mark von dem Reingewinn des Geschäftsjahres 1920/21 in Abzug gebracht. Es stehen sich also als vergleichbare Zahlen einander gegenüber der Reingewinn des Geschäftsjahres 1913/14 mit 4958866 Mark und der statistische Reingewinn des Jahres 1920 bis 1921 mit

	20537724 Mark
./.	2915084 „
	17622640 Mark.

Wenn sich andererseits bei einem Unternehmen das frei werbende Kapital in der Zwischenzeit verkleinerte, so wurde der etwaige Reingewinn des Jahres 1920/21 um 4% von der Kapitaldifferenz erhöht. Hatte z. B. eine Gesellschaft im Jahre 1916 einen Verlust von 1 Million, der durch Entnahme aus dem Reservefonds gedeckt wurde, so daß das frei werbende Kapital 1920/21 1 Million Mark weniger betrug als 1913/14, so wurden dem Reingewinn des Jahres 1920/21 4% von 1 Million Mark, das sind 40000 Mark hinzugerechnet und so der „statistische" Reingewinn ermittelt. In der gleichen Weise wurde bei einer Verringerung des frei werbenden Kapitals durch Zusammenlegung von Aktien verfahren. Wenn also z. B. ein Unternehmen 1913/14 ein Aktienkapital von 5 Millionen Mark hatte und 1916 sein Kapital im Verhältnis von zwei zu eins zusammenlegte, so daß sich das bilanzmäßig ausgewiesene frei werbende Kapital um $2\frac{1}{2}$ Millionen verringerte, so wurden dem etwaigen Reingewinn des zweiten Vergleichsjahres 4% von $2\frac{1}{2}$ Millionen Mark hinzugezählt. Allerdings erscheint hierdurch die Lage im zweiten Vergleichsjahr unter Umständen unverhältnismäßig günstig. Konsequenterweise konnte aber nicht anders verfahren werden, zumal die Verringerung des Aktienkapitals manchmal mit Rückzahlungen an die Aktionäre verbunden ist, häufig sich auch eine Kapitalserhöhung daran anschließt und deshalb die Feststellung des tatsächlich von außen hinzugetretenen Kapitals äußerst verwickelt ist. Ferner ist zu bedenken, daß die Sanierung die Folge eines Verlustes innerhalb des zwischen den beiden Vergleichsjahren liegenden Zeitraumes sein kann. In diesem Falle ist aber das angewandte Verfahren das allein zutreffende, denn dann hat sich das Aktienkapital durch einen Umstand verringert, der keinem der beiden Vergleichsjahre zur Last zu legen ist, und dessen Einwirkung auf das Ergebnis des zweiten Geschäftsjahres daher nach Möglichkeit, d. h. eben durch Hinzuzählung von 4% der Kapitaldifferenz, auszuschalten ist. Auf der anderen Seite wurde auch eine Erhöhung des Aktienkapitals durch Ausgabe von Gratisaktien wie eine andere Kapitalserhöhung behandelt, denn die Gratisaktien werden entweder aus dem Reingewinn bezahlt, und dann ist dem Unternehmen insofern neues Kapital zugeflossen, als ein Teil des Reingewinnes anstatt zur Ausschüttung einer höheren Dividende zur Bezahlung der Gratisaktien verwendet wurde, oder aber die Bezahlung der Gratisaktien wird durch Auflösung irgendeines Reservefonds ermöglicht. Dann erscheint das frei werbende Kapital auf der einen Seite durch die Auflösung des betreffenden Reservefonds verringert und andererseits durch die Vergrößerung des Aktienkapitals erhöht, so daß die Gesamtsumme des frei werbenden Kapitels sich überhaupt nicht verändert.

Bei Feststellung des Verhältnisses von Vor- und Nachkriegsgewinn für jede einzelne Gewerbegruppe wurden die Gewinne der beiden Vergleichsjahre jeweils zusammengezählt, etwaige Verluste abgezogen und dann die Gesamtergebnisse der beiden Vergleichsjahre miteinander verglichen. Es wurde also nicht für jedes einzelne Unternehmen das prozentuale Verhältnis von Vor- und Nachkriegsgewinn festgestellt und das arithmetische Mittel für sämtliche Gesellschaften errechnet, denn bei diesem Verfahren bleibt die Größe der einzelnen Unternehmungen unberücksichtigt, und es können von der Norm abweichende kleine Unternehmungen ein ganz falsches Bild von der Rentabilität der ganzen Gewerbegruppe geben[1]).

[1]) Bei Berechnung des Dividendeneinkommens des Aktionärs unterscheidet Wagon: Die finanzielle Entwicklung deutscher Aktiengesellschaften usw., S. 11, Jena 1903, die „arithmetische“ und die „quantifizierte“ Durchschnittsrechnung.

Tabelle I.

Gruppe	Zahl der Gesellschaften	Werbendes Kapital 1913/14	Werbendes Kapital 1920/21	Reingewinn 1913/14 in Mark	Reingewinn 1913/14 in % des werbenden Kapitals von 1913/14
1. Baugesellschaften	10	47876990	89776270	4795083	10,02
2. Baumaterialiengesellschaften	62	216523631	342667401	22121235	10,21
3. Bergwerk- u. Hüttenbetrieb	8	61248143	79792316	4462690	7,28
4. „ , Hüttenbetrieb u. Eisenverarbeitung	29	1213011082	1703758380	139972905	11,53
5. Brauereien und Mälzereien	153	365009844	490620571	38639513	10,58
6. Braunkohlenindustrie	30	272667176	577832731	31543969	11,57
7. Chemische Fabriken u. Farbwerke	67	572173784	1757735189	86458815	15,11
8. Deutsche Eisenbahnen	48	267686324	279223809	13423734	5,02
9. Druckereien und Verlagsanstalten	15	25245073	34911223	2372845	9,39
10. Eisenverarbeitung	13	68656681	187198924	9135800	13,32
11. Elektrizitätsindustrie	58	1299446107	2085053392	127284742	9,79
12. Fischereiindustrie	4	10891380	34217973	1274563	11,71
13. Gas- und Wasserleitung	14	167807444	243179978	15299570	9,12
14. Glas, Porzellan und Steingut	33	92935955	156414350	12806193	13,78
15. Gummiindustrie	13	73365671	201657518	10833341	14,76
16. Hagelversicherung	4	13567892	27869937	5591357	41,21
17. Holzindustrie	8	22250333	40840127	1901569	8,54
18. Hotelges., Bäder u. Vergnüg.-Etabl.	15	41691441	46678782	2482036	5,95
19. Hypothekenbanken	33	1071116839	1295125026	85455220	7,97
20. Kreditbanken	48	2654008263	4038497267	211742341	7,97
21. Lederindustrie	10	22346254	67197499	2774209	12,41
22. Linoleum	4	18725808	26474183	2663421	14,22
23. Maschinen- und Eisenbahnbedarf	144	798753566	1720033049	85613048	10,72
24. Metallindustrie	111	681765433	1254970055	97780931	14,34
25. Mühlen	22	55413040	83281275	4752930	8,58
26. Notenbanken	5	325714147	409540658	57241468	17,57
27. Ölindustrie	6	53732832	63910337	6976979	12,98
28. Papier-, Pappen- und Tapetenind.	40	172290132	275476184	16944994	9,83
29. Petroleumindustrie	3	42303823	173959373	5746502	13,58
30. Plantagengesellschaften	3	7835580	8896428	740136	9,45
31. Salz- und Kalibergwerke	20	244605659	474966109	20730730	8,47
32. Salinen	2	5369731	4908354	94726	1,76
33. Schiffahrts- u. Hafengesellschaften	31	505849043	728231883	61046588	12,06
34. Schokoladenindustrie	3	13798225	18821850	916470	6,64
35. Schuhindustrie	3	14603301	54488394	1316108	9,01
36. Sektindustrie	4	8330364	19063507	1300650	15,61

Tabelle I.

Reingewinn 1920/21									
in Mark	in % des werbenden Kapitals von 1920/21	in % des werbenden Kapitals von 1920/21 bei Zugrundelegung eines Geldentw.-Faktors v. 10	in Mark abzüglich 4% Zinsen für die Kapit.-Differenz zwischen dem ursprünglichen u. dem späteren Kapital	abzüglich 4% für die Kap.-Diff. in % des werbenden Kapit. v. 1913/14	abzügl. 4% für die Kap.-Diff. in % d. werbend. Kapitals v. 1913/14 bei Zugrundelegung eines Geldentw.-Faktors v. 10	abzüglich 4% für die Kap.-Diff. in % des Reingewinns v. 1913/14	abzügl. 4% für die Kap.-Diff. in % des Reingewinns von 1913/14 bei Zugrundelegung eines Geldentw.-Faktors v. 10	Bemerkungen
18272668	20,36	2,04	16596697	34,66	3,47	346,12	34,61	
82564266	24,09	2,41	77518516	35,80	3,58	350,42	35,04	
19953858	25,02	2,50	19212092	31,36	3,14	430,50	43,05	
457802335	26,86	2,69	438172444	36,12	3,61	313,05	31,31	
58294853	11,86	1,19	53270424	14,59	1,46	137,86	13,79	
101751724	17,61	1,76	89545102	32,84	3,28	283,87	28,39	
438476069	24,94	2,49	391053613	68,34	6,83	452,23	45,22	
2742741	0,98	0,10	2281242	0,85	0,09	16,99	1,70	vgl. S. 100 im Text.
9959704	28,53	2,85	9573058	37,92	3,79	403,44	40,34	
75523972	40,34	4,03	70782283	103,09	10,31	774,77	77,48	
226545080	10,86	1,09	195120789	15,01	1,50	153,29	15,33	
9289306	27,13	2,71	8356243	76,72	7,67	655,61	65,56	
27803278	11,43	1,14	24788377	14,77	1,48	162,02	16,20	
71455511	45,68	4,57	68916376	74,15	7,42	538,22	53,82	
36243813	17,97	1,80	31112140	42,41	4,24	287,39	28,74	
5162386	18,52	1,85	4590305	33,84	3,38	82,09	8,21	
17606671	43,11	4,31	16863080	75,78	7,58	886,79	88,68	
9402850	20,14	2,01	9203357	22,07	2,21	370,80	37,08	
97400812	7,52	0,75	88440485	8,26	0,83	103,49	10,35	
976761060	24,18	2,42	921381500	34,72	3,47	435,14	43,51	
12051618	17,93	1,79	10257569	45,90	4,59	369,74	36,97	
9198974	34,75	3,48	8889039	47,47	4,75	333,74	33,37	
343732519	19,98	2,00	306881340	38,42	3,84	358,45	35,85	
375833230	29,94	2,99	352905046	51,76	5,18	360,91	36,09	
13603782	16,33	1,63	12489053	22,54	2,25	262,76	26,28	
63779899	15,57	1,56	60426839	18,55	1,86	105,56	10,56	
18597253	29,09	2,91	18190153	33,85	3,39	260,72	26,07	
96180788	34,91	3,49	92053346	53,43	5,34	543,25	54,33	
28975590	16,65	1,67	23709368	56,04	5,60	412,57	41,26	
5298250	59,55	5,96	5255817	67,08	6,71	710,11	71,01	
70543783	14,85	1,49	61329365	25,07	2,51	295,83	29,58	
549097	11,19	1,12	567552	10,57	1,06	598,93	59,89	
122423957	16,81	1,68	113528644	22,44	2,24	185,97	18,60	
7435702	39,51	3,95	7234757	52,43	5,24	789,42	78,94	
7522714	13,80	1,38	5927311	40,59	4,06	450,36	45,04	
6010065	31,52	3,15	5580740	66,99	6,70	429,07	42,91	

Gruppe	Zahl der Gesellschaften	Werbendes Kapital 1913/14	Werbendes Kapital 1920/21	Reingewinn 1913/14 in Mark	Reingewinn 1913/14 in % des werbenden Kapitals von 1913/14
37. Sonstige Verkehrsgesellschaften.	14	48345190	85464011	5264289	10,89
38. Spritfabriken	8	24156134	67711956	3343228	13,84
39. Steinkohlenbergwerke	18	385897791	569121676	48415354	12,54
40. Steinzeug-, Tonwaren u. Kaminbau	4	11099336	23103635	1524174	13,73
41. Tabakindustrie	3	18724278	23009000	2071432	11,05
42. Straßen- und Lokalbahnen . . .	34	241272361	308745727	17023495	7,06
43. Terrain- und Häusergesellschaften	43	187304132	199849506	1428263	0,76
44. Textilindustrie	133	434323821	856303308	40063345	9,22
45. Verschiedene Gesellschaften . .	34	224176202	461760874	24267598	10,82
46. Uhren, Musikwerke, Optik und photographische Apparate . . .	12	41779879	112865365	6182308	14,79
47. Versicherungsgesellschaften (ausschließlich Hagelversicherung) .	56	481725125	630234093	90297198	18,74
48. Zuckerfabriken	23	84939593	203763831	11922240	14,04
Insgesamt	1458	13712360833	22639203284	1446040335	10,55

In dem oben gegebenen Beispiel der Rheinischen Aktiengesellschaft für Braunkohlenbergbau und Brikettfabrikation stellte sich der Reingewinn für das Geschäftsjahr 1913/14 auf 4958866 Mark, während der statistische Reingewinn 1920/21 auf 17622640 Mark berechnet wurde. Gesetzt, die Gewinne aller anderen Gesellschalten der Braunkohlengruppe wiesen das gleiche Ergebnis auf, so würde sich der Reingewinn des zweiten Vergleichsjahres bei der Braunkohlengruppe auf rund 355% des letzten Vorkriegsjahres stellen. Man könnte also sagen, die Erträgnisse der Braunkohlengruppe hätten sich mehr als verdreieinhalbfacht. Dieses Ergebnis ist zahlenmäßig richtig, es berücksichtigt aber nicht die Geldentwertung. Darum schien es geboten, in einer besonderen Spalte neben dem nominalen Gewinn den Realgewinn der Nachkriegszeit — aber ohne Rücksicht auf etwaige Scheingewinne! — zum Gewinn der Vorkriegszeit in Beziehung zu setzen. Da nun bei etwa

Die erstgenannte entspricht der im Text an zweiter Stelle erwähnten — falschen — Methode; sie wurde von van der Borght (Statistische Studien über die Bewährung der Aktiengesellschaften, S. 32. Jena 1883) angewandt und hat bei den nur durch wenige Gesellschaften vertretenen Gruppen unzweifelhaft zu falschen Schlüssen geführt.

Reingewinn 1920/21									
in Mark	in % des werbenden Kapitals von 1920/21	in % des werbenden Kapitals von 1920/21 bei Zugrundelegung eines Geldentw.-Faktors v. 10	in Mark abzüglich 4% Zinsen für die Kapit.-Differenz zwischen dem ursprünglichen u. dem späteren Kapital	abzüglich 4% für die Kap.-Diff. in % des werbenden Kapit. v. 1913/14	abzügl. 4% für die Kap.-Diff. in % d. werbend. Kapitals v. 1913/14 bei Zugrundelegung eines Geldentw.-Faktors v. 10	abzüglich 4% für die Kap.-Diff. in % des Reingewinns v. 1913/14	abzügl. 4% für die Kap.-Diff. in % des Reingewinns von 1913/14 bei Zugrundelegung eines Geldentw.-Faktors v. 10	Bemerkungen
11889216	13,91	1,39	10404464	21,52	2,15	197,64	19,76	
20041334	29,59	2,96	18299102	75,75	7,58	547,35	54,74	
65179888	11,45	1,15	57850933	14,99	1,50	119,49	11,95	
3774240	16,33	1,63	3294069	29,67	2,97	216,12	21,61	
4058913	17,64	1,76	3887525	20,76	2,08	187,67	18,77	
6094287	1,97	0,20	3395353	1,41	0,14	19,94	1,99	
6559593	3,29	0,33	6057779	3,23	0,32	424,13	42,41	
253197839	29,58	2,96	236318660	54,41	5,44	589,86	58,99	
71061393	15,39	1,54	61558607	27,46	2,75	253,66	25,37	
18547127	16,43	1,64	15703708	37,58	3,76	254,01	25,40	
97874215	15,53	1,55	91933857	19,09	1,91	101,81	10,18	
40452724	19,85	1,99	35699755	42,03	4,20	299,44	29,94	
4523480947	19,98	2,00	4166407874	30,38	3,04	288,12	28,81	

zwei Drittel aller Gesellschaften das Geschäftsjahr mit dem Kalenderjahr zusammenfällt, da weiter der Reingewinn im Laufe des Jahres erzielt wird, so wurde die durchschnittliche Geldentwertung des Jahres 1920 zugrunde gelegt. Nach den Indexzahlen der Frankfurter Zeitung[1]) stellten sich die Großhandelspreise für vier Gruppen von Waren im Durchschnitt des Jahres 1920 auf etwa das Fünfzehnfache der Vorkriegszeit[2]). Andererseits ist nach der Reichsindexziffer, die damals nur die Kosten für Nahrung, Wohnung, Heizung und Beleuchtung berücksichtigte, für die durchschnittliche Lebenshaltung des Jahres 1920 eine Preissteigerung auf etwa das Achtfache der Friedenspreise eingetreten. Die Großhandelspreise eilen den Kleinhandelspreisen stets voraus. Infolgedessen erscheint der Index der Frankfurter Zeitung als Grundlage einer die Geldentwertung berücksichtigenden Berechnung

[1]) 5. Aufl. August 1921, S. 16 u. 17.

[2]) Eulenburg: Die Preisrevolution seit dem Kriege (Conrads Jahrbücher für Nationalökonomie und Statistik, III. Folge, 60. Bd., S. 2. 1920) berechnete die Preiserhöhung im Großhandel seit Kriegsbeginn bis April 1920 auf 600% für landwirtschaftliche Produkte, auf 2175% für Bergbauprodukte, im Durchschnitt auf 1388% (a. a. O. S. 299).

Tabelle II.

Gruppe	Zahl der Gesell-schaften	Aktienkapital
1. Baugesellschaften	—	—
2. Baumaterialgesellschaften	27	54 880 800
3. Bergwerk- und Hüttenbetrieb C	4	25 550 000
4. Bergwerk-, Hüttenbetrieb u. Eisenverarbeitung D	9	313 479 000
5. Brauereien und Mälzereien	87	150 087 000
6. Braunkohlenindustrie B	10	50 617 600
7. Chemische Fabriken und Farbwerke	20	74 740 400
8. Deutsche Eisenbahnen	39	179 600 800
9. Druckerei und Verlagsanstalten	3	7 550 000
10. Eisenverarbeitung E	2	9 030 000
11. Elektrizitätsindustrie	15	245 940 000
12. Fischereiindustrie	—	—
13. Gas- und Wasserleitung	6	13 750 000
14. Glas, Porzellan und Steingut	8	32 050 000
15. Gummiindustrie	1	1 200 000
16. Hagelversicherung	1	1 800 000
17. Holzindustrie	3	5 200 000
18. Hotelgesellsch., Bäder u. Vergnügungsetablissem.	9	19 710 712
19. Hypothekenbanken	27	507 899 200
20. Kreditanstalten (versch. Banken)	16	242 740 000
21. Lederindustrie	2	2 675 000
22. Linoleum	1	2 400 000
23. Maschinen- und Eisenbahnbedarf	16	54 750 000
24. Metallindustrie	27	83 370 000
25. Mühlen	6	9 357 142
26. Notenbanken	4	226 500 000
27. Öl	4	23 200 000
28. Papier, Pappen und Tapeten	10	21 063 000
29. Petroleumindustrie	2	2 506 000
30. Plantagengesellschaften	3	7 000 000
31. Salz- und Kalibergwerk	7	47 650 000
32. Salinen	1	1 950 000
33. Schiffahrts- und Hafengesellschaften	13	174 150 400
34. Schokolade	—	—
35. Schuhindustrie	—	—
36. Sektindustrie	2	3 714 285
37. Sonstige Verkehrsgesellschaften	11	34 413 200
38. Spritfabriken	1	900 000

Tabelle II.

Reingewinn 1913/14		Reingewinn 1920/21					
in Mark	in % des Aktienkapitals	in Mark	in % des Aktienkapitals	in % des Aktienkapitals bei Zugrundelegung eines Geldentw.-Fakt. v. 10	in % des Reingewinns von 1913/14	in % des Reingewinns von 1913/14 bei Zugrundelegung eines Geldentwert.-Faktors v. 10	Bemerkungen
—	—	—	—	—	—	—	Ges. mit unverändert. A.-K. sind nicht vorhanden.
5 251 179	9,53	20 216 197	36,83	3,68	384,98	38,50	
2 252 878	8,82	12 146 782	47,54	4,75	539,16	53,92	
52 164 569	16,66	88 950 594	28,37	2,84	170,19	17,02	
14 488 488	9,65	17 183 533	11,45	1,15	118,60	11,86	
4 470 066	8,83	7 863 575	15,55	1,56	175,92	17,59	
9 606 430	12,83	26 102 445	34,92	3,49	271,72	27,17	
8 481 232	4,72	1 759 117	0,98	0,10	20,74	2,07	Vgl. S. 100 im Text.
684 184	9,06	3 750 830	49,67	4,97	548,22	54,82	
1 137 216	12,59	7 003 246	77,55	7,76	615,82	61,58	
26 842 652	10,91	21 155 477	8,60	0,86	78,81	7,88	
—	—	—	—	—	—	—	Ges. mit unverändert. A.-K. sind nicht vorhanden.
1 033 002	7,51	2 525 729	18,36	1,84	244,50	24,45	
4 916 279	15,33	19 429 182	60,62	6,06	395,20	39,52	
102 341	8,52	302 937	25,24	2,52	296,00	29,60	
1 547 132	85,95	1 046 439	58,13	5,81	67,63	6,76	
275 163	5,29	1 849 388	35,56	3,56	672,11	67,21	
1 497 099	7,60	2 714 541	13,77	1,38	181,32	18,13	
58 327 912	11,48	56 665 035	11,15	1,12	97,15	9,71	
21 401 375	8,81	51 149 244	21,07	2,11	239,00	23,90	
468 710	17,52	2 043 917	76,41	7,64	436,07	43,60	
254 643	10,61	1 327 199	55,30	5,53	521,20	52,12	
6 146 529	11,22	27 099 820	49,53	4,95	440,99	44,10	
8 625 325	10,34	38 965 673	46,73	4,67	451,75	45,18	
940 877	10,05	2 005 706	21,43	2,14	213,17	21,32	
56 196 264	24,81	62 625 400	27,65	2,77	111,44	11,14	
2 476 873	10,67	8 002 658	34,49	3,45	323,09	32,31	
1 570 955	7,46	10 569 824	50,18	5,02	672,82	67,28	
363 890	14,52	2 582 826	103,06	10,31	709,34	70,93	
740 136	10,57	5 298 250	75,69	7,57	715,85	71,59	
350 239	0,74	2 513 683	5,28	0,53	717,70	71,77	
63 953	3,28	334 067	17,12	1,71	522,36	52,24	
22 588 511	12,97	20 618 809	11,84	1,18	91,28	9,13	
—	—	—	—	—	—	—	Ges. mit unverändert. A.-K. sind nicht vorhanden.
—	—	—	—	—	—	—	
1 106 562	29,79	3 435 242	92,49	9,25	310,44	31,04	
4 220 972	12,27	5 589 197	16,24	1,62	132,41	13,24	
245 358	27,26	200 153	22,24	2,22	81,57	8,16	

Gruppe	Zahl der Gesell-schaften	Aktienkapital
39. Steinkohlenbergwerke	11	223 548 600
40. Steinzeug, Tonwaren und Kaminbau	1	1 000 000
41. Tabakindustrie	2	15 000 000
42. Straßen- und Lokalbahnen	26	130 906 500
43. Terrain- und Häusergesellschaften	31	106 845 000
44. Textilindustrie	27	70 511 500
45. Verschiedene Gesellschaften	10	45 350 000
46. Uhren, Musikwerke u. photographische Apparate	—	—
47. Versicherungsgesellschaften (ausschl. Hagelvers.)	35	66 653 635
48. Zuckerfabriken	7	11 583 100
Insgesamt	547	3 302 822 874

zu hoch. Dagegen stellt die Reichsindexziffer die Verhältnisse wiederum zu günstig dar, denn die sehr hohen Kosten für die Kleidung und die sonstigen Bedürfnisse sind in ihr nicht enthalten. Unter diesen Umständen erschien ein Geldentwertungsfaktor von 10 als Basis für einen Vergleich der Realgewinne der Aktiengesellschaften vor und nach dem Kriege theoretisch gerechtfertigt und praktisch besonders zweckmäßig. In dem mehrfach benutzten Beispiel der Rheinischen Aktiengesellschaft für Braunkohlenbergbau und Brikettfabrikation würde demnach der Realgewinn des Jahres 1920/21 — ohne Rücksicht auf etwaige Scheingewinne — mit rund 35,5% des Vorkriegsgewinnes in Rechnung zu stellen sein.

Die Zahl der Aktiengesellschaften, die ihr Kapital in der Zeit von 1913/14 bis 1920/21 nicht erhöht haben, ist verhältnismäßig nicht sehr groß. Es ist aber von besonderer Bedeutung, festzustellen, wie sich der Reingewinn bei diesen Unternehmungen entwickelt hat; denn durch die oben besprochene Methode der Berücksichtigung eingetretener Kapitalveränderungen wird immerhin ein willkürliches Moment in die Berechnung hineingetragen. Es erschien daher zweckmäßig, neben der umfassenden Hauptstatistik (Tabelle I) noch eine besondere Statistik (Tabelle II) aufzumachen, die nur diejenigen Gesellschaften — in Gruppen geordnet — berücksichtigt, deren Aktienkapital in der Zwischenzeit unverändert geblieben ist und sich auch während des letzten Vorkriegsgeschäftsjahres nicht verändert hat[1]). Dabei wurden auch für diese

[1]) Diese zweite Einschränkung ist ebenfalls erforderlich. Hat z. B. eine Gesellschaft im letzten Geschäftsjahr vor dem Kriege eine Kapitalserhöhung vor-

Reingewinn 1913/14		Reingewinn 1920/21					Bemerkungen
in Mark	in % des Aktienkapitals	in Mark	in % des Aktienkapitals	in % des Aktienkapitals bei Zugrundelegung eines Geldentw.-Fakt. v. 10	in % des Reingewinns von 1913/14	in % des Reingewinns von 1913/14 bei Zugrundelegung eines Geldentwert.-Faktors v. 10	
35 140 962	15,71	30 002 794	13,42	1,34	85,38	8,54	
50 454	5,04	172 223	17,22	1,72	341,54	34,15	
1 776 729	11,84	3 175 167	21,17	2,12	178,70	17,87	
9 018 025	6,89	2 213 502	1,69	0,17	24,54	2,45	
1 477 727	1,38	3 007 244	2,81	0,28	203,50	20,35	
6 088 816	8,63	24 950 479	35,38	3,54	409,77	40,98	
2 986 316	6,58	3 045 785	6,72	0,67	101,99	10,20	
—	—	—	—	—	—	—	Ges. mit unverändert. A.-K. sind nicht vorhanden.
66 752 237	100,14	64 225 751	96,36	9,64	96,22	9,62	
972 412	8,39	3 031 444	26,17	2,62	311,73	31,17	
445 102 672	13,47	668 851 104	20,25	2,03	150,27	15,03	

besondere Statistik etwaige Veränderungen der Reserven unberücksichtigt gelassen, so daß die Reingewinne der beiden Vergleichsjahre hier ohne weiteres in Beziehung zueinander gesetzt wurden.

Bei der Zusammenfassung der einzelnen Unternehmungen zu Gruppen wurde in vielen Fällen die Gruppierung des „Saling" zugrunde gelegt. Nicht selten mußte aber auch abweichend von „Saling" vorgegangen werden, wenn es darauf ankam, die Rentabilität eines bestimmten Industriegebietes zu ermitteln, das von „Saling" nicht gesondert behandelt wird. Freilich muß man sich darüber klar sein, daß eine einwandfreie Gruppenbildung, die über wenige, ganz grobe Unterscheidungen hinausgeht, ein Ding der Unmöglichkeit ist. Die Ausdehnungsbestrebungen gerade der letzten Jahre haben sehr häufig dazu geführt, daß ein Unternehmen auf den verschiedensten Gebieten tätig ist. Auch kann bei den sogenannten Schachtelgesellschaften der Umfang des Geschäftskreises eines Unternehmens formell und nach außen sichtbar viel weniger weit reichen als dies tatsächlich der Fall ist. Außerdem sind die Grenzen zwischen den einzelnen Gruppen selbst nicht feststehend. Viele Bauunternehmungen könnte man z. B. zu den Bauunternehmungen oder auch zu den Maschinenfabriken rechnen. Die Grenze zwischen Maschinen- und Metallindustrie, zwischen

---

genommen, so konnte das hierdurch neu hinzugetretene Kapital in dem laufenden Geschäftsjahr noch nicht in vollem Umfange arbeiten. Das Ergebnis dieses Geschäftsjahres muß daher ceteris paribus ungünstiger sein als die Ergebnisse der späteren Geschäftsjahre.

Metall- und Eisenverarbeitungsindustrie usw. sind mehr oder weniger flüssig. Diese Unvollkommenheit ist aber unvermeidlich, wenn anders eine gewisse Spezialisierung vorgenommen werden soll, auf die im Interesse besserer Beurteilung der Lage der einzelnen Gewerbezweige nicht verzichtet werden kann. Bei Haupt- und Nebenbeschäftigung war für die Gruppierung naturgemäß die Hauptbeschäftigung maßgebend. Bei ursprünglicher und später hinzugekommener gleichwertiger Beschäftigung wurde in der Regel die ursprüngliche Beschäftigung zugrunde gelegt[1]).

III. Die finanziellen Ergebnisse bei den einzelnen Gesellschaftsgruppen.

A. Kreditinstitute.

1. Die Notenbanken.

Der bilanzmäßige Gewinn der fünf deutschen Notenbanken hat sich gegen das letzte Vorkriegsjahr nur sehr wenig, von 57,24 Millionen auf 63,78 Millionen Mark erhöht. Der Gewinn der Reichsbank, der Bayerischen Notenbank, der Württembergischen Notenbank und der Sächsischen Bank, ohne die Badische Bank, die ihr Aktienkapital in der Zwischenzeit erhöhte, stieg von 56,20 Millionen auf 62,63 Millionen Mark, und der statistische Gewinn sämtlicher fünf Notenbanken erhöhte sich von 57,24 Millionen auf 60,43 Millionen Mark. Umgerechnet auf Goldmark betrug somit der bilanzmäßige Gewinn des Jahres 1920 kaum mehr als den zehnten Teil des Gewinnes aus dem letzten Friedensjahr.

Der verhältnismäßig sehr niedrige Gewinn der Reichsbank in Höhe von 53 Millionen Mark erklärt sich zum Teil aus der auf Grund des Gesetzes über die Besteuerung der Reichsbank zu zahlenden hohen Abgabe an das Reich, die 1920 68 Millionen Mark betrug, während die Notensteuer im Jahre 1913 nur rund $3^2/_3$ Millionen Mark erforderte. Der Hauptgrund für den niedrigen Reingewinn der Reichsbank im Nachkriegsjahr liegt aber in den infolge übernommener Garantien für Auslandskredite erlittenen Verlusten. Diese Valutaverluste, die die Reichsbank infolge der Markentwertung als Garantin den inländischen Kreditnehmern gegenüber tragen mußte, werden in der Gewinn- und Verlustrechnung für 1920 mit etwa 1,638 Milliarden Mark beziffert; sie waren also rund 32 mal so hoch wie der gesamte Reingewinn der Reichsbank im Jahre 1913, der mit 50,62 Millionen Mark ausgewiesen

---

[1]) So verfährt im allgemeinen wohl auch „Saling“.

wurde. Demnach würde die Reichsbank ohne die ungeheuren Devisenverluste — unter Hinzuzählung des tatsächlich erübrigten Reingewinnes von rund 53 Millionen Mark — im Jahre 1920 den 33fachen Papiermarkgewinn oder den 3,3fachen Goldmarkgewinn von 1913 erzielt haben[1]). Diese Feststellung kann nicht überraschen, denn am 31. Dezember 1913 waren 2,59 Milliarden Mark Reichsbanknoten im Umlauf, Ende 1920 aber nicht weniger als 68,81 Milliarden Mark, d. h. rund $26^1/_2$mal so viel wie am Ausgang des letzten Friedensjahres. Zieht man in Erwägung, daß die Reichsbank die von ihr ausgegebenen Noten an Private und vor allem an das Reich verzinslich ausleiht und daß ferner im Jahre 1920 ein durch die Geldentwertung bedingter — rechnerischer — Gewinn von $406^2/_3$ Millionen Mark mittels Verkauf von Edelmetallen erzielt wurde, so ist der außerordentlich hohe Bruttogewinn des Nachkriegsjahres im wesentlichen erklärt.

Anders lagen die Verhältnisse bei den Privatnotenbanken. Hier stieg der Bruttopapiermarkgewinn bei der Badischen Bank von 1,97 Millionen auf 5,6 Millionen Mark, bei der Bayerischen Notenbank von 2,55 Millionen auf 5,8 Millionen Mark, bei der Sächsischen Bank von 5,03 Millionen auf 12,3 Millionen Mark und bei der Württembergischen Notenbank von 1,775 Millionen auf 3,89 Millionen Mark[2]). Der Nettopapiermarkgewinn stieg bei der Badischen Bank von 1,045 Millionen auf 1,215 Millionen Mark, bei der Bayerischen Notenbank von 1,3 Millionen auf 2,56 Millionen, bei der Sächsischen Bank von 3,4 auf 6,16 Millionen Mark; bei der Württembergischen Notenbank sank er von 885000 Mark auf 800000 Mark.

Der fundamentale Unterschied zwischen den Privatnotenbanken und der Reichsbank ist der, daß jene im Gegensatz zu dieser in ihrer Notenausgabe beschränkt waren. Infolgedessen stieg der durchschnittliche Notenumlauf beispielsweise bei der Bayerischen Notenbank von 64 Millionen Mark im Jahre 1913 auf nur 101 Millionen Mark im Jahre 1920 und bei der Sächsischen Bank von $45^2/_3$ Millionen auf nur $77^2/_3$ Millionen Mark. Da gleichzeitig die Unkosten außerordentlich anwuchsen, wurde der Reingewinn verhältnismäßig stark verkürzt. Dies wäre in noch höherem Grade der Fall gewesen, wenn die Privatnotenbanken nicht unter Aufbietung aller Kräfte versucht hätten, ihren Umsatz durch Geschäfte zu steigern, die im Rahmen des allgemeinen Bankgeschäftes liegen, wie das Depositengeschäft, die Vermittlung von An- und Verkäufen von Wertpapieren, Depotaufbewahrung usw. So konnte die Badische Bank ihren Umsatz von 4,1 Milliarden im Jahre

---

[1]) Allerdings wäre die Abgabe an das Reich dann natürlich auch viel höher gewesen.

[2]) Sämtliche Zahlen sind abgerundet.

1912[1]) auf 28,5 Milliarden Mark im Jahre 1920 erhöhen. Eine Erhöhung, die allerdings bei den übrigen Privatnotenbanken in diesem Ausmaße schwerlich stattgefunden haben dürfte. Vor allem aber erzielten sämtliche Privatnotenbanken im Jahre 1920 bedeutende „Einnahmen" durch Metallverkäufe, so daß sich ihr Metallbestand mehr oder weniger erheblich verringerte. In welchem Maße dies der Fall war, ist aus der nachfolgenden kleinen Tabelle ersichtlich, die zugleich über den Metallbestand[2]) am Ende des letzten Friedensjahres Auskunft gibt:

	Metallbestand in Tausend Mark Ende Dezember		
	1913	1919	1920
Bayerische Notenbank	34 952	29 350	29 054
Sächsische Bank zu Dresden . .	22 123	21 981	20 292
Württembergische Notenbank .	9 522	8 545	7 886
Badische Bank	7 024	6 178	3 055

Die Metallverkäufe, die von der Sächsischen Bank im ersten Vierteljahr 1921 in verstärktem Umfang fortgesetzt wurden, führten im Frühjahr 1921 zum Eingreifen der Reichsbank und auf deren Veranlassung zum Erlaß des Gesetzes vom 13. Juli 1921, betreffend die Metallreserven der Privatnotenbanken. Durch dieses Gesetz wurde den Privatnotenbanken einerseits das freie Verfügungsrecht über ihren Metallbestand entzogen, andererseits das Notenkontingent bedeutend erhöht. Ohne Zweifel entsprachen die beiden Bestimmungen einem dringenden Bedürfnis, und man kann nur bedauern, daß sie nicht schon längst getroffen worden sind. Bei dem außerordentlich niedrigen Notenkontingent befanden sich die Privatnotenbanken in einer gewissen Zwangslage; und es ist immerhin begreiflich, daß sie es vorzogen, Gold und Silber zu verkaufen, als auf jegliche Dividendenausschüttung zu verzichten oder gar den Betrieb einzustellen. Sogar die Leitung der Bayerischen Notenbank mußte, wenn auch mit Widerstreben, einen, übrigens sehr geringen, Teil ihres Metallbestandes veräußern „für unbedingte Lebensnotwendigkeiten", wie sie im Geschäftsbericht für 1920 ausführte, insbesondere um eine bessere Versorgung ihrer Angestellten zu ermöglichen, während die Sächsische und Badische Bank offenbar weiter gingen als unbedingt notwendig war[3]).

[1]) Für 1913 wurde keine Ziffer veröffentlicht.

[2]) Im wesentlichen Gold.

[3]) Dabei entbehrt es nicht eines gewissen Reizes, daß die Sächsische Bank in ihrem Geschäftsbericht für 1920 die in diesem Jahre getätigten Metallverkäufe geflissentlich unerwähnt ließ und den Charakter der 1920 erzielten „außerordentlichen Einnahmen" erst in dem Bericht für 1921 aufdeckte, also zu einer Zeit, als sie das freie Verfügungsrecht über ihr Metall infolge des im Juli erlassenen Gesetzes verloren hatte und keine Aussicht mehr auf weitere „außerordentliche Einnahmen" vorhanden war.

Daß die Gewinne aus Metallverkäufen — vom Standpunkt der Erhaltung des realen Kapitals gesehen — nur Scheingewinne sind, liegt auf der Hand; andererseits ist nicht zu bezweifeln, daß die Notenbanken insgesamt[1]) durch die Geldentwertung gerade an realem Kapital gegenüber der Vorkriegszeit nicht ärmer, sondern erheblich reicher geworden sind. Denn ihre Passiven sind, in Gold umgerechnet, außerordentlich zusammengeschrumpft; ihr Metallbestand auf der Aktivseite ist dagegen zwar ebenfalls geringer geworden; aber die Verringerung ist unerheblich im Vergleich zu der großen durch die Geldentwertung verursachten Schuldentlastung. Die Aktionäre und Anteilseigner der Notenbanken haben freilich keinen Vorteil davon gehabt, und gegenüber den großen Verlusten aller Besitzer von Geldscheinen und Geldforderungen ist die Zunahme des Reichtums der Notenbanken ohne Bedeutung; sie muß nur als eine paradox anmutende, aber nicht wegzuleugnende Tatsache registriert werden.

2. Die Hypothekenbanken.

Der bilanzmäßige Gewinn der untersuchten 33 Hypothekenbanken stellte sich 1920 auf 97,40 Millionen Mark gegen 85,46 Millionen im Jahre 1913. Der bilanzmäßige Gewinn der 27 Hypothekenbanken, die ihr Aktienkapital in der Zwischenzeit nicht veränderten, sank von 58,33 Millionen auf 56,67 Millionen Mark. Der statistische Gewinn sämtlicher 33 Hypothekenbanken hob sich von 85,46 Millionen auf 88,44 Millionen Mark. Das Ergebnis ist zum Teil noch etwas ungünstiger als bei den Notenbanken, die ihrerseits, wie wir gesehen haben, nur infolge der ungeheuren Devisenverluste der Reichsbank ein bescheidenes Erträgnis aufzuweisen hatten. Bei den Hypothekenbanken liegen derartige außerordentliche Verluste nicht vor; die ausgewiesenen Ziffern, die einen um rund 90 % verminderten Goldmarkgewinn ergeben, sind vielmehr typisch für das Hypothekenbankgeschäft der Nachkriegszeit. Es gelang den Hypothekenbanken nicht, ihre Tätigkeit nennenswert zu steigern und — es konnte ihnen nicht gelingen. Die Beschränkung der privaten Bautätigkeit durch die Zwangswirtschaft war das unübersteigliche Hindernis für eine nur einigermaßen der Geldentwertung entsprechende Erhöhung des Umsatzes. Die nachfolgende Tabelle, die eine Reihe großer Hypothekenbanken berücksichtigt, gibt hierüber nähere Auskunft[2]):

---

[1]) Nicht auch jede einzelne Notenbank; nicht die Sächsische, nicht die Württembergische und nicht die Badische Bank, deren eigene Kapitalien im Verhältnis zum Metallbestand zu groß waren, wohl aber die Reichsbank und die Bayerische Notenbank.

[2]) Kommunaldarlehen und Kommunalobligationen spielten im allgemeinen eine vergleichsweise geringe Rolle.

	Pfandbriefumlauf in Millionen Mark		Hypothekenbestand in Millionen Mark [1]	
Ende:	1913	1920	1915	1920
Bayer. Hypotheken- und Wechselbank	1154	1143	1177	1160
Berliner Hypothekenbank	233	229	250 [2]	245
Deutsche Grundkredit-Bank in Gotha	332	322	348	330
Deutsche Hypothekenbank in Meiningen	563	629	598	666
Deutsche Hypothekenbank Berlin	274	260	288 [2]	270
Frankfurter Hypothekenbank	510	516	534	516
Frankfurter Hypotheken-Kreditverein	365	362	376 [2]	365
Leipziger Hypothekenbank	186	195	200 [2]	201
Mecklenburg. Hypotheken- u. Wechselbank	124	124	127	131
Norddeutsche Grundkreditb. in Weimar	96	100	101	103
Pfälzische Hypothekenbank	449	454	480	454
Preuß. Bodenkredit-Aktien-Bank	417	409	452	440
Preuß. Central-Bodenkredit-Aktien-Bank	797	780 [3]	812	790
Preuß. Hypotheken-Aktienbank	322	323	347	340
Rheinische Hypothekenbank	572	614	601 [2]	618
Rhein.-Westfälische Bodenkredit-Bank	267	277	273	287
Schlesische Bodenkredit-Aktien-Bank	457 [4]	421 [4]	462 [2]	468
Süddeutsche Bodenkredit-Bank	492	497	510	497
Westdeutsche Bodenkredit-Anstalt	112	121	119	123
Gesamtsumme:	7722	7776	8055	8004

Die Zahlen ergeben, daß das Hypothekenbankgeschäft sich völlig im Zustand der Stagnation befunden hat. Soweit die Hypotheken gekündigt wurden, versuchten die Banken im großen und ganzen die Lücke durch Neubeleihungen, insbesondere auf Neubauten, auszugleichen; mehr konnten sie nicht erreichen. Andererseits erfuhren die Unkosten, wie überall, so auch im Hypothekenbankgeschäft eine sehr große Steigerung, und es muß auffallen, daß unter diesen Umständen überhaupt ein in Papiermark ungefähr gleiches Ergebnis wie in der Vorkriegszeit erzielt werden konnte. Die Erklärung dieser Tatsache ist auf verschiedenen Gebieten zu suchen. Zunächst ist der Zinsfuß für Hypotheken etwas gestiegen, auf der andern Seite der Zinsfuß für Pfandbriefe eher gesunken [5]. Die Meininger Hypothekenbank hebt in ihrem Geschäftsbericht für 1920 ausdrücklich hervor, daß sie im Jahre 1920 neben 4%igen auch 3½%ige Pfandbriefe neu in den Verkehr bringen konnte. Dazu tritt als weiteres, allerdings nicht sehr wesentliches Moment die Zunahme des Umlaufs an Kommunaldarlehen. Die eigentliche Lösung des Rätsels liegt aber darin, daß bei den Hypo-

[1] Für Ende 1913 und Ende 1914 lagen keine Ziffern vor.

[2] Die Zahl bezieht sich auf 1916.

[3] Der Umlauf an Kommunalobligationen stieg hier von 179 Millionen auf 219 Millionen Mark.

[4] Einschließlich Kommunalobligationen.

[5] Die Verhältnisse haben sich inzwischen geändert.

thekenbanken die Unkosten im Vergleich zum Umsatz eine sehr geringe Rolle spielen. Infolgedessen konnte auch eine Vervielfachung dieser Unkosten durch die soeben aufgezählten günstigen Momente mehr oder weniger ausgeglichen werden. Als Beispiel sei auf die Berliner Hypothekenbank hingewiesen, deren Handlungsunkosten von 325 485 Mark im Jahre 1913 auf 965 106 Mark im Jahre 1920 stiegen. Eine Verdreifachung der Unkosten, die die Bank aber dadurch wettmachen konnte, daß sie ihre Einnahmen aus Hypothekenzinsen und Zinsen für Kommunaldarlehen von rund 11,6 Millionen Mark im Jahre 1913 auf rund 12,2 Millionen Mark im Jahre 1920 steigerte. Ähnlich liegen die Verhältnisse bei der Masse der übrigen Hypothekenbanken: der außerordentlich niedrige Verwaltungskostenkoeffizient bewahrte sie vor Verlusten, die die ungeheuren Gehaltssteigerungen andernfalls unvermeidlich mit sich gebracht hätten.

Die einzelnen Ausführungen in den Geschäftsberichten der Hypothekenbanken sind gegenüber den mitgeteilten Grundtatsachen erst in zweiter Linie von Interesse. Erwähnt sei, daß von der Bayerischen Bodenkredit-Anstalt 1920 auch zweite Hypotheken hier und da beliehen wurden, daß die Deutsche Grundkredit-Bank in Gotha und die Preußische Central-Bodenkredit-Aktiengesellschaft über Beleihungen ländlicher Grundstücke im Jahre 1920 berichten, und daß allgemein über die Schwierigkeit geklagt wurde, gute Hypotheken in Konkurrenz mit dem privaten Kapital und den Versicherungsgesellschaften zu erhalten. Daß sich bei der im ganzen wenig beneidenswerten Lage der Hypothekenbanken vier große Gesellschaften, die Deutsche Hypothekenbank in Meiningen, die Preußische Bodenkredit-Aktien-Bank in Berlin, die Westdeutsche Bodenkredit-Anstalt in Cöln und die Norddeutsche Grundkredit-Bank in Weimar im Jahre 1921 zur „Gemeinschaft Deutscher Hypothekenbanken“ zusammenschlossen, kann nicht wundernehmen. Als Zweck dieses Zusammenschlusses wurde ausdrücklich der Abbau der Handlungsunkosten bezeichnet, da eine wesentliche Steigerung des Rohertrages angesichts der allgemeinen Verhältnisse nicht möglich erschien. Dieser Zweck dürfte im Laufe der Zeit auch tatsächlich erreicht werden, soweit nicht die fortschreitende Geldentwertung alle Berechnungen wieder über den Haufen wirft.

Die Abschlüsse der Hypothekenbanken zeigen die finanzielle Lage der Gesellschaften in keinem rosigen Licht. Unterscheidet man Scheingewinne von echten Gewinnen, so erhält man ein noch ungleich traurigeres Bild. Das Vermögen der Hypothekenbanken besteht, abgesehen von den Bankgebäuden, Mobilien und Utensilien, nur aus Geld und dem Überschuß der Geldforderungen über die Geldschulden; die Effekten sind regelmäßig fest verzinsliche Papiere nnd daher den Geldforderungen wesensgleich. Das Geld und die Geldforderungen, ebenso wie die Geldschulden, lauten durchweg auf Mark, und so ist der eigentliche Vermögenswert der Hypothekenbanken von der Entwicklung des Geldwertes unbedingt abhängig. Nimmt man an, daß der Geldwert von Dezember 1919 bis Dezember 1920 auf die Hälfte gesunken ist, so kommt man zu der Feststellung, daß die Hypothekenbanken ohne Berücksichtigung des verhältnismäßig niedrigen Reingewinnes und ohne Rücksicht auf die Bankgebäude und sonstigen „Sachwerte" im Laufe des Jahres 1920 ungefähr die Hälfte und im Laufe der Jahre 1914 bis 1920 mindestens $^9/_{10}$ ihres Vermögens verloren haben. Unter dem Gesichtspunkt der „Erhaltung des mengemäßig bestimmten Vermögens" (Walb) ist freilich ein Verlust nicht eingetreten; denn die Menge der ausgeliehenen Hypotheken, des Hauptbestandteils des Aktivvermögens der Hypothekenbanken, ist nicht wesentlich zurückgegangen, und selbst der kleine wirkliche Rückgang ist durch andere „Mengen" von Darlehen ersetzt. Von einer realen Kapitalerhaltung kann aber selbstverständlich nicht die Rede sein, denn der Ertrag des neuen Kapitals gestattet, um mit Walb[1]) zu sprechen, auch nicht entfernt die alten Kaufmöglichkeiten. An dem Beispiele der Hypothekenbanken sieht man, daß der an sich unzweifelhaft wertvolle Begriff der Erhaltung des materiellen oder mengemäßig bestimmten Kapitals für die Feststellung von Scheingewinnen unter Umständen völlig unzureichend ist.

3. Die Kreditbanken.

Der bilanzmäßige Gewinn der 48 untersuchten Kreditbanken betrug im Jahre 1913 211,74 Millionen, im Jahre 1920 976,76 Millionen Mark. Bei den 16 Kreditbanken, die ihr Kapital in der Zwischenzeit nicht veränderten, stieg der Reingewinn von 21,40 Millionen im Jahre 1913 auf 51,15 Millionen Mark im Jahre 1920. Der statistische Reingewinn sämtlicher 48 Banken betrug 921,38 Millionen im Jahre 1920 gegen 211,74 Millionen Mark im Jahre 1913. Er erhöhte sich also in Papiermark um mehr als das Vierfache der Vorkriegszeit, doch blieb die Gewinnsteigerung hinter der Steigerung des Umsatzes weit zurück: die Berliner Handelsgesellschaft, die in der Zwischenzeit im Gegensatz zu den meisten anderen Banken ihr Kapital nicht erhöhte, und die daher einen besonders günstigen Untersuchungsgegenstand darstellt, steigerte ihren Umsatz von 16,2 Milliarden im Jahre 1913 auf 170,1 Milliarden Mark im Jahre 1920, d. h. auf mehr als das Zehnfache. Damit konnte die Bank die Geldentwertung hinsichtlich des Umsatzes einholen. Mit dem ausgewiesenen Gewinn blieb sie aber erheblich hinter der Geldentwertung zurück, denn dieser stieg von

[1]) Das Problem der Scheingewinne, S. 8. 1921.

$11^3/_4$ Millionen auf 37 Millionen Mark, also nur auf etwas mehr als das Dreifache. Allerdings beliefen sich die Verwaltungskosten der Bank im Jahre 1920 auf nicht weniger als $31^3/_4$ Millionen, gegenüber nur $2^1/_2$ Millionen Mark in der Vorkriegszeit, und die entsprechenden für verausgabte Steuern ausgewiesenen Zahlen sind 9 Millionen im Jahre 1920 und 1 Million im Jahre 1913. Aber es bleibt doch auffallend, daß nicht nur der Reingewinn, sondern auch der bilanzmäßige Rohgewinn nicht entfernt mit dem Umsatz Schritt gehalten hat. Der ausgewiesene Rohgewinn stieg nämlich — abzüglich des Vortrages — von 15 Millionen in der Vorkriegszeit auf nur $72^3/_4$ Millionen Mark im Jahre 1920. Unter diesen Umständen ist man zunächst versucht, zu glauben, die Berliner Handelsgesellschaft habe im Jahre 1920 erhebliche Verluste erlitten, um die sich der Rohgewinn vermindert hätte. Aber im Geschäftsbericht wird darüber nichts bekanntgegeben, und es würde dies auch mit den allgemeinen Erfahrungen nicht übereinstimmen. Andererseits sind die Provisionen bei allen Banken nicht herab-, sondern heraufgesetzt worden, und die Zinsdifferenz hat sich, wie wir später noch genauer sehen werden, günstiger für die Banken gestaltet, als je zuvor. Es bleibt somit nur die Möglichkeit übrig, daß die Berliner Handelsgesellschaft in außerordentlichem Maßstabe stille Rückstellungen vorgenommen hat. Bei der Deutschen Bank, der Disconto-Gesellschaft und der Dresdner Bank[1]) steht die Steigerung des Rohgewinnes in einem etwas glaubwürdigeren Verhältnis zur Steigerung des Umsatzes, wie die nachfolgende kleine Tabelle zeigt:

	Umsatz in Milliarden Mark		Rohgewinn abzügl. Vortrag in Millionen Mark	
	1913	1920	1913	1920
Deutsche Bank	129[2])	1282	68	713
Disconto-Gesellschaft .	85[3])	1116	39	398
Dresdner Bank	92	1090	43	422

Aber ein Mißverhältnis besteht auch hier, wenn man die außerordentliche Erhöhung der Provisionen gegenüber der Vorkriegszeit in Betracht zieht, Erhöhungen, die mindestens das Dreifache ausmachten. Ferner ist zu bedenken, daß der prozentuale Zinsgewinn 1920 zweifellos höher gewesen ist als 1913, denn die Kreditzinssätze waren in der Nachkriegszeit bekanntlich sehr niedrig, die Zinssätze im Debet dagegen sehr hoch, während im Jahre 1913 der Debetzinsfuß zwar auch hoch,

[1]) Die Darmstädter Bank fehlt, weil sie in den letzten Jahren keine Angaben mehr über den Umsatz machte.

[2]) Mit der Londoner Filiale.

[3]) Ohne den Schaaffhausenschen Bankverein.

aber doch etwas niedriger als 1920 war[1]), dagegen für Guthaben seitens der Banken erheblich höhere Zinsen gewährt wurden, als nach dem Kriege. Somit ist man auch bei den anderen Großbanken zu dem Schluß gezwungen, daß sie bei Feststellung des Rohgewinnes sehr bedeutende „interne" Rückstellungen gemacht haben.

Hinsichtlich der Berechnung der Unkosten sind die Angaben der Banken in den Bilanzen wohl als zuverlässig anzusehen. Die Unkosten sind danach zwar mehr gestiegen als der Umsatz, wie das Beispiel der Berliner Handels-Gesellschaft bereits zeigte, und wie es bei den übrigen Großbanken in noch höherem Maße der Fall war, aber diese unverhältnismäßige Steigerung der Unkosten erscheint begründet, nicht weil die Beamtengehälter pro Kopf in größerem Ausmaße gestiegen wären als der Umsatz — das ist jedenfalls bei den Großbanken nicht anzunehmen — sondern weil mehr Beamte eingestellt werden mußten, wo früher weniger Beamte genügten. Dies wiederum hat seinen Grund einmal im Achtstundentag, ferner in der Belastung durch die Steuergesetzgebung und drittens vor allem in der Geldentwertung, die es mit sich bringt, daß die Zahl der Bankkunden und der kleinen Transaktionen größer wird, während sich der allgemeine Umsatz jedenfalls nicht stärker vermehrt, als der Geldentwertung entspricht. Die kleinen Konteninhaber, die kleinen, in Friedensmark winzigen, Umsätze verursachen viel Arbeit[2]), während vor dem Kriege solche kleinen Umsätze überhaupt nicht oder nur sehr selten vorkamen. Dadurch entfallen auf den einzelnen Umsatz — den Nachkriegsumsatz in Goldmark umgerechnet — erheblich mehr Unkosten, als vor dem Kriege, womit ein großer Teil der Unkostensteigerung erklärt ist. Unsere obige Feststellung, daß der Rohgewinn in der Bilanz nicht voll zum Ausdruck kommt, und daß deshalb auch der Reingewinn in Papiermark tatsächlich viel höher war als ausgewiesen, wird jedoch hierdurch nicht berührt.

Hinsichtlich der Höhe der Umsätze ist ein Unterschied zu machen zwischen den großen und kleinen Banken. Letztere teilen im allgemeinen über den Umsatz nichts mit, aber aus der Höhe der Kreditoren, die natürlich überall ersichtlich ist, ist ein Rückschluß auf die Höhe des Umsatzes erlaubt. In dieser Beziehung ist nun eine Tatsache von Bedeutung: Die Summe der Kreditoren, ausgedrückt in Papier-

---

[1]) Der durchschnittliche Lombardzinsfuß der Reichsbank, der früher bei der Berechnung der Debetzinsen der Banken im allgemeinen maßgebend war, betrug 1913 6,885%.

[2]) Darüber, wieviel Schreibwerk heute eine Überweisung verursachen kann, die ein Kunde einer Depositenkasse an einen Geschäftsfreund bei einer anderen Depositenkasse bewirkt, vergleiche Obst in Nr. 499 des Berliner Börsen-Courier vom 24. Oktober 1920.

mark, ist bei den Großbanken ungleich mehr gewachsen, als bei den kleinen Banken, Die nachfolgende Tabelle legt dies zahlenmäßig klar:

A. 5 Berliner Großbanken.

	Kreditoren in Millionen Mark	
Ende	1913	1920
Deutsche Bank:		
Aktienkapital erhöht von 200 auf 400 Millionen Mark	1580	21 580
Disconto-Gesellschaft:		
A.-K. erhöht von 200 auf 310 Millionen	674	12 016
Dresdner Bank:		
A.-K. erhöht von 200 auf 260 Millionen	958	11 582
Darmstädter Bank:		
A.-K. erhöht von 160 auf 220 Millionen	608	5 943
Berliner Handels-Gesellschaft:		
A.-K. unverändert 110 Millionen	297	2 355
	4117	53 476

B. Provinz-Banken.

	Kreditoren in Millionen Mark	
Ende	1913	1920
Oldenburgische Spar- und Leihbank, Oldenburg:		
A.-K. erhöht von 4 auf 10 Millionen	63,8	212
Bank für Thüringen vorm. B. M. Strupp, Meiningen:		
A.-K. erhöht von 10 auf 20 Millionen	48,6	362,2
Osnabrücker Bank, Osnabrück:		
A.-K. erhöht von 14½ auf 20 Millionen	45,8	285,2
Anhalt-Dessauische Landesbank, Dessau:		
A.-K. unverändert 12 Millionen	41,5	274,1
Hallescher Bankverein von Kulisch, Kämpf & Co.:		
A.-K. erhöht von 18 auf 24 Millionen	37,5	180
Braunschweigische Bank und Kreditanstalt, Braunschweig:		
A.-K. erhöht von 15 auf 30 Millionen	36	203,4
Deutsche Effekten- u. Wechselbank, Frankfurt a. M.		
A.-K. unverändert 30 Millionen	33	189,6
Hildesheimer Bank, Hildesheim:		
A.-K. erhöht von 12 auf 20 Millionen	23,1	161,9
Löbauer Bank, Löbau:		
A.-K. unverändert 8 Millionen	20,8	145,9
Chemnitzer Bankverein, Chemnitz:		
A.-K. erhöht von 15 auf 30 Millionen	20,2	304
Mecklenburgische Bank, Schwerin:		
Eingezahltes A.-K. unverändert 2 Millionen	20,9	70,9
Rostocker Bank, Rostock i. M.:		
A.-K. unverändert 5 Millionen	19,2	103,5
Commerz-Bank in Lübeck:		
A.-K. erhöht von 8 auf 20 Millionen	14,8	133,2
Württembergische Bankanstalt vorm. Pflaum & Co., Stuttgart:		
A.-K. erhöht von 10 auf 20 Millionen	9	97,3
Siegener Bank, Siegen:		
A.-K. unverändert 6 Millionen	8,4	111,7

	Kreditoren in Millionen Mark Ende 1913	1920
Bankverein für Nordwest-Deutschland, Bremen:		
A.-K. erhöht von 6 auf 20 Millionen	8,4	72
Kieler Bank, Kiel:		
A.-K. erhöht von $4^1/_2$ auf $7^1/_2$ Millionen	7,8	37
Potsdamer Kreditbank, Potsdam:		
A.-K. erhöht von $2^1/_2$ auf 5 Millionen	7,5	51,5
Freiberger Bankverein, Freiberg:		
A.-K. unverändert 1,75 Millionen	6,1	15,7
Leisniger Bank, Leisnig:		
A.-K. unverändert 560000 Mark	4,9	16,9
Zentralbank Akt.-Ges., Hamburg:		
A.-K. unverändert $1^1/_2$ Millionen	3,7	8,3
Barmer Kredit-Bank, Barmen:		
A.-K. erhöht von 1,8 auf 7 Millionen	2,6	47,9
Coburg-Gothaische Bank, Coburg:		
A.-K. unverändert 3,9 Millionen	2,6	18,7
Disconto-Bank in Halle:		
A.-K. unverändert 1,3 Millionen	1,1	4,5
insgesamt	487,3	3107,4

Die wenigen Fälle, in denen auch kleinere Banken ihre Kreditoren, ähnlich wie die Großbanken, vermehren konnten, sind entweder durch starke Kapitalserhöhungen und Fusionen oder durch ausnahmsweise günstige Verhältnisse begründet; die Regel wird durch diese Ausnahmen nicht erschüttert. Zusammenfassend läßt sich sagen, daß, wenn die Großbanken es vermocht haben, ihren Kreditorenbestand der Geldentwertung entsprechend zu erhöhen, diese Erhöhung zum Teil auf Kosten der kleineren Banken und Bankiers gegangen ist[1]). Die Konzentrationsbewegung im Bankgewerbe hat sich nach dem Kriege in sehr beschleunigtem Tempo fortgesetzt und zu zahlreichen Aufsaugungen durch die Berliner Banken, andererseits auch zu Zusammenschlüssen von Provinzbanken geführt, die ihre Selbständigkeit nicht verlieren wollten. Nur sehr kapitalkräftige Unternehmungen waren den durch die Geldentwertung verursachten außerordentlich hohen Ansprüchen im Depositen- und Kontokorrentgeschäft gewachsen, während der Privatbankier vor allem in Berlin im allgemeinen diese Entwicklung wohl weniger zu spüren bekam, denn das zwischen Privatbankier und

[1]) Allerdings ist auch zu berücksichtigen, daß den Großbanken in hohem Maße ausländische Mittel zur Verfügung gestellt wurden. Nach dem Bericht der Berliner Handels-Gesellschaft sind dem Institut im Jahre 1920 aus dem Inland 512 Millionen, aus dem Ausland 988 Millionen Mark, und zwar „aus allen Teilen der Erde" zugeflossen. Die Dresdner Bank hatte ausländische Kreditoren in Höhe von 4,1 Milliarden bei einer Gesamtgläubigerzahl von 11,58 Milliarden. Auch die Disconto-Gesellschaft berichtete für 1920, daß in ihren Kreditoren große Auslandsbeträge enthalten seien.

Kundschaft bestehende persönliche Verhältnis bleibt für diese, namentlich im Effektengeschäft, nach wie vor von Wert.

Eine besondere Stellung innerhalb der Banken nehmen diejenigen ein, deren Hauptsitz sich zwar in Deutschland befindet, die aber Filialen im Auslande, insbesondere im neutralen Ausland, unterhalten. In Betracht kommen hier vor allem die Deutsch-Überseeische Bank und die Brasilianische Bank für Deutschland. Hier sind die Ziffern der Bilanzen der überseeischen Filialen zum Vorkriegskurs umgerechnet [1]), und die Papiermarkgewinne sind daher unvergleichlich höher, als tatsächlich aus den Gewinn- und Verlustrechnungen für 1920 ersichtlich ist.

Wir kommen nunmehr zu dem gerade für das Bankgeschäft besonders bedeutsamen Problem der Scheingewinne. Von den Kreditbanken gilt ähnlich, wie von den Hypothekenbanken, daß sich ihr Vermögen, außer Bankgebäuden usw., nur aus Geld, dem Überschuß der Geldforderungen über die Geldschulden und aus Effekten zusammensetzt. Aber es besteht doch ein Unterschied zugunsten der Kreditbanken, denn das Geld ist zum Teil nicht Papiermark, sondern „Sortengeld", d. h. ausländische Noten, und ebenso sind in den Geldforderungen auch Forderungen in ausländischer Währung enthalten. Endlich haben auch die Effekten teilweise „Sachwertcharakter". Denn sie sind nicht, wie bei den Hypothekenbanken, durchweg fest verzinsliche Papiere, sondern Aktien, Beteiligungen usw. Das alles würde natürlich ohne große Bedeutung sein, wenn die erwähnten Vermögenswerte zum Tageskurs in die Bilanzen eingestellt würden. Davon kann aber keine Rede sein; vielmehr sind in diesen Posten unzweifelhaft ganz ungewöhnlich hohe stille Rückstellungen enthalten. Als der deutsch-österreichische Staat im Juni 1922 infolge der Valutenhausse in besonders große Bedrängnis geraten war, erklärten sich bekanntlich die Wiener Banken unerwartet bereit, einen sehr großen Betrag Schweizer Franken für die Gründung einer neuen Notenbank bereitzustellen. Man würde vergebens suchen, wollte man diesen Betrag in den Bilanzen der betreffenden Banken ausfindig machen; und wenn auch die Verhältnisse in Deutsch-Österreich in vieler Beziehung anders liegen als bei uns, so haben sich doch auch die deutschen Banken, insbesondere die Großbanken, und unter diesen wohl am meisten die Deutsche Bank, mit Noten und Devisen reichlich „eingedeckt". Insoweit diese Eindeckung erfolgt ist, haben die Banken naturgemäß den Stamm ihres Vermögens, seinem inneren Werte nach, mehr oder weniger erhalten. Da jedoch einigermaßen genaue Ziffern nur einem ganz kleinen Personenkreis bei

[1]) Im Geschäftsbericht d. Brasilianischen Bank f. Deutschland wird das ausdrücklich hervorgehoben.

jeder einzelnen Bank bekannt sind, bleibt der zusammenfassenden Darstellung nur übrig, auf den Devisenbestand als auf eine Tatsache hinzuweisen.

Vorbehaltlich der Abweichungen, die sich aus diesem Umstand ergeben, stellt sich nun die Lage der Banken unter dem Gesichtspunkt des Scheingewinnes ähnlich wie die Lage der Hypthekenbanken dar, d. h. sie haben im Laufe des Jahres 1920, wenn man von den sogenannten Reingewinnen absieht, ungefähr die Hälfte ihres Vermögens verloren. Der bilanzmäßige „Gewinn" war freilich, wie wir gesehen haben, ungleich höher als bei den Hypothekenbanken, und er wurde von dem tatsächlichen Gewinn (im Sinne von Scheingewinn) noch weit übertroffen. Aber was nutzt ein noch so hoher „Reingewinn", wenn dabei die Hälfte der Substanz in einem Jahr verloren geht. Der Hauptbestandteil des Vermögens der Banken blieb immer der Überschuß der Markforderungen über die Markschulden, und so waren auch die Großbanken mit allen ihren unzähligen Zweigstellen, mit ihrer gewaltigen Organisation und ihrem weitreichenden Einfluß letzten Endes mit dem Schicksal der Mark verbunden. Vergebens suchten sie sich von dem Zusammenbruch der Währung durch immer neue Verschärfung ihrer Geschäftsbedingungen — die man fälschlicherweise nur mit der Erhöhung der Unkosten begründen möchte — zu emanzipieren, vergebens forderten sie Zinsen und Gebühren, die früher als Wucherzinsen gebrandmarkt worden wären, vielleicht gar den Kreditgeber ins Gefängnis geführt hätten. — Alle ihre Bemühungen mußten an der einfachen Tatsache scheitern, daß die Mark gesetzliches Zahlungsmittel ist. Die Lage der Banken Ende 1920 gleicht der eines Gläubigers, dessen Schuldner eine Jahreszinsrate in Höhe von 10 oder gar 15% hat zahlen müssen, der aber dann in Konkurs geraten ist, so daß alle Forderungen nur mit 50% zurückgezahlt werden können. So wenig der Gläubiger in diesem Fall durch den erhaltenen hohen Zins dafür entschädigt wird, daß er die Hälfte seines Kapitals verloren hat, ebensowenig bilden die hohen Bankzinsen und Gebühren ein ausreichendes Gegengewicht gegen den Vermögensverlust infolge der Geldentwertung. 50 plus 15%[1]) bleiben immer noch um ein volles Drittel hinter 100% zurück. Würde die Geldentwertung langsamer vor sich gehen, so könnte die Minderung der Substanz durch hohe Zinsen und Nichtverteilung eines großen Teiles des „Reingewinnes"[2]) ausgeglichen werden. Bei dem Tempo, das die Geldentwertung bei uns seit Jahren angenommen hat, ist das schlechterdings unmöglich. Es klingt absurd

[1]) Übrigens wird der Reingewinn der Banken 1920 kaum 15%, bezogen auf das zu Beginn des Geschäftsjahres arbeitende Goldkapital, betragen haben.

[2]) Daß die Banken, vor allem die Großbanken, in dieser Hinsicht sehr zurückhaltend sind, wurde bereits früher hervorgehoben.

und ist doch wahr, daß der Spekulant, der für die ihm gewährten Kredite 15% oder mehr Zinsen zahlen muß, sich im Zeichen der Geldentwertung auf Kosten seines scheinbar wucherischen Kreditgebers bereichert oder wenigstens vor Verarmung infolge Währungsverfalls schützt. Es klingt ebenso absurd und ist ebenso wahr, daß das gewaltige Bankkapital mit seiner straffen Organisation diesem Vorgang lange Zeit fast ohnmächtig zusah. Die enge Verknüpfung mit dem Gelde ist das Kriterium des Bankgeschäftes, sie ist in normalen Zeiten die Quelle seiner Kraft. Nach dem Kriege wurde sie zu seinem Verhängnis[1]).

B. Kohle und Eisen.

4. Die Steinkohlenbergwerke.

Die Kohle ist das Brot der Industrie. Es erscheint daher angemessen, bei der Untersuchung der Ergebnisse der Industrie-Gesellschaften mit der Kohlenindustrie zu beginnen und innerhalb der Kohlenindustrie den Steinkohlenbergbau zuerst zu behandeln.

Der bilanzmäßige Gewinn der untersuchten 18 Steinkohlen-Aktiengesellschaften betrug im Jahre 1920[2]) 65,18 Millionen Mark gegen 48,42 Millionen Mark im Jahre 1913. Bei den 11 Gesellschaften, die ihr Aktienkapital in der Zwischenzeit nicht veränderten, sank der Reingewinn von 35,14 Millionen im Jahre 1913 auf 30 Millionen im Jahre 1920. Der statistische Reingewinn aller 18 berücksichtigten Gesellschaften stieg — in Papiermark — von 48,42 Millionen Ende 1913 auf 57,85 Millionen im Jahre 1920.

Die Gewinne sind, wie man sieht, äußerst mäßig. Sie gehen selbst

---

[1]) Der fortschreitende Währungsverfall seit dem Jahre 1920 hat weiteren Kreisen die Augen geöffnet über die Gefahren, die dem Bankgewerbe aus der Geldentwertung entstehen. Infolgedessen haben die Zinssätze in Verbindung mit den Provisionen eine schwindelnde Höhe erreicht; aber den reißenden Rückgang des Markwertes konnten sie auch jetzt nicht einholen.

Soweit die Banken ihr eigenes Kapital in Aktien anlegten, kam die Geldentwertung naturgemäß nur in abgeschwächtem Maße, soweit sie Anlage in Devisen wählten, kam sie überhaupt nicht zur Auswirkung. Andererseits war der Reingewinn bei aller insgesamt eingetretenen Substanzverringerung insoweit kein Scheingewinn, sondern echter Gewinn, als zu niedrigerem Zinsfuß entliehene Gelder höher verzinslich wieder ausgeliehen wurden. Dabei macht es keinen Unterschied, ob es sich um Papiermarkkonten oder um sog. Devisenverrechnungen handelt, wie sie z. B. die Berliner Handels-Gesellschaft per Ende 1922 mit rund $28\frac{1}{2}$ Millionen Goldmark auf jeder Seite ausgewiesen hat. Nur ruht im letzteren Fall der Gewinn auf einer solideren Grundlage.

[2]) Wenn von Gewinnen des Jahres 1920 oder des Jahres 1913 die Rede ist, so sind hier ebenso wie später, die Gewinne, die in den Geschäftsjahren 1919/20 oder 1920/21 erzielt worden sind, darin mit enthalten.

in Papiermark im großen und ganzen nicht über die Gewinne der Friedenszeit hinaus.

Die Ursachen dieser schlechten Erträgnisse sind im wesentlichen zwei. — Die eine ist die verminderte Produktion. Bei der Harpener Bergbau Aktien-Gesellschaft, bekanntlich einer der besten und größten Steinkohlenunternehmungen Deutschlands, sank die Produktion in Kohle von 8,66 Millionen im Geschäftsjahr 1912/13 auf 6,44 Millionen Tonnen 1919/20. An Koks wurden in der Vorkriegszeit 1,71 Millionen, 1919/20 nur 1,49 Millionen Tonnen erzeugt. Die Brikettproduktion sank von 409000 Tonnen auf 128000 Tonnen, die Ammoniakerzeugung von 22500 auf 14000 Tonnen und die Teerherstellung von 58500 Tonnen auf 50500 Tonnen. Die Zahlen sind mehr oder weniger typisch; auch bei den anderen Gesellschaften und Gewerkschaften ist die Produktion, besonders an Kohle, aber im allgemeinen auch auf den anderen Erzeugungsgebieten, zurückgegangen. In den wenigen Fällen, in denen die Erzeugung im Ausmaß der Friedenserzeugung gehalten wurde, konnte dies nur durch außerordentliche Erhöhung der Belegschaft erreicht werden. So teilte die Verwaltung des Essener Bergwerks-Vereins König Wilhelm in ihrem Geschäftsbericht für 1920 mit, daß die Förderung zwar den Friedensstand erreicht habe, daß dies aber nur durch Erhöhung der Belegschaft von 3620 Mann auf durchschnittlich 5045 Mann möglich gewesen sei. Der Durchschnittseffekt pro Mann und Schicht sei von 1,144 Tonnen im Jahre 1913 auf 0,638 Tonnen im Jahre 1920 gefallen. Sogar gegenüber 1919 ist nach den meisten Berichten zwar die Streiklust geringer geworden, der Arbeitseffekt aber weiter zurückgegangen [1]). Als Ursache dieser Minderleistung bezeichnete man in Unternehmerkreisen einmal die Ersetzung des reinen Gedingelohnes durch den „Soziallohn" für die Gedingearbeiter, insbesondere die Häuer, mit der Wirkung, daß fast zwei Drittel des Häuerlohnes aus Grundlohn und festen Zuschlägen bestand, und ferner die gegenüber der Vorkriegszeit stark erhöhte Zahl ungelernter und auch sonst ungeeigneter (auch kriegsbeschädigter) Arbeiter [2]).

[1]) Bei der Königsborn-Aktiengesellschaft z. B. um 4,25%, bei dem Mülheimer Bergwerks-Verein von 0,67 Tonnen in 1919 auf 0,62 Tonnen in 1920. Der Mülheimer Bergwerks-Verein bemerkt in seinem Bericht für 1920 in diesem Zusammenhang, daß der Gesundheitszustand der Belegschaft besser sei, als zur Kriegszeit und nach Äußerungen des Allgemeinen Knappschafts-Vereins in Bochum wieder auf derselben Höhe wie vor dem Kriege stehe.

[2]) Vgl. den Bericht des Mülheimer Bergwerks-Vereins für 1920, worin auch betont wird, daß bei der Gesellschaft die Grubenverhältnisse im wesentlichen dieselben wie vor dem Kriege seien, und daß man deshalb jedenfalls bei ihr den im Kriege angeblich oder wirklich geübten Raubbau und den daraus folgenden Zwang zur Nachholung der Aus- und Vorrichtungen nicht für die Minderung des Arbeitseffektes verantwortlich machen könne.

Der zweite, eigentlich entscheidende Grund für die geringen Erträgnisse der Steinkohlenbergwerke nach dem Kriege sind die zwangsweise festgesetzten niedrigen Verkaufspreise, die zeitweise unzweifelhaft unter den Gestehungskosten lagen. Die Klagen der Betriebsleitungen in dieser Hinsicht sind allgemein. Seit dem 1. April 1920 wurde den Gruben ein ganzes Jahr hindurch keine Kohlenpreiserhöhung mehr bewilligt, trotzdem in dieser Zeit mehrfach sehr einschneidende Lohnerhöhungen stattfanden. So arbeiteten die Unternehmungen etwa seit Oktober 1920 mit ständig wachsenden Betriebsverlusten. Die Regierung, vertreten durch den Staatssekretär Hirsch, gab dies in der Sitzung des Reichskohlenrates vom 30. März 1921 auch unumwunden zu und begründete ihr Vorgehen damit, sie habe den Preisabbau fortsetzen wollen. Jetzt müßten aber die Preise erhöht werden, weil die meisten Gebrauchsgegenstände im Bergbau die allgemeine Preissteigerung sogar überschritten hätten, und weil Abschreibungen nicht mehr möglich gewesen wären. „Für die Erhöhung des Kohlenpreises", so fuhr der Staatssekretär Hirsch wörtlich fort, „war auch vor allen Dingen maßgebend, daß die Technische Kommission, in der Arbeitgeber, Arbeitnehmer und Neutrale sitzen, feststellte, daß die technische Ausrüstung des deutschen Bergbaues nicht mehr mit dem Auslande konkurrenzfähig war. Der Bergbau bedarf auch dringend der Neuaufnahme von Kapital, um konkurrenzfähig zu bleiben, und es ist selbstverständlich, daß bei der dauernden Defizitwirtschaft niemand Kapitalien im Bergbau investieren würde." Der Wunsch der Zechen, den zugestandenen Preisausfall der letzten sechs Monate (Oktober 1920 bis April 1921) bei der neuen Festsetzung der Preise mit zu berücksichtigen, wurde indessen von der Regierung nicht erfüllt. — Daß unter diesen Umständen trotz außerordentlicher Steigerung des Papiermarkumsatzes eine Steigerung des Reingewinnes im allgemeinen nicht einmal in Papiergeld eintreten konnte, bedarf keiner weiteren Begründung.

Wie gestaltete sich nun die Lage der Steinkohlenbergwerke unter dem Gesichtspunkt der Scheingewinnidee? — Was zunächst die Wirkung der Kalkulation auf das umlaufende Kapital anbetrifft, so ist eine Berechnung, die in dieser Hinsicht Gewinne vorspiegelt, tatsächlich aber Verlust bringt, beim Kohlenbergbau weniger leicht möglich, als in anderen Industrien. Der Zeitraum zwischen Beginn der Produktion und Absatz ist, besonders bei starker Kohlennachfrage, zu kurz, als daß in ihm die Herstellungskosten sich wesentlich verändern könnten, höchstens der Wiederbeschaffungspreis der Materialien und des Grubenholzes, aber nicht der der produktiven Lohnarbeit kann ein anderer sein als der Gestehungspreis. Da aber im Kohlenbergbau die Löhne den Hauptbestandteil der Gestehungskosten bilden, ist die Entwicklung der anderen Gestehungskosten von verhältnismäßig geringer Bedeutung. Ein Verlust konnte und kann allerdings eintreten, wenn die Produktionskosten durch Lohnerhöhungen usw. steigen, und wenn ein Ausgleich durch die Verkaufspreise nicht stattfindet. Es entsteht dann aber, wie wir bereits gesehen haben, kein Scheingewinn, sondern ein offenbarer Verlust.

Anders verhält es sich mit dem Anlagekapital. Hier führten unzureichende Abschreibungen nicht zu einem offenen Verlust, sondern sie gestatteten den Ausweis von Gewinnen, die in Wahrheit nur Scheingewinne waren. Daß die Abschreibungen unzulänglich waren, ergibt sich schon aus dem oben wiedergegebenen Eingeständnis des Staatssekretärs Hirsch betreffend die zeitweise für die Gruben vorliegende Unmöglichkeit, Abschreibungen überhaupt vorzunehmen. Es ergibt sich aber auch aus einem Vergleich der einschlägigen Bilanzziffern vor und nach dem Kriege. Die nachfolgende Tabelle stellt die von einer Reihe reiner Kohlenzechen 1913/14 und 1920/21 gemachten Abschreibungen (einschließlich der „Abschreibungen auf der Passivseite", wie Zuweisungen auf Erneuerungs- und Werkerhaltungskonto) einander gegenüber[1]):

	Abschreibungen in Mark 1913/14	1920/21
Aplerbecker Aktienverein für Bergbau:		
A.-K. 2,4 Millionen	296 282	300 002
Ahrenbergsche Akt.-Ges. für Bergbau und Hüttenbetrieb:		
A.-K. erhöht von 14,4 auf 21,6 Millionen	1 906 881	4 876 758
Bergwerks Akt.-Ges. Consolidation:		
A.-K. unverändert 20 Millionen	1 486 512	4 120 097
Gewerkschaft Vereinigte Konstantin der Große	3 684 050	11 927 987
Essener Bergwerks-Verein König Wilhelm:		
A.-K. unverändert 8,5 Millionen	1 654 578	2 020 610
Harpener Bergbau-Aktiengesellschaft:		
A.-K. unverändert 85 Millionen	7 421 363	10 488 557
Bergwerks-Gesellschaft Hibernia:		
A.-K. unverändert 70 Millionen	5 010 526	11 127 329
Gewerkschaft König Ludwig	1 428 010	5 228 916
Königsborn A.-G. für Bergbau, Salinen- u. Solbad-Betrieb:		
A.-K. unverändert 11 Millionen	1 750 000	1 500 000
Mülheimer Bergwerks-Verein:		
A.-K. unverändert 14 Millionen	843 947	1 563 876
Gewerkschaft Victoria Lünen:	1 067 743	1 614 848
Gewerkschaft des Steinkohlenbergwerks Adler:	381 745	731 450
Gewerkschaft Deutschland in Ölsnitz i. E.	343 960	2 266 427
Erzgebirgischer Steinkohlen-Aktienverein:		
A.-K. unverändert 4,32 Millionen	561 529	2 643 057
Gewerkschaft des Steinkohlen-Bergwerks Ewald	2 649 307[2])	14 247 471

[1]) Gesellschaften, die ihr Kapital in der Zwischenzeit wesentlich verändert haben, sind dabei nicht berücksichtigt, wohl aber einige bedeutende Gewerkschaften. [2]) „Abschreibungen und Rückstellungen".

	Abschreibungen in Mark 1913/14	1920/21
Gersdorfer Steinkohlen-Bauverein:		
A.-K. unverändert 2,763 Millionen	97 919	901 691
Gewerkschaft des Steinkohlenbergwerks Graf Bismarck:	1 650 000	3 000 000
Gewerkschaft des Steinkohlenbergwerks Graf Schwerin.	707 657	2 197 225
Gewerkschaft der Zeche Heinrich	250 000	400 000
Gewerkschaft des Steinkohlenbergwerks Vereinigte Helene und Amalie	1 656 679	3 185 312
Gewerkschaft des Steinkohlenbergwerks Langenbrahm	702 130	1 678 584
Oberbayerische Akt.-Ges. für Kohlenbergbau:		
A.-K. unverändert 4,8 Millionen	645 831	3 811 796
Gesamtsumme:	36 196 649	89 831 993

Die obigen Ziffern beweisen, daß die Abschreibungen nicht entfernt im Verhältnis zur Geldentwertung gestiegen sind, was freilich auch in den meisten anderen Industrien der Fall ist. Überdies ist zu berücksichtigen, daß die die Vorkriegszeit um ein Vielfaches übersteigenden Ziffern der Nachkriegszeit regelmäßig durch besonders große Neuanlagen der allerletzten Jahre bedingt sind. Es ist möglich, daß neben den offenen Abschreibungen noch hie und da stille Rückstellungen gemacht worden sind. Sehr bedeutend sind diese aber gerade bei den Steinkohlenbergwerken sicher nicht gewesen, und so hatte der Mangel ausreichender Abschreibungen unzweifelhaft eine Minderung der Substanz zur Folge[1]). Dieser Vermögensminderung steht nun aber auf der anderen Seite eine Vermögensvermehrung gegenüber, als Folge der Verringerung der festverzinslichen Schuldenlast. Es handelt sich dabei natürlich nicht um eine ziffernmäßige, sondern um eine durch die Geldentwertung bedingte effektive Verringerung der Schulden, die in allen Industrien wirksam ist, die aber gerade im Kohlenbergbau besondere Bedeutung hat, weil dieser von dem anlagesuchenden Kapital bevorzugt wird. Zieht man z. B. in Erwägung, daß die Gewerkschaft Graf Bismarck mit einer Anleihe von 30 Millionen Mark[2]) in das Geschäftsjahr 1920 eintrat und am Ende des Geschäftsjahres noch die gleiche Anleihe schuldig war, so ergibt sich unter der Annahme, daß der Geldwert sich am Jahresanfang wie 1 zu 7, am Jahresende wie 1 zu 14 verhielt, eine Erleichterung der Schuldenlast um $^{30}/_{7}$ minus $^{30}/_{14}$ Millionen, d. h. rund $2\,^{1}/_{8}$ Millionen Goldmark. Da die Abschreibungen der Gewerkschaft im letzten Vorkriegsjahr nur 1,65 Millionen Mark betrugen, ergibt sich, vorausgesetzt, daß für 1920 eine der Vor-

[1]) Selbstverständlich wird hierbei vorausgesetzt, daß der ausgewiesene Reingewinn verteilt oder sonst der Verfügung der Gesellschaft entzogen wird. Wird aus dem Reingewinn ein Werkerhaltungs- oder Erneuerungsfonds dotiert, so ist die tatsächlich eintretende Substanzminderung natürlich geringer, aber ebenso auch der „Rein"gewinn.

[2]) Die Hypotheken- und Restkaufgelder bleiben dabei unberücksichtigt.

kriegszeit entsprechende Abschreibung angemessen war, noch ein Substanzgewinn zugunsten der Gewerkschaft in Höhe von rund $^1/_2$ Million Goldmark zuzüglich der tatsächlich für 1920 in Rechnung gestellten Abschreibung von 3 Millionen Papiermark. Ähnlich liegen die Verhältnisse bei vielen anderen Kohlenbergwerken, und wir kommen so zu dem Ergebnis, daß die Minderung der Substanz infolge ungenügender Abschreibungen im allgemeinen mehr als aufgewogen wurde durch Verringerung der festverzinslichen Schulden infolge der Geldentwertung. Allerdings ist dies keine für die Volkswirtschaft erfreuliche Feststellung, denn die Erhaltung der Substanz erfolgte nicht aus dem Unternehmen heraus, sondern auf Kosten der Gläubiger. Diese aber konnten und können sich nicht anderweitig schadlos halten. Der endgültige Verlust bleibt auf ihnen liegen und damit indirekt auf der gesamten Wirtschaft.

5. Die Braunkohlenbergwerke.

Der bilanzmäßige Reingewinn der berücksichtigten 30 Braunkohlenbergwerksgesellschaften stieg von 31,54 Millionen im Jahre 1913 auf 101,75 Millionen Mark im Jahre 1920. Der Gewinn der zehn Gesellschaften, die ihr Kapital in der Zwischenzeit nicht veränderten, stieg von 4,47 Millionen auf 7,86 Millionen Mark, und der statistische Reingewinn sämtlicher 30 Gesellschaften hob sich von 31,54 Millionen auf 89,55 Millionen Mark.

Die Erträgnisse sind erheblich höher als im Steinkohlenbergbau. Während sie dort — umgerechnet auf Goldmark — $^1/_{10}$ des Vorkriegsertrages kaum überschritten, erreichten sie in der Braunkohlenindustrie immerhin $^3/_{10}$ des Vorkriegsgewinnes. Die Ursache dieser Erscheinung liegt, allgemein gesprochen, unzweifelhaft in der Tatsache, daß der Braunkohlenbergbau im Gegensatz zum Steinkohlenbergbau noch eine junge, aufblühende und sehr entwicklungsfähige Industrie ist. Infolgedessen hat eine Minderproduktion gegenüber der Vorkriegszeit hier nicht

---

[1]) Die Verwaltung der Rodder-Grube Aktiengesellschaft sagt in ihrem Geschäftsbericht für das Jahr 1920, daß die Zahl der Beamten und Arbeiter seit 1913 auf das 3,42fache gestiegen sei, die Förderung aber nur auf das 2,38fache; dabei wurde manche Arbeitskraft in Größe und Umfang durch maschinelle ersetzt. Bei der Braunkohlen- und Brikett Akt.-Ges. sank die Leistung je Mann und Schicht sogar von 4,30 auf 2,02 Tonnen. Auch nach dem Bericht der Bitterfelder Luisengrube Kohlenbergwerks- und Ziegelei A.-G., Zscherndorf betrug die Leistung pro Kopf und Schicht noch nicht die Hälfte der Friedensleistung.

[2]) Vor allem war für die Gruben, die im August 1920 erfolgte Preisermäßigung bei gleichzeitiger beträchtlicher Lohnerhöhung nachteilig (vgl. Bericht der Braunkohlen-Gewerkschaft Oskarssegen für 1920 und der Phoenix Akt.-Ges. für Braunkohlenverwertung für 1920.

stattgefunden, vielmehr ist die Erzeugung, wenigstens was die Braunkohlenförderung selbst anbetrifft, nicht unerheblich gestiegen, während in den Nebenerzeugnissen, wie Teer, Ammoniak, Ziegelsteinen usw. allerdings eine Verringerung der Produktion eintrat. Der Vergrößerung ihrer Haupterzeugung haben es die Braunkohlenbergwerke vor allem zu verdanken, daß sie mit einem höheren Gewinn abgeschnitten haben, als die Steinkohlenindustrie. Im übrigen übten die ungünstigen Momente, die wir hier sonst kennen gelernt haben, auch im Braunkohlenbergbau ihre Wirkung aus: Sinkender Arbeitseffekt[1]) und — wenn auch vielleicht, besonders wegen der stärkeren Nebenerzeugung, nicht im gleichen Maße — unzureichende Preise[2]). Eine sehr dankenswerte kleine Zusammenstellung über die Entwicklung der Produktion, der Belegschaftsgröße, der Leistung, des Umsatzes, der Löhne und der Dividende vor, während und nach dem Kriege, hat die Braunkohlen- und Brikettindustrie Aktiengesellschaft in ihrem Bericht für das Geschäftsjahr 1920/21 veröffentlicht. Die Zusammenstellung ist die folgende:

Jahr	Förderung	Belegschaft einschl. Kriegsgefangene	Leistung je Mann und Schicht t	Geldumsatz Briketts, Rohkohle, Strom ausschließlich Kohlen- und Umsatzsteuer Mark	davon Löhne Mark	davon Löhne %	davon Dividende Mark	davon Dividende %
1913/14	2 971 556	2278	4,30	8 041 172	2 699 335	33,57	640 000	7,96
1916/17	3 127 659	2878	3,56	11 289 613	3 621 820	32,08	800 000	7,09
1919/20	3 054 175	4783	2,26	84 332 483	32 760 505	38,85	3 040 000	3,60
1920/21	3 259 584	5110	2,02	164 232 038	69 465 065	42,30	3 960 000	2,41

Volkswirtschaftlich besonders interessant ist in dieser Tabelle das Verhältnis von Mengeumsatz (Förderung), Geldumsatz und Löhne. Berechnet man den Geldumsatz pro Tonne sowohl für 1913/14 wie für 1920/21, so ergibt sich eine Steigerung des auf die Tonnenförderung entfallenden Geldumsatzes von 2,70 auf 50,35 Mark, d. h. auf ungefähr das $18^2/_3$fache. Wenn infolge verstärkter Stromabgabe in der späteren Zeit diese Zahlen vielleicht auch eine kleine Berichtigung erfahren

[1]) Die Verwaltung der Rodder-Grube Aktiengesellschaft sagt in ihrem Geschäftsbericht für das Jahr 1920, daß die Zahl der Beamten und Arbeiter seit 1912 auf das 3,42fache gestiegen sei, die Förderung aber nur auf das 2,38fache; dabei wurde manche Arbeitskraft in Größe und Umfang durch maschinelle ersetzt. Bei der Braunkohlen- und Brikett Akt.-Ges. sank die Leistung je Mann und Schicht sogar von 4,30 auf 2,02 Tonnen. Auch nach dem Bericht der Bitterfelder Luisen-Grube Kohlenbergwerks- und Ziegelei-A.-G., Zscherndorf betrug die Leistung pro Kopf und Schicht noch nicht die Hälfte der Friedensleistung.

[2]) Vor allem war für die Gruben die im August 1920 erfolgte, Preisermäßigung bei gleichzeitiger beträchtlicher Lohnerhöhung nachteilig (vgl. Bericht der Braunkohlen-Gewerkschaft Oskarssegen für 1920 und der Phoenix Akt-Ges. für Braunkohlenverwertung für 1920.

müßten, so ergibt sich doch ohne Zweifel, daß der Geldumsatz für die gleiche Produktion mehr gestiegen ist als der Geldentwertung entspricht. Gesetzt nun den Fall, die Leistung je Mann und Schicht wäre dieselbe wie in der Vorkriegszeit gewesen, die Löhne wären genau entsprechend der Geldentwertung gestiegen und ebenso alle sonstigen Ausgaben, so würde der Gewinn der Unternehmer bei den ihnen tatsächlich bewilligten Preisen nicht nur im Verhältnis zum höheren Mengenumsatz und im Verhältnis zur Geldentwertung, sondern noch darüber hinaus gestiegen sein. Weil aber die Leistung je Mann und Schicht so außerordentlich sank, daß die Belegschaft mehr als verdoppelt werden mußte, wurde der die Geldentwertung an Ausmaß noch überschreitende Geldumsatz zu einem erheblich größeren Teil als früher von den gezahlten Löhnen in Anspruch genommen. Es mag sein, daß die Leistung je Mann und Schicht auch deshalb etwas abgenommen hat, weil die Produktionsverhältnisse ungünstiger waren als vor dem Kriege. Die Tatsache, daß trotz gesteigerter Erzeugung auf die erzeugte Einheit ein größerer Goldmarkumsatz, aber ein ungleich geringerer Goldmarkreingewinn entfällt, bleibt gleichwohl von großer Bedeutung[1]), mag nun die Untüchtigkeit der Arbeiter allein oder auch Raubbau während des Krieges die Ursache sein.

In dem Absatz ihrer Nebenerzeugnisse war die Braunkohlenindustrie von der jeweiligen Marktlage abhängig[2]). Nach dem Bericht der A. Riebeckschen Montanwerke A.-G. für das Geschäftsjahr 1920/21 standen die chemischen Erzeugnisse der Gesellschaft zu Anfang des Geschäftsjahres, d. h. im Frühjahr 1920, noch in reger Nachfrage. Im Einklang mit der allgemeinen Krisis trat dann ein Stillstand ein, dem aber schon im Spätsommer wieder regere Nachfrage und in den letzten Kalendermonaten 1920 geradezu stürmische Nachfrage folgte. Die Preise für die Nebenerzeugnisse waren günstiger als für die Kohle selbst.

Die Frage, ob und inwiefern die Braunkohlenindustrie Scheingewinne erzielt hat, beantwortet sich, soweit das umlaufende Kapital in Frage kommt, im großen und ganzen analog wie beim Steinkohlenbergbau. Eine gewisse Verschiebung, und zwar zuungunsten der Braunkohlenindustrie, tritt wohl nur dadurch ein, daß die Nebenproduktion bei dieser eine größere Rolle spielt als beim Steinkohlenbergbau, und daß es infolgedessen in der Braunkohlenindustrie leichter zu Kalkulationen kommen kann, die von der Marktlage überholt sind. Über die Wirkungen der Geldentwertung auf das Anlagekapital gibt

---

[1]) Ein Vergleich der Vorkriegszeit- und Nachkriegszeitpreise für Braunkohle in Verbindung mit dem gestiegenen Mengeumsatz und dem verringerten Reingewinn führt übrigens ganz allgemein zu demselben Ergebnis.

[2]) In abgeschwächtem Maße gilt dies übrigens auch von der Rohbraunkohle.

zunächst die nachfolgende Übersicht über die Abschreibungen einer Reihe von Braunkohlenbergwerken vor und nach dem Kriege Auskunft[1]):

	Abschreibungen in Mark 1913	1920
Konsolidiertes Braunkohlenbergwerk Caroline bei Offleben A.-G.	397 731	1 486 000
Konsolidiertes Braunkohlenbergwerk Marie	76 750	173 500
Greppiner Werke	133 329	267 634
Neue Senftenberger Kohlenwerke A.-G.	290 537	830 070
Phoenix Akt.-Ges. für Braunkohlenverwertung	642 999	875 493
A. Riebeck sche Montanwerke A.-G.	2 604 345	11 717 622
Werschen Weißenfelser Braunkohlen Akt.-Ges.	801 462	1 287 503
Gewerkschaft des Bruckdorf Nietlebener Bergbau-Verein	307 353	478 549
Gewerkschaft Gute Hoffnung	249 428	1 075 980
Harbker Kohlenwerke	606 802	1 538 707
Leipziger Braunkohlenwerke Akt.-Ges.	103 052	200 765
Gewerkschaft Leonhard	272 102	796 769
Gewerkschaft Mariaglück	260 763	594 011
Gewerkschaft Michel	664 238	937 316
Norddeutsche Braunkohlen Akt.-Ges. Helmstedt	423 393	800 345
insgesamt	7 834 284	23 060 264

Die Zahlen sind nicht wesentlich anders, als beim Steinkohlenbergbau. Allerdings sind sie mit Vorsicht aufzunehmen, denn es ist möglich, daß in nicht unerheblichem Maße stille Rückstellungen gemacht wurden. Einen eigenartigen Beleg für das Vorkommen einer solchen stillen Rücklage liefert der Geschäftsbericht der Niederlausitzer Kohlenwerke in Berlin. Dort wird im Anschluß an durchaus zutreffende Ausführungen über die Unzureichendheit der normalen Abschreibungen mitgeteilt, daß man „aus diesen Erwägungen heraus für einen Werkerhaltungsfonds einen Betrag von 12 Millionen Mark habe rückstellen müssen, der in dem Bilanzkonto unter ‚Gläubiger' Aufnahme gefunden habe". Aus der Bilanz und der Gewinn- und Verlustrechnung selbst ist diese Rückstellung nicht ersichtlich; und so erhebt sich die Frage, wieviel Gesellschaften ähnliche aus den Abschlüssen nicht ersichtliche Rückstellungen gemacht haben mögen, ohne das Geheimnis im Geschäftsbericht preiszugeben.

Im großen und ganzen wird man auch von der Braunkohlenindustrie sagen müssen, daß sie nicht entsprechend der Geldentwertung Abschreibungen gemacht, und daß sie daher insofern eine Substanzminderung erfahren hat. Aber auch die Braunkohlenindustrie hat auf der anderen Seite in erheblichem Umfange Schuldverschreibungen aufgenommen und dadurch eine Substanzmehrung erfahren, so daß

[1]) Gesellschaften, die ihr Kapital wesentlich veränderten, wurden hier ebensowenig berücksichtigt, wie in der analogen Tabelle beim Steinkohlenbergbau.

sie im ganzen ihr Vermögen im Vergleich zur Vorkriegszeit keinesfalls vermindert, sondern wohl eher etwas vergrößert hat. Im übrigen gilt hier das bei Erörterung des Steinkohlenbergbaues Gesagte.

6. Bergbau und Hüttenbetrieb.

Unter der Rubrik Bergbau und Hüttenbetrieb wurden nur wenige Unternehmungen zusammengefaßt. Prinzipiell gehören hierher alle Unternehmungen, in denen außer dem Bergbau auch Verhüttung, aber keine Weiterverarbeitung von Eisen, insbesondere zu Stahl- und Stahlwerksprodukten stattfindet. Durch diesen Ausschluß der Eisenverarbeitungsindustrie kommen aber fast alle Eisenerzbergwerke und Eisenhütten in Fortfall, weil die Weiterverarbeitung zu Stahl usw. hier fast ausnahmslos die Regel bildet. Die in Rede stehende Gruppe enthält daher in erster Linie Blei-, Zink- und Kupferbergwerke und -Hütten und nur eine Gesellschaft, die zwar auch Metall (Kupfer) herstellt, deren Haupterzeugnis aber in Roheisen besteht, nämlich das Hochofenwerk Lübeck.

Die Erträgnisse der acht berücksichtigten Gesellschaften bezifferten sich in der Vorkriegszeit auf 4,46 Millionen Mark, in der Nachkriegszeit auf 19,95 Millionen Mark. Bei den vier Gesellschaften, die ihr Kapital nicht veränderten, stieg der Reingewinn von 2,25 Millionen auf 12,15 Millionen Mark; der statistische Reingewinn sämtlicher acht Gesellschaften hob sich von 4,46 Millionen auf 19,21 Millionen Mark. Das Ergebnis ist im Vergleich zu den bisher behandelten Gruppen überraschend günstig. Gemessen in Vorkriegsmark erreicht der Ertrag zwar noch nicht ganz die Hälfte des einstigen Friedensgewinnes; aber es gibt nicht allzu viele Industrien, die auch nur dieses bescheidene Resultat erzielen konnten. Dabei ist die Produktion der Zinkbergwerke und Zinkhütten, die die Hauptrolle in der Gruppe spielen, gegen die Vorkriegszeit sehr stark zurückgegangen[1]), weit mehr als beispielsweise die Steinkohlenproduktion. Die Absatzverhältnisse waren nur in den ersten vier Monaten des Jahres 1920 günstig, nachher

[1]) Der Märkisch-Westfälische Bergwerks-Verein förderte 1913 8564 Tonnen, 1920 aber nur 4245 Tonnen Zinkerze; die entsprechenden Zahlen für Zink und Zinkstaub waren 4797 und 1225 Tonnen. Bei der Schlesischen Akt.-Ges. für Bergbau und Zinkhüttenbetrieb, die in unserer Statistik nicht einbegriffen ist, sank die Galmei- und Blendeförderung von 85203 auf 39935 Tonnen, die Herstellung von Rohzink von 35645 auf 15087 Tonnen, endlich die Erzeugung von Zinkblechen von 30930 auf 15096 Tonnen. Die übrigen Gesellschaften veröffentlichten in den letzten Jahren keine Ziffern mehr. Nach der vorläufigen amtlichen Feststellung (vgl. Statistisches Jahrbuch 1921/22, S. 85) belief sich die deutsche Blei-, Silber- und Zinkerzförderung im Jahre 1920 auf 1772600 gegen 2884800 Tonnen im Jahre 1913.

trat im Einklang mit der allgemeinen Marktlage ein Umschwung ein, der aber länger als in den übrigen Industrien andauerte und abgesehen von einigen Auslandsgeschäften bis zum Jahresschluß anhielt[1]). Wesentlich für den Produktionsrückgang waren aber nicht nur die Absatzverhältnisse, sondern auch die schlechte Belieferung mit Kohlen, die zeitweilig zu völliger Stillegung des Betriebes zwang[2]). Dazu trat für diejenigen Werke, die über ausreichenden Grubenbesitz verfügten, endlich noch Rohstoffmangel, besonders an Bleierzen. Wenn die Gesellschaften dennoch verhältnismäßig gut abgeschnitten haben, so lag dies offenbar daran, daß die Preisbildung nicht beschränkt war. Die freie Wirtschaft war es, die den Unternehmungen der Zinkindustrie, der außerordentlich verringerten Produktion und dem sinkenden Arbeitseffekt zum Trotz, ein vergleichsweise günstiges Ergebnis verschaffte. Einen Verlust hatte nur eine Gesellschaft zu verzeichnen, die Blei- und Silberhütte Braubach Akt.-Ges. in Frankfurt. Dieses Unternehmen, das im wesentlichen auf den Einkauf von Erzen angewiesen ist, wurde offenbar ein Opfer des im Frühjahr 1920 einsetzenden Konjunkturumschlages, der für alle Erzeugnisse, und insbesondere für Metalle und Metallerze, sehr erhebliche Preissenkungen nicht nur im Inlande durch das Steigen der Mark, sondern auch auf dem Weltmarkt brachte. Bei den Gesellschaften, die über größere eigene Gruben verfügten, konnte der Konjunkturumschlag naturgemäß nicht dieselbe Bedeutung erlangen.

Inwieweit durch objektiv unrichtige Kalkulationen bei der Bewertung des umlaufenden Kapitals Scheingewinne erzielt wurden, richtet sich, abgesehen von der im einzelnen geübten Vorsicht danach, ob und in welchem Umfange die Hütten auf den Bezug von Erzen aus fremder Hand angewiesen waren. Im letzteren Falle war die Gefahr von Scheingewinnen naturgemäß noch erheblich größer. Immerhin ist anzunehmen, daß dem erzielten Scheingewinn wenigstens keine größeren Verluste zugrunde lagen. Denn Kapitalerhöhungen fanden nur bei der Hälfte der untersuchten Gesellschaften statt, und wo sie stattfanden, geschahen sie offensichtlich weit mehr zur Vergrößerung des Betriebes oder zur Finanzierung bereits geschehener Vergrößerungen, nicht aber zur Verstärkung der laufenden Betriebsmittel.

Andererseits zeigt ein Vergleich der Abschreibungen vor und nach dem Kriege ähnliche Verhältnisse wie bei den Kohlenbergwerken:

---

[1]) Geschäftsbericht der Schlesischen Akt.-Ges. für Bergbau und Zinkhütten-Betrieb für 1920.

[2]) Geschäftsbericht der Rheinisch-Nassauischen Bergwerks- und Hütten-Akt.-Ges. für 1920.

	Abschreibungen 1913/14	1920/21
Akt.-Ges. für Bergbau, Blei- und Zinkfabrikation . .	1 139 573	3 110[1])
Berzelius Metallhütten Akt.-Ges.	636 319	2 032 523
Hüttenwerk C. Wilh. Kayser & Co. Akt.-Ges.	147 499	178 000
Hochofenwerk Lübeck	1 053 970	2 378 264
Märkisch-Westfälischer Bergwerks-Verein	259 464	1 809 450
Rheinisch-Nassauische Bergwerks- und Hütten Akt.-Ges.	564 530	1 903 547
Stadtberger Hütte	123 184	126 207
Blei- und Silberhütte Braubach Akt.-Ges.	127 352	1 070 890

Gemessen an der Geldentwertung scheinen die ausgewiesenen Abschreibungen nicht ausreichend zu sein. Die Möglichkeit eines dadurch bedingten nicht unerheblichen Substanzverlustes ist daher nicht von der Hand zu weisen. Auch steht diesem Verlust bei der in Rede stehenden Gruppe kaum ein völliger Ausgleich durch Erleichterung der Schuldenlast gegenüber, weil die Obligationen hier eine geringere Rolle spielen, als beispielsweise im Kohlenbergbau. Immerhin dürfte der Netto-Substanzverlust nur unbedeutend sein.

7. Bergwerks-, Hüttenbetriebs- und Eisenverarbeitungs-industrie.

Die Gruppe Bergwerk, Hüttenbetrieb und Eisenverarbeitung umfaßt die eigentliche Schwerindustrie in des Wortes vollster Bedeutung. Es gehören hierher alle diejenigen Gesellschaften, die Kohlen oder Eisenerze oder beides fördern, die in Hochöfen Roheisen darstellen, und die endlich das Eisen zu Stahl, Halbzeug, Formeisen, Blechen, Röhren usw. verarbeiten. Die sich immer verstärkende Zusammenschlußbewegung hat dahin geführt, daß die Anzahl der schwerindustriellen Werke sich erheblich vergrößert hat. In unserer Aufstellung werden nicht weniger als 29 Gesellschaften berücksichtigt, deren bilanzmäßig ausgewiesener Reingewinn von 139,97 Millionen Mark im Jahre 1913 auf 457,80 Millionen Mark im Jahre 1920 stieg. Die 9 Gesellschaften, deren Kapital sich in der Zwischenzeit nicht veränderte, wiesen vor dem Kriege einen Gewinn von insgesamt 52,16 Millionen, nach dem Kriege einen solchen von 88,95 Millionen Mark aus. Der statistische Reingewinn aller Gesellschaften stieg von 139,37 Millionen auf 438,17 Millionen Mark. — Das Ergebnis ist dem bei den Braunkohlenbergwerken festgestellten sehr ähnlich. In Vorkriegsmark umgerechnet, ist nicht ganz ein Drittel des einstigen Friedensgewinnes erzielt worden.

Ungünstig auf den Ertrag hat in erster Linie die verringerte Pro-

[1]) Die geringe Summe erklärt sich offenbar aus anderweitiger Buchung, der Geschäftsbericht lag nicht vor.

duktion eingewirkt. Einen Anhaltspunkt hierfür gewähren die nachstehenden, den Geschäftsberichten einiger besonders großer Unternehmungen entnommenen Tabellen:

Phoenix Aktiengesellschaft für Bergbau und Hüttenbetrieb.

	Erzeugung in Tonnen 1913/14	1919/20
Eisenstein	854 854	176 119
Roheisen	1 237 779	458 509
Rohstahl	1 501 819	694 249
Kohle	5 170 000	3 080 000
Halbzeug	407 709	145 477
Koks	1 580 000	850 000
Eisenbahn-Oberbaumaterial	175 294	79 046
Formeisen	64 205	21 814
Stabeisen	243 885	132 441
Bleche einschl. Böden u. Blechschmiedearbeiten	253 811	130 923
Draht und Drahtwaren	199 011	87 973
Röhren	81 658	50 175
Schmiedestücke, Rädsätze, Stahlformguß usw.	92 879	59 652
Eisenguß	30 629	14 996
Weiterverarbeitungsproduktion zusammen	1 549 081	722 497

Vereinigte Königs- und Laurahütte.

	Erzeugung in Tonnen 1913/14	1919/20
Steinkohle	3 710 000	2 330 000
Eisenerze	34 067	21 339
Roheisen	251 209	128 090
Gußwaren	26 267	13 148
Walzeisen aller Art	322 768	216 904
Gewalzte Röhren	38 297	21 329

Rheinische Stahlwerke zu Duisburg-Meiderich.

	Erzeugung in Tonnen 1913/14	1919/20
Roheisen	647 095	354 180
Stahl	697 153	466 832

Georgs-Marien-Bergwerks- und Hüttenverein Akt.-Ges.

A. Georgs-Marienhütte und Zeche, Werne:

	Erzeugung in Tonnen (Schlackensteine in Stück) 1913/14	1919/20
Erze	251 873	106 203
Kohlen	583 505	467 044
Koks	255 279	167 454
Roheisen	173 780	86 370

	Erzeugung in Tonnen (Schlackensteine in Stück) 1913/14	1919/20
Gußwaren	6 052	1 348
Schlackensteine (in Stück)	18 840 000	8 560 000
Martin-Stahlblöcke	179 520	94 450
Stabeisen	58 713	40 587
B. Stahlwerk Osnabrück:		
Halbfabrikate, Rohstahl usw.	33 956	28 832
Fertigfabrikate, Schienenschwellen usw.	100 705	49 623
Gußwaren	3 814	2 321
Feuerfeste Steine	2 716	2 638

Die Zahlen zeigen übereinstimmend einen außerordentlichen Rückgang der Produktion an. Die Ursachen des Rückganges sind je nach dem Gegenstand der Erzeugung verschieden. Die auf den fünften Teil zusammengeschrumpfte Eisensteinförderung bei „Phoenix“ hat ihren Hauptgrund in dem Verlust der lothringischen Erzgruben; im übrigen ist der Rückgang der Eisenerzproduktion einmal darauf zurückzuführen, daß die Aufnahmefähigkeit der Hochöfen infolge unzureichender Belieferung mit Koks viel geringer als früher war, außerdem machte sich der Wagenmangel beim Erzversand unliebsam geltend. Endlich wurde im zweiten Halbjahr 1920 infolge Steigens der Mark und Sinkens der Seefrachten die Konkurrenz der ausländischen Erze sehr drückend; und gegen Ende des Jahres 1920 wurde die Lage des Eisenerzbergbaues im Lahn- und Dill-Gebiet infolge dieser Konkurrenz sogar bedrohlich, bis Vereinbarungen mit den deutschen Hochofenwerken getroffen wurden, die freilich den Bergwerken Opfer auferlegten.

Der Rückgang der Roheisenproduktion hatte seinen Hauptgrund, wie erwähnt, in dem Mangel an Koks. Zahlreiche Hochöfen mußten, besonders nach dem Spaa-Abkommen im Herbst 1920, ausgeblasen werden. Bei der Deutsch-Luxemburgischen Bergwerks- und Hütten-Aktiengesellschaft wurden z. B. Ende September 1920 von fünf in Dortmund stehenden Hochöfen drei, von fünf in Mülheim stehenden Hochöfen ebenfalls drei, endlich die beiden Horster Hochöfen stillgelegt.

Mindestens ebenso produktionshemmend wie der Koksmangel für die Hochöfen war der Mangel an Brennstoff für die Weiterverarbeitung des Eisens. Man versuchte zwar aus den vorhandenen Kohlen das Mögliche herauszuholen, ging nicht selten zur Verwendung von Rohbraunkohle, Schlammkohle und Abfallkoks über, aber die Erzeugung konnte mit diesem minderwertigen Ersatz auch nicht entfernt auf der alten Höhe gehalten werden, und wo die Umstellung auf Braunkohle nicht stattfand, mußten die Betriebe vielfach wochen-, ja monatelang stilliegen. Um die Brennstoffnot zu mildern, wurden von einigen Werken große Anstrengungen gemacht, die sogenannte Abhitze im Hochofenbetrieb möglichst auszunutzen und die Feuerungsanlagen zu verbessern; es wurden sogar besondere Wärmeabteilungen errichtet, um die Forschungen auf diesem Gebiet zu fördern, aber ein entscheidender Erfolg wurde damit bisher nicht erzielt.

Über die Unzureichendheit der Kohlenpreise ist bereits an anderer Stelle gehandelt worden. Für Eisen und Stahl sowie ihre Produkte waren die von den Werken erzielten Preise im ganzen unzweifelhaft vorteilhafter, doch war die Entwicklung hier in hohem Maße von der Konjunktur abhängig. Während in der letzten Zeit des Jahres 1919 und in den ersten 4—5 Monaten 1920 die Produktion geradezu reißenden Absatz fand, stockte das Geschäft in der zweiten Jahreshälfte, und die Preise gingen im Inland und vor allem im Ausland erheblich zurück. Als eine besonders schwere Beeinträchtigung empfanden die Werke die durch Verordnung vom 1. April 1920 eingeführte Zwangsbewirtschaftung des Eisens. Als die Unternehmungen im Frühjahr 1920 in der Lage waren, Stabeisen zu einem Preis von annähernd 300 Gulden die Tonne auszuführen, wurde die Ausfuhr von Amts wegen auf ein Mindestmaß beschränkt, um zunächst die Deckung des vermeintlich sehr großen und dringenden Inlandsbedarfes zu sichern, der, wie sich nachher zeigte, gar nicht so groß war, sondern durch Hamstern sowie dadurch künstlich hochgetrieben wurde, daß allgemein weit über den Bedarf hinaus bestellt wurde, um auf jeden Fall die tatsächlich benötigte Menge zu erhalten. Als die Preise auf dem Weltmarkt fielen, bestand dann die Regierung zunächst grundsätzlich auf der Einhaltung der Mindestausfuhrpreise. Zu Verkäufen unter diesen Preisen war ein zeitraubendes Genehmigungsverfahren erforderlich; und wenn die Genehmigung dann schließlich wirklich eintraf, so war es meist zu spät. Erst als die Aufnahmefähigkeit des ausländischen Marktes auf den tiefsten Stand herabgegangen und der Preis für Stabeisen auf rund 100 Gulden für die Tonne gesunken war, wurde mehr Bewegungsfreiheit gegeben. Nun meldeten sich aber auch die zahlreichen Inlandsverbraucher des Eisens und wollten die gehamsterte, aber tatsächlich nicht benötigte Ware ihrerseits im Ausland verkaufen, wodurch natürlich der Absatz immer noch mehr erschwert wurde. Die Behauptung im Geschäftsbericht der Deutsch-Luxemburgischen Bergwerks- und Hütten-Aktiengesellschaft für 1918/20, daß die Werke im Frühjahr 1920 Hunderttausende von Tonnen Eisen und Stahl mehr zu hohen Preisen hätten verkaufen können, wenn die Ausfuhrbestimmungen nicht eine volle Ausnutzung der Auslandskonjunktur unmöglich gemacht hätten, hat unter diesen Umständen viel Wahrscheinlichkeit für sich.

Einigen und gerade den bedeutenderen Werken entstanden große Verluste durch die während des Krieges in Schweden zum Einkauf von Erzen in Anspruch genommenen Kredite, die nunmehr allmählich abgedeckt werden mußten. Bei der Phoenix Aktiengesellschaft für Bergbau und Hüttenbetrieb betrug die Schwedenschuld zu Beginn des Geschäftsjahres 1919/20, d. h. am 1. Juli 1919, nicht weniger als 23,50 Millionen schwedische Kronen. Bei Jahresschluß 1919 war diese Schuld bereits auf 5,9 Millionen zurückgegangen, und bei Abfassung ihres Berichtes über das abgelaufene Geschäftsjahr 1919/20 konnte die Verwaltung mitteilen, daß die völlige Abdeckung der Schuld erfolgt sei.

Zusammenfassend läßt sich folgendes sagen: Die Erzeugung von Eisen und Stahl, sowie der Produkte ihrer Weiterverarbeitung ist außerordentlich zurückgegangen, weit mehr noch als die Förderung von Steinkohlen. Umgekehrt sind aber die Preise, zwar hier wie dort behördlich beeinflußt, doch für die Eisenindustrie, wenigstens scheinbar, erheblich günstiger gewesen, weil die Eisenindustrie infolge älteren und dadurch rechnerisch billigeren Einkaufs von Rohmaterial usw. meist auch dann noch einen — rechnerischen — Gewinn erzielte, wenn die Preise den sonstigen Gestehungskosten nicht sogleich angepaßt wurden. Ferner trat die Zwangswirtschaft erst am 1. April 1920 voll in Kraft, und endlich hatte die Eisenindustrie auch die Möglichkeit, einen Teil ihrer Erzeugnisse auszuführen, während die Ausfuhr von Steinkohle nur ausnahmsweise erfolgte. Die Schwerindustrie konnte vielfach sogenannte Valutagewinne erzielen.

Abgesehen von dem Ausfuhrgeschäft unterlag die Eisenindustrie in viel höherem Maße als die Kohlenbergwerke der Gefahr von Scheingewinnen mit wirklichen Verlusten, denn die Zeitspanne von Beginn der Erzeugung irgendeines Halbfabrikates bis zu seinem Absatz ist viel länger, als die entsprechende Zeitspanne bei Steinkohlen. Die Preise der Rohmaterialien und der Löhne können inzwischen erheblich steigen; und so sind in der Eisenindustrie unzweifelhaft nicht nur infolge älterer Abschlüsse zu festen Preisen bilanzmäßige Verluste eingetreten, sondern auch wirkliche, durch Scheingewinne verdeckte Verluste infolge von der Geldentwertung nicht gerecht werdender Kalkulation der Umlaufswerte. Jedenfalls steht die Schwerindustrie in dieser Hinsicht nicht so günstig da, wie die Kohlenbergwerke.

Über die Höhe der von der Schwerindustrie gemachten Abschreibungen unterrichtet die nachfolgende kleine Übersicht, die eine Anzahl der größten Unternehmungen berücksichtigt:

	Abschreibungen[1]) in Millionen Mark vor dem Kriege	nach dem Kriege
Bismarckhütte	2,51	13,28
Buderus'sche Eisenwerke zu Wetzlar	2,22	6,08
Deutsch-Luxemburgische Bergwerks- u. Hütten-Aktiengesellschaft	16,11	29,00
Gelsenkirchener Bergwerks-Akt.-Ges.	23,31	35,00
Georgs-Marien-Bergwerks- und Hüttenverein .	2,42	5,84
Kattowitzer Akt.-Ges. für Bergbau und Eisenhütten-Betrieb	2,0	2,5
Lothringer Hütten- u. Bergwerksverein Akt.-Ges.	4,81	0,0
Oberschlesische Eisenbahn-Bedarfs-Akt.-Ges. .	3,61	9,99
Oberschlesische Eisenindustrie Akt.-Ges. für Bergbau und Hüttenbetrieb	2,00	12,00
Phoenix Akt.-Ges. für Bergbau u. Hüttenbetrieb	14,99	21,26
Vereinigte Königs- und Laurahütte	6,50	10,00

Es muß hier gleich betont werden, daß den obigen Zahlen noch viel weniger Gewicht beigelegt werden darf, als den betreffenden Zahlen bei den Kohlenbergwerken. Es sind zweifellos erhebliche innere Rückstellungen gemacht worden[2]). Auch wird ein Vergleich dadurch sehr erschwert, daß die Schwerindustrie einen großen Teil ihrer Anlagen durch die Annexion Elsaß-Lothringens seitens Frankreichs verloren hat. Trotzdem wird man nicht fehlgehen, wenn man behauptet, daß die von den Unternehmungen vorgenommenen Abschreibungen zuzüglich aller verborgenen Rückstellungen der Geldentwertung nicht voll entsprochen haben. Allerdings wurde vielfach ein Teil des Reingewinnes zu Überweisungen auf Werkerhaltungsfonds usw. benutzt, aber einmal entsprachen auch diese Überweisungen nicht voll der Geldentwertung, und ferner ist ja der Reingewinn streng genommen um diese Extraabschreibungen vorweg zu kürzen. Jedenfalls ist im ganzen ein Substanzverlust eingetreten, der freilich durch die Verringerung der Schuldenlast aufgewogen wurde, die bei der Schwerindustrie eine große Rolle spielt. Nach den Geschäftsberichten für 1919/20 war „Gelsenkirchen“ bei einem Aktienkapital von 188 Millionen (effektiv 94 Millionen) mit $50^1/_2$ Millionen, „Phoenix“ bei einem Kapital von 106 Millionen mit 42 Millionen und „Deutsch-Luxemburg“ bei einem Kapital von 130 Millionen sogar mit $75^1/_2$ [3]) Millionen Mark fundierter Schulden belastet. Das ergibt unter der Annahme, daß der Geldwert in der Zeit vom 1. Juli bzw. 1. Oktober 1919 bis 1. Juli bzw. 1. Oktober 1920 von $^1/_5$ auf $^1/_{10}$ Friedensmark gesunken ist, und unter der

[1]) Einschließlich Überweisungen an Erneuerungsfonds, Werkerhaltungsfonds usw.

[2]) Vgl. besonders Prion: Die Finanzierung und Bilanz wirtschaftlicher Betriebe unter dem Einfluß der Geldentwertung, S. 44. Berlin: Julius Springer 1921.

[3]) Die Zahlen sind abgerundet.

weiteren jedenfalls im wesentlichen zutreffenden Annahme, daß die Gesamtsumme der Anleihen der drei Gesellschaften bei Beginn und am Ende des Geschäftsjahres sich nicht verändert hat, eine Erleichterung der Schuldenlast für „Gelsenkirchen“ um rund 5 Millionen, für „Phoenix“ um rund 4 Millionen und für „Deutsch-Luxemburg“ um rund $7^1/_2$ Millionen Goldmark. Hervorgehoben muß aber wiederum werden, daß diese Schuldverringerung kein volkswirtschaftlicher Gewinn ist, und daß deshalb vom Standpunkt der Gesamtwirtschaft der Substanzverlust infolge unzureichender Abschreibungen eine Tatsache bleibt.

8. Eisenverarbeitung.

Die Gruppe Eisenverarbeitung umfaßt die Gesellschaften, die ohne Kohlen- und Roheisenbasis nur die Weiterverarbeitung des Eisens zum Ziel haben. Der gesamte bilanzmäßige Reingewinn dieser Gesellschaften stieg von 9,14 Millionen im Jahre 1913 auf 75,52 Millionen im Jahre 1920. Die zwei Gesellschaften, die ihr Kapital in der Zwischenzeit nicht erhöhten, wiesen vor dem Kriege einen Reingewinn von 1,14, nach dem Kriege einen solchen von 7,00 Millionen aus; endlich stieg der statistische Reingewinn sämtlicher berücksichtigten Gesellschaften von 9,14 Millionen Mark auf 70,78 Millionen Mark. Rein zahlenmäßig hat sich hiernach der Reingewinn bei der Eisenverarbeitungsindustrie am günstigsten von allen bisher untersuchten Gesellschaften entwickelt, insbesondere auch erheblich günstiger als bei der Schwerindustrie. Während diese durchschnittlich den dreifachen Papiermarkgewinn erzielte, verdiente die reine Eisenverarbeitungsindustrie — nominell — sieben bis achtmal so viel, d. h. sie blieb, wenn man das Scheingewinnproblem ausschaltet und auf Vorkriegsmark umrechnet, nur um 25% hinter dem einstigen Friedensgewinn zurück.

Das gilt, obwohl die Produktion sehr stark zurückgegangen ist; bei dem Hasper Eisen- und Stahlwerk z. B., das zwar nicht ohne Roheisenbasis, wohl aber ohne Kohlenbasis arbeitete, sank die Erzeugung der Walzwerke von 254745 Tonnen im Geschäftsjahr 1913/14 auf 79600 Tonnen im Geschäftsjahr 1919/20, d. h. auf weniger als den dritten Teil. In ihrem Geschäftsbericht über das Geschäftsjahr 1919/20 führte die Verwaltung der Gesellschaft bewegliche Klage über diese katastrophale Abwärtsentwicklung der Erzeugung, die sie, zweifellos mit Recht, auf die mangelnde Brennstoffversorgung zurückführte. Das Unternehmen gehörte keinem Konzern an, der ihm die nötigen Kohlen hätte liefern können, und war dadurch in einer ganz besonders schlimmen Lage, die es schließlich, Ende des Jahres 1920, dazu zwang, seine Selbständigkeit aufzugeben und mit dem Lothringer Hütten- und Bergwerks-Verein eine Interessengemeinschaft einzugehen. In einer ähnlichen, wenn auch vielleicht nicht ganz so schwierigen Lage befanden sich sämtliche Werke der reinen Eisenverarbeitung: Die Kohlennot war für alle mehr oder weniger verhängnisvoll. Natürlich versuchte man sich auch hier, soweit die geographische Lage dies ermöglichte, mit Braunkohlenfeuerung zu behelfen, wie beispielsweise das Eisenhüttenwerk Thale. Man suchte sich auch die Kohle von weither zu beschaffen, wie der Siegen-Solinger Gußstahl-Aktienverein [1]). Aber diese Mittel reichten im ganzen doch nicht entfernt aus, die Erzeugung auf der Höhe zu halten. Zu der Kohlennot trat teilweise auch Materialmangel, traten politische Unruhen und Arbeitseinstellungen, gerade zur Zeit der Hochkonjunktur, schließlich auch wiederholte Bahnsperren. Andererseits verlieh die starke Abhängigkeit von der allgemeinen Wirtschaftslage dem ganzen Geschäft einen ruckartigen Charakter. Zur Zeit der Hochkonjunktur konnte nicht soviel geliefert werden, wie hätte abgesetzt werden können; beim Konjunkturrückgang erreichte umgekehrt die Absatzmöglichkeit in der Regel nicht die tatsächliche Leistungsfähigkeit. Mit den Preisen sah es im ganzen besser aus, aber auch hier gab es Ausnahmen. Im Spätsommer und Herbst 1919 führten zu festen Preisen abgeschlossene Verkäufe infolge der überstürzten Erhöhung der Löhne, Gehälter und Rohstoffpreise häufig zu namhaften, und zwar buchmäßigen Verlusten. Um sich für die Zukunft vor Überraschungen durch unvorhergesehene Preiserhöhungen zu schützen, verständigten sich daher Ende Oktober 1919 die meisten bedeutenden Stahlformgießereien über die Einführung einer gleitenden Preisskala, so daß nunmehr rechnungsmäßige Verluste hier ausgeschlossen wurden. Rechnungsmäßige, nicht aber wirkliche, durch hohe Scheingewinne verdeckte Verluste, bzw. Mindergewinne, denn in den vielen Fällen, in denen früher eingekaufte Rohmaterialien auf Lager waren, erfreute man sich an Gewinnen [2]), die in Wahrheit mindestens nicht in der eingebildeten Höhe bestanden, wahrscheinlich meist Verluste waren.

Es ist kein Zweifel, die reine Eisenverarbeitungsindustrie hat infolge der mangelnden Rohstoff- und Kohlenbasis in Verbindung mit der langen Produktionsdauer weit mehr unter Scheingewinnen zu leiden gehabt als die eigentliche Schwerindustrie [3]); und merkwürdigerweise

[1]) Neuerdings hat dieser seine Produktion zum Teil in das mitteldeutsche Braunkohlenrevier selbst verlegt.

[2]) Wie wenig man sich über die wahre Natur dieser Gewinne klar war oder klar sein wollte, zeigt übrigens auch der Geschäftsbericht des Eisenhüttenwerks Thale, wo von namhaften Gewinnen aus Auslandsgeschäften, sowie aus der Verarbeitung von alteingekauftem Rohmaterial gesprochen wird.

[3]) Die sogenannten Valutagewinne darf man nicht überschätzen. Nach seinem Geschäftsbericht für 1919/20 konnte der Stahlwerksverband in der Zeit vom 1. Juli 1919 bis 30. Juni 1920 von dem Gesamtversand in Höhe von

finden wir diese Tatsache durch die zahlreichen und umfassenden Kapitalserhöhungen der Eisenverarbeitungsindustrie voll bestätigt. Wir sahen oben, daß bei der Schwerindustrie von 29 Gesellschaften immerhin 9 keine Kapitalsvermehrung vornahmen, während bei der Eisenverarbeitungsindustrie von 11 nur 2 auf eine Erhöhung verzichteten. Bei der Schwerindustrie vermehrte sich das werbende Kapital um nicht ganz 500 Millionen Mark. Bei den viel weniger zahlreichen und ungleich kapitalschwächeren Gesellschaften der Eisenverarbeitungsindustrie stieg das werbende Kapital — natürlich vor allem infolge von Kapitalserhöhungen — um fast 125 Millionen, eine Zahl, die zu der obigen in Anbetracht der überragenden Bedeutung der Schwerindustrie in gar keinem Verhältnis steht. Endlich erfolgten bei der Schwerindustrie im Gegensatz zu der Nurverarbeitungsindustrie die Kapitalserhöhungen offensichtlich weit mehr zwecks Ausdehnung des Betriebes als „zur Verstärkung der Betriebsmittel".

Endlich ist die Entlastung der Eisenverarbeitungsindustrie durch Verringerung der effektiven Schuldenlast infolge der Geldentwertung verhältnismäßig weniger bedeutend, da die Schulden hier eine vergleichsweise geringere Rolle spielten. Die Lage dieser Gruppe von Unternehmungen ist also, was die Erhaltung der Substanz anbetrifft[1]), erheblich ungünstiger zu beurteilen als die Lage der großen Kohlen- und Eisenwerke[2]).

9. Die Salz- und Kalibergwerke.

Trotzdem die Gewerkschaften unter den Salz- und Kalibergwerken infolge der späteren Entwicklung dieses Gewerbezweiges noch eine besonders große Rolle spielen, konnten insgesamt 20 Unternehmungen in unserer Statistik berücksichtigt werden. Der bilanzmäßige Reingewinn betrug vor dem Kriege 20,73 Millionen, nach dem Kriege 70,54 Millionen Mark. Der Reingewinn der 7 Gesellschaften, die ihr Kapital in der Zwischenzeit nicht veränderten, belief sich auf 0,35 Millionen im Jahre 1913, dagegen auf 2,51 Millionen im Jahre 1920.

---

1 286 320 Tonnen nur 11 % nach dem Auslande absetzen. Dieser geringe Prozentsatz wurde u. a. auf das umständliche Ausfuhrbewilligungsverfahren zurückgeführt. Auch das erzwungene Festhalten an den behördlicherseits angeordneten Mindestpreisen erschwerte oder verhinderte vielfach die Ausfuhr.

[1]) Natürlich kann eine Gesellschaft durch Kapitalserhöhungen ihre Substanz bewahrt oder vermehrt haben; aber bezogen auf das ursprünglich investierte sogenannte Goldkapital liegt offenbar auch in diesem Falle eine Minderung der Substanz vor.

[2]) Auf eine Darstellung der ziffernmäßigen Abschreibungen wird zweckmäßigerweise verzichtet, da die ausgewiesenen Abschreibungen bei der in Rede stehenden Gruppe mit den wirklichen Abschreibungen noch weniger übereinstimmen dürften, als bei den früher behandelten Industrien.

Der statistische Reingewinn sämtlicher 20 Gesellschaften endlich stieg in der gleichen Zeit von 20,73 Millionen auf 61,33 Millionen Mark. Der Ertrag erreichte also, auf Vorkriegsmark umgerechnet, etwa 30% des einstigen Friedensgewinnes.

Das Kernproblem der Kaliindustrie ist nicht ein Erzeugungs-, sondern ein Absatzproblem. Hierin unterscheidet sie sich durchaus von den meisten Industrien und insbesondere von ihrer älteren Schwester, der Kohlenindustrie. Während hier, wenigstens in Deutschland, auf absehbare Zeit die Erzeugungsfähigkeit hinter der Absatzmöglichkeit erheblich zurückbleibt, überragt umgekehrt im Kalibergbau die Erzeugungsfähigkeit bei weitem die Absatzmöglichkeit, und nur für die Verarbeitung der Rohsalze auf Chlorkalium, Sulphate, Düngesalze usw. sind der Produktion hinsichtlich des Kohlenbezuges Schranken gesetzt. Aber auch in dieser Beziehung suchte man sich, nicht ohne Erfolg, sicherzustellen, indem man, zumal nach dem Spaa-Abkommen, die Fabrikanlagen mehr oder weniger auf Braunkohlenfeuerung umstellte. Das verursachte zunächst erhebliche Kosten, doch dürfte die Produktion auf die Dauer dadurch eine Verbilligung erfahren. Über den Absatz einiger größerer Unternehmungen vor und nach dem Kriege unterrichtet die nachstehende Übersicht:

	Absatz in Doppelzentner K_2O 1913	1920
Consolidierte Alkaliwerke Westeregeln	276 588	199 324
Gewerkschaft Glückauf zu Sonderhausen	238 068	316 268
Kaliwerke Friedrichshall	156 014	165 105
Kaliwerke Großherzog von Sachsen	115 588	186 629
Kaliwerke Sollstedt	137 941	149 166
Kaliwerk Gewerkschaft Beienrode	151 321	102 308
Gewerkschaft Einigkeit I	120 814,77	153 081
Hannoversche Kaliwerke Akt.-Ges.	15 002	78 783
Heldburg Akt.-Ges. für Bergbau, bergbauliche und andere industrielle Erzeugnisse	354 237	228 979
Kaliwerke Krügershall Akt.-Ges.	89 383	57 444
Neustaßfurt	126 221	85 088
Niedersachsen	126 829	55 650
Roßleben	165 613	220 503
Kaliwerke Salzdettfurth Akt.-Ges.	351 269,75	227 683,87
Gewerkschaft Sachsen-Weimar	199 783,49	
Salzmünde	95 038,38	57 444,58
Gewerkschaft Siegfried I	112 572	72 325
Gewerkschaft Siegfried-Giesen Kaliwerk	175 436,01	84 836
Alkaliwerke Siegmundshall Akt.-Ges.	128 587	58 686

Die merkwürdige Verschiedenheit der einzelnen Gesellschaften und Gewerkschaften erklärt sich daraus, daß die unter besonders günstigen Bedingungen fördernden Unternehmungen ihren Absatz auf Kosten anderer

Werke steigern konnten, von denen sie entweder die Beteiligungsquote übernahmen, oder denen sie gemäß dem sogenannten Richtpreisabkommen einen Geldausgleich für ihre Minderlieferung gewähren mußten. So lieferte z. B. der Wintershall-Konzern, der mangels vergleichbarer Zahlen in der obigen Aufstellung nicht berücksichtigt werden konnte, im Jahre 1920 allein 1 702 802 Doppelzentner K_2O, d. h. rund 200 Tausendstel des Gesamtabsatzes des Kalisyndikates. Da aber der Wintershall-Konzern nur über eine Beteiligungsquote von 130 Tausendstel verfügte, mußte er für die „Überlieferungen", nämlich für 389 522 Doppelzentner Reinkali, d. h. für rund 70 Tausendstel des Gesamtabsatzes des Syndikates einen Geldausgleich an die in Minderlieferung befindlichen Werke gewähren. Insgesamt war der Absatz im Jahre 1920 jedenfalls noch nicht auf der Höhe der Vorkriegszeit[1]), und zwar gilt dies auch dann, wenn man die elsässischen Werke außer Betracht läßt.

Für den Absatzrückgang waren verschiedene Gründe maßgebend. Trotzdem das Bedürfnis nach dem langentbehrten Kali in der ganzen Welt und besonders in den Vereinigten Staaten sehr groß war, war die Nachfrage seitens der amerikanischen Farmer, abgesehen von den ersten vier Monaten des Jahres 1920, infolge der Preisrückgänge auf dem Getreidemarkt und der großen aus dem Vorjahr stammenden unverkäuflichen Vorräte verhältnismäßig gering. Außerdem machte sich die vom französischen Staat sehr geförderte elsässische Konkurrenz bemerkbar. Dazu kam, daß auch das Inland nach voraufgegangener bis zum Frühjahr 1920 dauernder lebhafter Nachfrage nicht mehr viel Kali kaufte, einmal weil es einen weiteren Rückgang der Preise erhoffte[2]) und dann, weil es sich in erster Linie für die während des Krieges entbehrten Phosphorsalze interessierte.

Im Gegensatz zum Kaligeschäft nahmen Förderung und Absatz von Steinsalz gegenüber der Vorkriegszeit ganz erheblich zu. Während die Ausfuhr von Steinsalz im Jahre 1912 einen Wert von etwa 3 Millionen Mark darstellte, wurde sie für 1920 von sachverständiger Seite[3]) auf einen Wert von rund 400 Millionen geschätzt; also trotz der Geldentwertung eine sehr erhebliche Steigerung nach Menge und Realwert. Als Grund für den hohen Steinsalzbedarf des Auslandes, der sich schon während des Krieges bemerkbar machte, hat man den geringeren Fleischverbrauch bezeichnet, ferner das Stilliegen ausländischer Salz-

---

[1]) Erst im Jahre 1921 wurde der Vorkriegsabsatz nicht nur erreicht, sondern sogar überschritten.

[2]) Von seiten des Syndikates führte man diese Hoffnung der deutschen Landwirte auf eine diesbezügliche öffentliche Erklärung des damaligen preußischen Landwirtschaftsministers Braun zurück. Vgl. Börsencourier vom 22. Dezember 1920, Nr. 598.

[3]) Vgl. Berliner Börsencourier vom 14. März 1921, Abendausgabe.

werke und die Zurückdrängung des marokkanischen und englischen Seesalzes durch die mangelnde Schiffstonnage und die hohen Seefrachten. So kam es, daß viele Bergwerke sich ganz auf die Kochsalzförderung verlegten und die Kaliförderung vernachlässigten. Allerdings war nur der kleinere Teil der Bergwerke seiner Natur nach in der Lage, gutes Speisesalz zu liefern. Aber diejenigen Betriebe, die dazu imstande waren (etwa ein Viertel aller Kalibergwerke), konnten meist erhebliche Gewinne erzielen.

Die oben geschilderten Verhältnisse auf dem Kalimarkt hatten zur Folge, daß das Syndikat im Jahre 1920 nur 25,4% seines Kaliabsatzes nach dem Auslande versenden konnte gegen 45% im Jahre 1913. In den ersten vier Monaten des Jahres 1921 ging dieser Prozentsatz sogar auf 7,5 zurück; eine Entwicklung, die nicht nur volkswirtschaftlich sehr zu beklagen war, sondern auch für die Kaliindustrie selbst verhängnisvoll zu werden drohte. Denn die von der Regierung für den Inlandsabsatz festgesetzten bzw. gestatteten Preise deckten während des größeren Teils des Jahres 1920 und auch noch 1921 die Selbstkosten im allgemeinen nicht. Nur die unter besonders günstigen Verhältnissen arbeitenden Werke erlitten keine wesentlichen Verluste; die meisten Werke setzten im Inlandsgeschäft Geld zu, was durchaus begreiflich ist, wenn man bedenkt, daß die Selbstkosten der Werke im Jahre 1920 durchschnittlich ungefähr das Fünfzehnfache der Preise von 1913 betrugen[1]), während die Kalipreise nur auf das Fünf- bis Sechsfache stiegen. Lediglich die Ausfuhrpreise waren mehr oder weniger günstig, und so mußte in dem Maße, wie das Ausfuhrgeschäft zurückging, die Gefahr eines Nettoverlustes immer größer werden[2]). Schließlich führten der mangelnde Absatz und die schlechten Preise auch zu, übrigens volkswirtschaftlich nicht zu beklagender Stillegung der unter ungünstigeren Verhältnissen arbeitenden Werke, die eine mit der Stillegung verbundene Entschädigungszahlung einem verlustreichen Geschäftsgang vorzogen[3]).

Wir kommen zur Frage der Scheingewinne. — Es kann kein Zweifel darüber bestehen, daß die Kaliindustrie im Jahre 1920 durch eine die Geldentwertung nicht berücksichtigende Kalkulation der Umlaufswerte in erheblichem Maße Gewinne erzielt hat, denen in Wahr-

[1]) Diese Angabe ist dem Geschäftsbericht der Kaliwerke Aschersleben für 1920 entnommen. In Anbetracht der allgemeinen Preisverhältnisse liegt keine Veranlassung vor, an der Richtigkeit der Angabe zu zweifeln. Nach dem Bericht der Gewerkschaft Beienrode für 1920 stiegen die Materialpreise auf das Zehn-, Fünfzehn- und gar Zwanzigfache.

[2]) Der Konzern Westeregeln hat nach einer Mitteilung der Verwaltung in der außerordentlichen Generalversammlung vom April 1921 im Inlandsgeschäft in einem Jahr 20 Millionen Mark zugesetzt.

[3]) Wie z. B. die Gewerkschaft Großherzog Wilhelm Ernst in Oldisleben.

heit Verluste zugrunde lagen. Die Absatzschwierigkeiten hatten ein außerordentliches Anwachsen der Vorräte zur Folge, und wenn diese Vorräte schließlich verkauft wurden, so waren die Wiederbeschaffungskosten notwendigerweise bedeutend höher als die der Kalkulation zugrunde liegenden Gestehungskosten. Andererseits spielt bei der Kaliindustrie im Gegensatz zur Kohlenindustrie die Fabrikation eine große Rolle, der Produktionsweg ist ein längerer; die günstige Lage des Steinkohlenbergbaues betreffs der Scheingewinne kann daher für den Kalibergbau keine Geltung besitzen.

Über die bilanzmäßigen Abschreibungen[1]) einiger größerer Kaliwerke gibt die nachstehende Tabelle Auskunft:

	Abschreibungen	
	1913	1920
Wintershall	423 889	4 679 004
Gewerkschaft Burbach	100 783	258 327
Consolidierte Alkaliwerke Westeregeln	1 031 013	2 345 147
Deutsche Kaliwerke	1 575 930	7 000 000
Gewerkschaft Glückauf Sondershausen	266 811	1 092 916
Kaliwerke Aschersleben	701 374	2 616 670
Kaliwerke Friedrichshall Akt.-Ges.	507 786	870 920
Kaliwerk Großherzog von Sachsen	728 904	690 480
Kaliwerke Sollstedt	265 465	268 266
Gewerkschaft Ludwig II Staßfurt	49 061	301 139
Adler-Kaliwerke Akt.-Ges.	251 124	239 966
Gewerkschaft Alexandershall	448 098[2])	2 638 124
Gewerkschaft Beienrode	390 925	2 890 993
Bismarckshall	586 425	6 448 536
Gewerkschaft Carlsfund	258 247	1 178 799
Gewerkschaft Desdemona	260 000[2])	2 614 752
Gewerkschaft Einigkeit I	321 825	897 058
Güntershall	255 755	325 698
Hallesche Kaliwerke Akt.-Ges.	443 403[2])	599 950
Hannoversche Kaliwerke Akt.-Ges.	119 761	978 092
Gewerkschaft Hedwigsburg	346 876	1 660 484
Gewerkschaft Heiligenroda	359 142[2])	5 748 815
Johannashall	491 938	913 096
Gewerkschaft Kaiserroda	497 829	3 742 883
Kaliwerke Krügershall	383 040	3 057 761
Neustaßfurt	753 625	6 982 181
Kaliwerke Niedersachsen	295 222	3 619 796
Gewerkschaft Orlas	386 346	663 145
Gewerkschaft Riedel	402 901	400 550
Gewerkschaft Roßleben	536 925	1 001 539
Gewerkschaft Sachsen-Weimar	465 701[2])	3 827 150
Kaliwerke Salzdettfurth Akt.-Ges.	955 868	444 483
Gewerkschaft Siegfried I	569 593	1 387 885

[1]) Einschließlich der Abschreibungen auf der Passivseite.
[2]) Aus dem Reingewinn.

	Abschreibungen 1913	1920
Gewerkschaft Siegfried Giesen	769 445	262 424
Gewerkschaft Thüringen.	369 385	447 826
Gewerkschaft Volkeroda.	905 992	1 103 416
Gewerkschaft Walbeck	283 592	58 035
	17 759 999	74 256 306

Die Zahlen machen teilweise einen außerordentlich günstigen Eindruck, doch liegt dies sehr häufig daran, daß die betreffenden Unternehmungen sich ausgedehnt oder große Neuanlagen in den letzten Jahren gemacht haben. Jedenfalls können die geschehenen Abschreibungen im ganzen nicht als völlig der Geldentwertung entsprechend bezeichnet werden. Andererseits spielen die Anleihen bei den Kaliunternehmungen eine ähnlich bedeutsame Rolle wie im Kohlenbergbau. Eine Verringerung der effektiven Schuldenlast infolge der Geldentwertung ist also in erheblichem Umfange eingetreten. Aber neuerdings hat sich gerade im Kalibergbau eine Art von Verschuldung herausgebildet, die umgekehrt bei fortschreitender Geldentwertung keine Entlastung, sondern eine stärkere Belastung zur Folge hat, die sogenannten Valutaschuldscheine. Die Gewerkschaften Alexandershall, Wintershall und Sachsen-Weimar, sowie die Deutschen Kaliwerke Akt.-Ges. haben im Jahre 1918 Schuldverschreibungen ausgegeben, die zwar nur mit $4\frac{1}{2}$% in Papiermark verzinslich sind, die aber 1928 in Schweizer Währung zum Kurse von $123\frac{1}{2}$ Franken für 100 Mark zurückgezahlt werden müssen. Da es sich bei diesen Valutaobligationen um ziemlich erhebliche Beträge handelt — bei Wintershall z. B. um nominal 21 Millionen Mark, das sind zur Zeit (Juni 1923) zum Schweizer Frankenkurs umgerechnet fast 1000 Milliarden Mark — so liegt eine Zukunftsbelastung der betreffenden Unternehmungen vor, die um so weniger unterschätzt werden darf, als der Absatz im Inland unter staatlicher Kontrolle steht, und die hier erzielten Preise, wenigstens bisher, durchaus keine Valutapreise waren, sondern im Gegenteil weit unter den Weltmarkpreisen lagen.

10. Die Salinen.

Die Siedesalzindustrie betätigt sich im allgemeinen nicht in der Form der Aktiengesellschaften. Unsere Aufstellung berücksichtigt daher nur zwei allerdings bedeutende Unternehmen, das Salinen- und Solbad Salzungen und die Vereinigten Thüringischen Salinen. Die Akt.-Ges. Georg Egestorffs Salzwerke und Chemische Fabriken mußte fortfallen, da diese Gesellschaft — auch ein Beispiel für die Schwierigkeiten der Gruppierung — neben einer großen Siedesalzerzeugung eine noch größere chemische Produktion aufzuweisen hat und deshalb zu den Chemischen

Fabriken gerechnet wurde. Aus analogen Gründen wurde die Königsborn Akt.-Ges. für Bergbau, Salinen und Solbadbetrieb nicht zu den Salinen, sondern zu den Kohlenbergwerken gezählt.

Der Reingewinn der beiden berücksichtigten Salinenbetriebe stieg von 94726 Mark im Jahre 1913 auf 549097 Mark im Jahre 1920. Der Reingewinn der Saline- und Solbad Salzungen Akt.-Ges., die ihr Kapital unverändert auf der Höhe von 1950000 Mark ließ, stieg von 63953 Mark auf 334067 Mark, während der statistische Reingewinn der beiden Gesellschaften — die Vereinigten Thüringischen Salinen hatten ihr Kapital unwesentlich herabgesetzt — sich von 94726 Mark auf 567166 Mark erhöhte. Das ergibt eine Steigerung des Reingewinnes auf das Fünf- bis Sechsfache oder, auf Vorkriegsmark umgerechnet, eine Ermäßigung des Reingewinnes auf etwas mehr als die Hälfte des Reingewinnes von 1913. Das Ergebnis erscheint vergleichsweise recht günstig. Dies ist aber nicht auf die Verhältnisse der Nachkriegszeit zurückzuführen, sondern auf die besonders nachteilige Geschäftslage der Salinen im Jahre 1913, wo infolge heftiger Konkurrenz zwischen syndizierten und nichtsyndizierten Betrieben eine den Gewinn stark beeinträchtigende Senkung der Preise stattgefunden hatte. Würde man das Jahr 1912 anstatt 1913 zum Vergleich heranziehen, so würde das Jahr 1920 verhältnismäßig viel weniger günstig dastehen, denn tatsächlich verlief dieses Jahr für die Salinen nicht sehr erfreulich. Vor allem war die Produktion noch immer weit unter dem Stand der einstigen Friedenserzeugung: Die Salinen- und Solbad Salzungen Akt.-Ges. förderte 1913 33520 cbm, dagegen 1920 nur 17445 cbm Sole; der Absatz von Siedesalz[1]) sank noch etwas mehr, von 108498 Doppelzentner 1913 auf 48048 Doppelzentner 1920. Die Vereinigten Thüringischen Salinen hatten in der gleichen Zeit einen Rückgang der Salzerzeugung von 117873 auf 59619 Doppelzentner und einen Rückgang des Absatzes von 119089 auf 55874 Doppelzentner zu beklagen. Bei der Königsborn Akt.-Ges. endlich sank die Produktion der Salinen von 13242 Tonnen in 1913 auf 9634 Tonnen 1920. Die Siedesalzerzeugung sämtlicher von der amtlichen Statistik erfaßten Betriebe betrug nach der vorläufigen amtlichen Feststellung im Jahre 1920 335900 Tonnen gegen 675900 Tonnen im Jahre. 1913[1]).

Der scharfe Rückgang der Erzeugung steht in engem Zusammenhang mit der Konkurrenz der Steinsalzindustrie. Infolge der geschwächten Kaufkraft der Bevölkerung wurde das billigere Steinsalz schon während des Krieges auch für den menschlichen Verbrauch vielfach bevorzugt, trotz der besseren Qualität des Siedesalzes. Noch

---

[1]) Über die Erzeugung lagen keine ausreichenden Zahlen vor.

mehr als die Produktion sank aber der Absatz, d. h. es wurde wenigstens zum Teil auf Vorrat produziert. Produktion auf Vorrat bedeutet nun in Zeiten der Geldentwertung bei der üblichen Kalkulation in Mark Erzielung von Scheingewinnen, und so ist auch die Salinenindustrie von Scheingewinnen nicht verschont geblieben. Übrigens waren auch die Selbstkosten — nach dem Geschäftsbericht der Vereinigten Thüringischen Salinen — dadurch besonders hoch, daß die Reichskohlenstelle den Salinen keine westfälische Steinkohle, sondern nur sächsische Kohlen zukommen ließ.

C. Steine und Erden.

11. Baugesellschaften.

Die Gruppe der Baugesellschaften umfaßt denjenigen Teil der Bau- und Terrain-Gesellschaften in Salings „Börsenpapiere", der Bauarbeiten jedweder Art als Hauptbetätigungsfeld hat. Nicht der Besitz, nicht der An- und Verkauf von Grundstücken und fertigen Gebäuden ist hier der Zweck des Unternehmens, sondern die Tätigkeit des Bauens selbst. Berücksichtigt wurden in unserer Statistik zehn Gesellschaften, die für das Vergleichsjahr der Nachkriegszeit einen Reingewinn von 18,3 Millionen Mark auswiesen gegen 4,8 Millionen vor dem Kriege. Gesellschaften, die ihr Kapital in der Zwischenzeit nicht veränderten, sind nicht vorhanden. Der statistische Reingewinn sämtlicher zehn Gesellschaften stieg von 4,8 Millionen 1913 auf 16,6 Millionen Mark 1920. — Infolge der Zwangswirtschaft auf dem Gebiet des Wohnungswesens lag das Baugeschäft für private Hochbauten in den Nachkriegsjahren völlig danieder. Für Siedlungs- und Fabrikbauten war dagegen die Beschäftigung rege, trotzdem hie und da gegen die Konkurrenz von Bauarbeiter-Genossenschaften angekämpft werden mußte[2]. In der ersten Hälfte des Jahres 1920 wurde die Ausführung von Bauwerken durch den Mangel an Zement, der mehrfach sogar aus dem Ausland eingeführt wurde, sehr behindert, in der zweiten Hälfte des Jahres 1920 waren dagegen Eisen und Zement reichlich angeboten. Andererseits war die Kohlennot der Erzeugung fortwährend hinderlich. Im Tiefbaugebiet kam es noch nicht zu einer eigentlichen Schachtbautätigkeit[3], wohl aber zu belangreicher Tätigkeit in Tiefbohrungen. Nach dem Bericht der Berger Tiefbau Akt.-Ges. für 1920

---

[1]) Vgl. Statistisches Jahrbuch für das Deutsche Reich 1921/22, S. 87.

[2]) Mitteilung der Verwaltung von Döring & Lehrmann Akt.-Ges. für Bergwerks-, Erd- und Bauarbeiten in der ordentlichen Generalversammlung vom 4. Juni 1921.

[3]) Vgl. Geschäftsbericht der Rheinisch-Westfälischen Schachtbau Aktiengesellschaft in Essen für das Geschäftsjahr vom 1. Nov. 1919 bis 31. Okt. 1920.

wurden auch wieder Auslandsgeschäfte gemacht, doch erreichten dieselben noch keinen großen Umfang. Alles in allem kam die Produktion unzweifelhaft auch nicht annähernd der einstigen Friedenserzeugung gleich. Soweit ausländische Niederlassungen vorhanden waren, wie bei der Wayss & Freytag Akt.-Ges. sowie bei der Gebr. Goedhart Akt.-Ges. wurden naturgemäß verhältnismäßig hohe Papiermarkgewinne erzielt; und auch sonst findet man in den Geschäftsberichten keine Klagen über ungenügende Preise; nicht an den Preisen, sondern an der Erzeugung hat es gelegen, wenn das Ergebnis der Baugesellschaften in Goldmark weit hinter dem Gewinn der Vorkriegszeit zurückblieb.

Unter dem Gesichtspunkt der Scheingewinne ist die Lage der in Rede stehenden Industriegruppe nicht günstig zu beurteilen. Die Eigenart des Gewerbes bringt es mit sich, daß die Produktion sich über einen Zeitraum von vielen Monaten, unter Umständen noch länger, erstreckt. Die kalkulierten Herstellungskosten der Umlaufswerte erreichen infolgedessen auch bei von vorübergehender Steigerung unterbrochenem Sinken des Geldwertes nicht die Höhe der Wiederbeschaffungskosten. Allerdings sind Anzahlungen auf die in Ausführung begriffenen Arbeiten üblich, aber diese Anzahlungen reichen in der Regel auch nicht entfernt zur Deckung der Selbstkosten aus[1]), und so unterliegt es keinem Zweifel, daß Scheingewinne bei den Bauunternehmungen eine besonders große Rolle spielten. Wahrscheinlich haben sie, zumal wenn man die unzureichenden Abschreibungen des Nachkriegsjahres in Rechnung stellt, insgesamt überhaupt keine realen Gewinne erzielt, sondern einen erheblichen Nettoverlust erlitten. Diese Ansicht erhält ihre Bestätigung durch die Tatsache, daß sämtliche in der Statistik berücksichtigten Unternehmungen ihr Aktienkapital um verhältnismäßig sehr bedeutende Beträge erhöhten. Endlich fand bei den Baugesellschaften im allgemeinen auch keine Entlastung durch Verringerung des Geldwertes der fundierten Schulden statt, weil die meisten Gesellschaften gar keine festverzinslichen Darlehen oder Hypotheken aufgenommen hatten.

---

[1]) Die Held & Franke Akt.-Ges. wies z. B. in ihrer Bilanz Ultimo September 1920 für in Ausführung begriffene Bauten abzüglich der erhaltenen Abschlagszahlungen eine Summe von rund 4,6 Millionen aus, bei einem Aktienkapital von ebenfalls 4,6 Millionen Mark. Eine nachweisbare Ausnahme macht nur die Akt.-Ges. für Beton- und Monierbau, Berlin, die in ihrer Bilanz per Ultimo Juni 1921 auf der Aktivseite für Bau- und Betriebsstoffe, Zementwaren und Bauten zusammen einen geringeren Betrag ausweist, als für Anzahlungen und Abschlagszahlungen für Bauten auf der Passivseite.

12. Die Baumaterial-Gesellschaften.

Die Gruppe Baumaterial-Gesellschaften umfaßt Ziegeleien, Zement- und Ofenfabriken sowie Kalkbrennereien, ferner Steinbrüche und Asphaltwerke. Das Hauptkontingent stellen die Zementfabriken, Kalkfabriken und Ziegeleien. Eine Trennung untereinander und von den anderen Gewerbezweigen erschien aber nicht möglich, weil die verschiedenen Geschäftsgebiete sehr häufig in einem Unternehmen vereint sind.

In unserer Statistik sind 62 Gesellschaften berücksichtigt, die laut Gewinn- und Verlustrechnung im Jahre 1913 22,12 Millionen, dagegen im Jahre 1920 82,56 Millionen Mark Reingewinn erzielten. Die 27 Gesellschaften, die ihr Aktienkapital in der Zwischenzeit nicht veränderten, hatten einen Reingewinn von 5,25 Millionen Mark im Jahre 1913 und von 20,22 Millionen Mark im Jahre 1920. Der statistische Reingewinn sämtlicher 62 Gesellschaften stellte sich auf 22,12 Millionen Mark im Jahre 1913 und auf 77,52 Millionen Mark im Jahre 1920. Das ergibt im ganzen einen Goldmarkgewinn in Höhe von 33—40% des Vorkriegsgewinnes. — Das Hauptkennzeichen der Geschäftslage der Baumaterial-Gesellschaften nach dem Kriege ist der außerordentliche Rückgang der Produktion. Erzeugungsziffern wurden in den letzten Jahren von den Gesellschaften im allgemeinen nicht mehr veröffentlicht. Immerhin sind auch die wenigen bekannten Zahlen von Interesse: Die Alsen'sche Portland Cement-Fabriken hatten 1913 eine Erzeugung von 1659000 Normalfaß Zement. In den beiden Jahren 1919 und 1920 wurden dagegen zusammen nur 634000 Normalfaß erzeugt. Die Akt.-Ges. Portland Cement- und Wasserkalkwerke „Mark" in Neubeckum produzierten 1914 47994 Tonnen, 1920 35470 Tonnen Zement. Bei der Portland Cementwerk Schwanebeck Akt.-Ges. sank die Erzeugung von 240613 Fass Zement im Jahre 1913 auf 86205 Faß Zement nach dem Kriege. In Zementkalk wurden 35694 Zentner gegen 76875 Zentner produziert. Die Portland Cementfabrik Hemmoor in Hamburg berichtete, daß sie ihre Erzeugung im Jahre 1920 gegenüber 1919 von 8% auf 16% der einstigen Friedenserzeugung gesteigert hätte. Besser arbeiteten die Portland Cementfabriken Saxonia vorm. Heinrich Laas Söhne, die ihre Betriebe zu einem Drittel der früheren Friedensproduktion aufrecht erhalten konnten. Die Rheinisch-Westfälischen Kalkwerke in Dornap förderten an Kalksteinen und Dolomit 1912/13 1160603 Tonnen, 1919/20 501617 Tonnen; die entsprechenden Ziffern für gebrannten Kalk waren 830625 und 399916 Tonnen. Die Aktien-Ziegelei München produzierte 12,1 Millionen Stück Ziegelsteine in 1913, dagegen 7,7 Millionen in 1920. Besonders ungünstig waren die Produktionsverhältnisse in der Zementindustrie. Dem Rheinisch-Westfälischen Cementverband G. m. b. H. konnten die ihm angeschlossenen Werke nur 11,44 % ihrer Kontingente liefern.

Die Hauptursache der geringen Produktion war die unzureichende Kohlenbelieferung, die sich im Winter 1919/20 besonders geltend machte. Die Klagen über mangelnde Brennstoffversorgung finden sich in allen Geschäftsberichten wieder. Vielfach ruhte die Produktion infolge der Kohlennot monatelang, bei der Vorwohler Portland Cement Fabrik Planck & Co. Akt.-Ges. lagen laut Geschäftsbericht für 1920 sogar drei Viertel der Anlagen mit drei Ringöfen über sechs Jahre lang still. Nur vereinzelt gelang es, wie z. B. der oben erwähnten Portland Cement Fabrik Saxonia, durch Umstellung auf Braunkohlenfeuerung höhere Erzeugungsziffern zu erreichen.

Durch die geringe Produktion steigerten sich natürlich die Gestehungskosten. Das führte bei einer Reihe von Fabriken zu Zusammenschlüssen zwecks Konzentration der Erzeugung auf einen Betrieb, der infolge Belieferung mit allen den einzelnen Fabriken zugewiesenen Kohlenmengen voll ausgenutzt werden und daher billiger arbeiten konnte [1]).

Für die stark verminderte Erzeugung fehlte es im allgemeinen nicht an Absatz, vielmehr hätte der Verbrauch noch Erzeugnisse über die tatsächlich gelieferte Menge hinaus aufnehmen können, was sich schon daraus ergibt, daß erhebliche Mengen Zement aus dem Auslande eingeführt wurden. Wenn auch die private Bautätigkeit minimal war, so waren doch für Industrie und Siedlungsbauten genügende Aufträge vorhanden. Auch die Nachfrage des Auslandes war eine Zeitlang stark, doch entwickelten sich die Verhältnisse hier ähnlich wie in der Eisenindustrie: als das Ausland besonders dringend Ware verlangte und die Preise hoch waren, wurde die Ausfuhr im Interesse der inländischen Verbraucher verboten; als aber im Sommer 1920 der Export in beschränktem Umfange freigegeben wurde, da hatte die internationale Wirtschaftskrisis inzwischen auf den Zementmarkt übergegriffen; die Nachfrage war viel geringer geworden, und die Preise waren erheblich gesunken. Schließlich wirkten, wie auch sonst in der Industrie, ungenügende Wagengestellung und Bahnsperren ungünstig auf den Absatz ein.

Die Festsetzung der Preise für Zement erfolgte während der ganzen Nachkriegszeit durch behördliche Anordnungen. Diesen lag ursprüng-

[1]) Interessengemeinschaft der Wicklingschen Portland Cement- und Wasserkalkwerke Akt.-Ges. mit den Bürener Portland Cement-Werken Akt.-Ges. und den Neubeckumer Portland Cement- und Wasserkalkwerken Zollern Akt.-Ges.; Zusammenschluß der Schlesischen Akt.-Ges. für Portland Cementfabrikation und der Oberschlesischen Portland Cement- und Kalkwerke u. a.

lich, ähnlich wie bei Behandlung der Kaliindustrie, der Gedanke zugrunde, die Inlandspreise möglichst niedrig zu halten und den Werken dafür durch Lieferungen an das Ausland die Herstellung eines Ausgleichs zu überlassen. In der ersten Hälfte des Jahres 1920 war aber die Ausfuhr völlig unterbunden, und die Werke waren nun lediglich auf die unter den Selbstkosten liegenden[1]) Inlandspreise angewiesen. Immerhin brauchte die Zementindustrie nicht so lange wie die Kaliindustrie auf Berücksichtigung der veränderten Verhältnisse seitens der Regierung zu warten, vielmehr wurden die Preise schon zu Beginn des Frühjahrs 1920 stark erhöht. Nach dem Konjunkturumschwung wurden die Preise im August und dann weiter im November 1920 wieder ermäßigt, andererseits die Grenzen für die Ausfuhr allmählich wieder geöffnet. Da der Herabsetzung der Preise keine entsprechende Minderung der Selbstkosten entsprach, auch die Ausfuhr verhältnismäßig gering und nicht sehr gewinnbringend war, da ferner, wie wir gesehen haben, der Mengenumsatz nur einen Bruchteil des einstigen Friedensumsatzes ausmachte, muß die Tatsache Befremden erregen, daß die Baumaterial-Gesellschaften trotzdem ausweislich ihrer Bilanzen Goldmarkgewinne in Höhe von 30—40 % des einstigen Friedensgewinnes erzielt haben. Eine Erklärung hierfür kann man, abgesehen von den besseren Verhältnissen in der Nebenproduktion, nur darin finden, daß die erzielten Gewinne wenigstens zum großen Teil Scheingewinne waren. In der Tat ist dies nicht selten den veröffentlichten Geschäftsberichten zu entnehmen: So teilt die Oppelner Portland Cementfabrik in Oppeln in ihrem Geschäftsbericht für das Jahr 1920 mit, daß der ausgewiesene Gewinn nur zum Teil aus dem eigentlichen Fabrikbetriebe herrühre, daß er zum andern Teil aus der vorteilhaften Verwertung von Beständen und Vorräten sowie aus Zinseinnahmen erwachsen sei. Nach dem Bericht der Adler Portland Cement Akt.-Ges. für 1920 setzte sich der Gewinn des Unternehmens zum großen Teil aus Erlösen des Kalkwerkes — das Zementkonto schloß mit einem Verlust ab —, zum Teil aus der günstigen Verwertung alter Bestände zusammen. Bei der Vorwohler Portland Cementfabrik Planck & Co, Hannover, in deren Betrieb, wie wir oben sahen, drei Ringöfen über sechs Jahre stillagen, kam, zufolge dem Geschäftsbericht für 1920, „dem Ergebnis zustatten, daß ein größerer Zementbestand des Vorjahres zum erhöhten Verkaufspreis abgesetzt werden konnte“. Bei der Alsen Portland Cementfabrik „rührte der Gewinn zum geringsten Teil aus der Zementfabrikation her, in der Hauptsache aus Verkaufsgewinn aus Materialien von der Vorkriegszeit her“. Endlich wurde auch in dem von dem

[1]) Vgl. den Bericht des Vorsitzenden des Deutschen Cementbundes auf der 5. Werkstagung vom 20. bis 22. Juni 1921.

Vorsitzenden des Deutschen Cementverbandes auf der 5. Werkstagung im Juni 1921 abgehaltenen Referat als Erklärung für die Steigerung der Durchschnittsdividende der Zementindustrie auf die Erzielung von „Konjunkturgewinnen" hingewiesen. Daß die Scheingewinne bei den Baumaterial-Gesellschaften eine sehr große Rolle spielten, ist unter diesen Umständen als feststehend zu betrachten, und es wäre verfehlt, wollte man zum Beweise des Gegenteils die Tatsache anführen, daß die Zementindustrie im Durchschnitt nur eine sehr geringe Kapitalvermehrung vollzogen hat. Wenn der Mengenumsatz eine derart starke Herabsetzung erfährt, wie dies bei den Baumaterial-Gesellschaften der Fall war, so ist eine nennenswerte Kapitalserhöhung „zur Verstärkung der Betriebsmittel" oder, genauer gesagt, zur Abwehr der Geldentwertungsfolgen gar nicht erforderlich; dann genügen im wesentlichen auch die vorhandenen Betriebsmittel.

13. Die Glas-, Porzellan- und Steingutindustrie.

Die Gruppe Glas-, Porzellan- und Steingutindustrie umfaßt 33 Gesellschaften, deren verschiedene Zweige eine ganz ähnliche Entwicklung aufzuweisen haben. Der bilanzmäßige Reingewinn sämtlicher Gesellschaften betrug 1920 71,46 Millionen Mark gegen 12,8 Millionen im Jahre 1913. Die acht Gesellschaften, die ihr Kapital in der Zwischenzeit nicht veränderten, konnten ihren Reingewinn von 4,92 Millionen auf 19,43 Millionen erhöhen, während der statistische Reingewinn sämtlicher 33 Gesellschaften von 12,8 Millionen vor dem Kriege auf 68,92 Millionen nach dem Kriege stieg. Der Goldmarkgewinn erreichte somit, nach den Bilanzen zu urteilen, ungefähr die Hälfte des einstigen Friedensgewinnes.

Über die Produktion lagen keine für einen exakten Vergleich der Vor- und Nachkriegszeit ausreichenden Ziffern vor, doch läßt sich schon aus den Außenhandelsziffern mit Sicherheit schließen, daß die Erzeugung zwar ziemlich bedeutend war, aber doch die einstige Friedenserzeugung nicht annähernd erreichte. Das Hauptmoment, das die Produktion behinderte, war auch hier die Kohlenknappheit. Daneben machte sich Mangel an Rohstoffen ungünstig bemerkbar. Wenn das finanzielle Ergebnis der in Rede stehenden Gesellschaftsgruppe trotzdem verhältnismäßig gut war, so liegt das daran, daß die Glas-, Porzellan- und Steingutindustrie in einem Maße wie nur wenige Industriezweige sich im Export betätigen konnte. Mit den dadurch erzielten „Valutagewinnen" war es dann möglich, die vielfach ungenügenden Inlandspreise auszugleichen. Im Inlandsgeschäft wurde nämlich — sehr bezeichnend für das deutsche Wirtschaftsleben überhaupt — die gesunkene Kaufkraft der Bevölkerung immer fühlbarer;

wobei insbesondere auch eine Abwanderung von den besseren zu den geringeren Warenqualitäten stattfand. Dazu kam als weiterer Grund für den mangelnden inländischen Verbrauch das fast völlige Stilliegen der privaten heimischen Bautätigkeit.

War es so der Industrie nicht möglich, die Inlandspreise den gesteigerten Produktionskosten entsprechend zu erhöhen, so hatte sie auf der anderen Seite im Auslande, und zwar auch noch nach dem Konjunkturumschwung im Frühjahr 1920, einen großen Absatz zu lohnenden Preisen. Ausnahmsweise erreichte dieser Auslandsabsatz sogar einen nicht einmal in Vorkriegszeiten dagewesenen Umfang[1]; und die Tatsache, daß die Bilanzen trotz verringerter Produktion und schlechter Inlandspreise immerhin im Durchschnitt mindestens die Hälfte des Goldmarkgewinnes von 1913 aufwiesen, erscheint damit erklärt.

Die überragende Bedeutung des Auslandsabsatzes für die Glas-, Porzellan- und Steingutindustrie war aber noch in einer anderen Hinsicht von großem Vorteil für den Gewerbezweig; sie beseitigte die Gefahr eines durch Scheingewinne verdeckten Verlustes. Allerdings kann auch im Exportgeschäft der kalkulierte Einstandspreis niedriger sein, als die Wiederbeschaffungskosten, und bei der in Rede stehenden Gesellschaftsgruppe wird das zeitweise auch der Fall gewesen sein, aber der Verkaufspreis für Auslandslieferungen war jedenfalls in der Regel höher als die Wiederbeschaffungskosten, und so konnten die etwa erzielten Scheingewinne[2] nicht zu einem Substanzverlust an Umlaufswerten führen. Die tatsächlich erzielten Gewinne dürften vielmehr lediglich geringer gewesen sein als die berechneten, wobei natürlich die Möglichkeit stiller Rückstellungen außer Betracht bleibt.

Alles in allem muß man die Lage der Glas-, Porzellan- und Steingutindustrie nach dem Kriege, trotzdem die bilanzmäßigen Abschreibungen in der Mehrzahl der Fälle nicht der Geldentwertung entsprachen, als vergleichsweise ungewöhnlich günstig bezeichnen.

14. Die Steinzeug-, Tonwaren- und Kaminbauindustrie.

Die Gruppe Steinzeug-, Tonwaren- und Kaminbau umfaßt nur 4 Gesellschaften, deren bilanzmäßiger Reingewinn von 1,524 Millionen Mark im Jahre 1913 auf 3,774 Millionen im Jahre 1920 stieg. Bei der einzigen Gesellschaft, die ihr Kapital nicht erhöhte — Dommitzscher

[1]) Vergleiche den Geschäftsbericht der Stralauer Glashütte für das Jahr 1920.

[2]) Einen großen — halbeingestandenen — Scheingewinn erzielte übrigens die Glas- und Spiegelmanufaktur in Gelsenkirchen-Schalke durch Verkauf ausländischer Devisen. Die Gesellschaft wurde dem Ausnahmecharakter dieses „Gewinnes“ dadurch gerecht, daß sie, wie viele Gesellschaften desselben Gewerbezweiges, einen „Bonus“ ausschüttete.

Tonwerke Akt.-Ges. — betrug der Reingewinn rund 172000 Mark im Geschäftsjahr 1920/21 gegen rund 50000 Mark im Geschäftsjahr 1912/13. Der statistische Reingewinn aller 4 Gesellschaften hob sich von 1,524 Millionen auf 3,294 Millionen Mark. Die geringe Zahl der bei der Statistik berücksichtigten Gesellschaften erlaubt keine verallgemeinernden Schlüsse, wohl aber läßt sich sagen, daß die Geschäftslage der Steinzeug-, Tonwaren- und Kaminbauindustrie in der Nachkriegszeit keine glänzende war. Auch dieses Gewerbe stand, wie so viele andere, unter dem Unstern der Kohlennot, die teilweise zu völliger Betriebsstillegung zwang[1]). Ungünstig mußte auch das Darniederliegen der Bautätigkeit auf Fabrikation und Absatz einwirken, und so kann man wohl annehmen, daß die oben errechneten Ziffern, nach denen sich der Reingewinn, in Goldmark umgerechnet, auf 20—25% des einstigen Friedensgewinnes stellte, für den ganzen Industriezweig überhaupt einen ungefähren Maßstab liefert, wobei jedoch das Scheingewinnproblem noch unberücksichtigt bleibt.

D. Die Holz- und Wohnungsindustrie.

15. Die Holzindustrie.

Die 8 in unserer Statistik berücksichtigten Gesellschaften der Holzindustrie wiesen im Jahre 1913 einen Reingewinn von 1,902 Millionen, im Jahre 1920 einen solchen von 17,607 Millionen Mark auf. Die 3 Gesellschaften, die ihr Kapital in der Zwischenzeit nicht veränderten, steigerten ihren rechnungsmäßigen Reingewinn von 0,275 Millionen auf 1,849 Millionen Mark, der statistische Reingewinn sämtlicher 8 Gesellschaften stieg von 1,902 Millionen vor dem Kriege auf 16,863 Millionen Mark nach dem Kriege. Auf Goldmark umgerechnet blieb demnach der Reingewinn von 1920 nur um rund 10% hinter dem Reingewinn von 1913 zurück, ein Ergebnis, wie es gleich günstig kaum ein anderer Industriezweig aufzuweisen hat.

Die Holzindustrie war in Produktion und Absatz besonders stark von der Konjunktur abhängig. Bis gegen Mai 1920 konnte die Produktion mit der Absatzmöglichkeit nicht Schritt halten. Im Sommer lag der Absatz ganz darnieder, und erst im Herbst besserte sich das Geschäft wieder. Einzelne Abteilungen der Holzindustrie, wie die Parkettherstellung, litten unter der mangelnden Bautätigkeit, doch war das letztere Moment nicht von entscheidender Bedeutung. Das Haupt-

[1]) Die Deutsche Steinzeugwaren-Fabrik für Kanalisation und chemische Industrie in Friedrichsfeld stellte wegen absoluten Kohlenmangels ihre Kesselanlagen nicht nur auf Braunkohle um, sondern sie führte auch hochwertige amerikanische Kohle ein, für deren Bezug sie sich allerdings durch Auslandslieferungen schadlos halten konnte.

absatzgebiet stellte im allgemeinen das Inland dar. Es wurden aber auch Auslandsgeschäfte getätigt. Die Preise waren, abgesehen von der Krisenzeit im Sommer 1920, rechnerisch durchaus gut. In Wirklichkeit wird man dieses Prädikat aber höchstens den bei Auslandslieferungen erzielten Preisen erteilen können. Durch die enorme Preissteigerung auf dem Holzmarkt hat die Holzindustrie zweifellos Gewinne erzielt, die man euphemistisch Konjunkturgewinne zu nennen pflegte, die aber in Wahrheit nichts anderes als Scheingewinne waren. Freilich dürften im Sommer 1920 umgekehrt Scheinverluste eingetreten sein. Da aber diese Scheinverluste in der Holzindustrie wie in den meisten Industrien in die Zeit der Absatzkrisis fielen, können sie keine große Rolle gespielt haben. Dagegen fallen die Scheingewinne immer in die Zeit des reißenden Absatzes, und sie sind bei der Möbelindustrie unzweifelhaft sehr bedeutend gewesen. Ob sich hinter den Scheingewinnen nur ein geringerer realer Gewinn oder gar kein realer Gewinn oder ein Verlust verbirgt, diese Frage ist für den Außenstehenden nicht exakt zu beantworten. In Zeiten plötzlicher und starker Geldentwertung, wie in der zweiten Hälfte des Jahres 1919 und in den ersten Monaten 1920 dürften reale Verluste in der Holzindustrie, ebenso wie in allen anderen auf fremde Rohstoffe angewiesenen Gewerbezweigen, die Regel gebildet haben; im Sommer werden einige Scheinverluste, hinter denen sich ein wirklicher Gewinn versteckte, eingetreten sein, und im Herbst sind wahrscheinlich Scheingewinne erzielt worden, denen geringere wirkliche Gewinne zugrunde lagen. Die vergleichsweise glänzenden Zahlen, die unsere Statistik ergibt, sind jedenfalls zum größten Teil nichts anderes als Chimäre.

16. Terrain- und Häusergesellschaften.

Die Gruppe Terrain- und Häusergesellschaften umfaßt denjenigen Teil der im „Saling“ unter Baugesellschaften zusammengefaßten Unternehmungen, deren Haupttätigkeitsgebiet nicht der Bau, sondern der Besitz bzw. die Verwaltung, sowie der An- und Verkauf bebauter und unbebauter Grundstücke ist. Hierzu tritt dann noch vielfach das Maklergeschäft und die Häuserverwaltung für fremde Rechnung. Der bilanzmäßige Reingewinn dieser Gruppe, die insgesamt nicht weniger als 43 Gesellschaften enthält, wurde für das Jahr 1920 mit 6,56 Millionen ausgewiesen gegen 1,428 Millionen Mark im Jahre 1913. Der Reingewinn der 31 Gesellschaften, die ihr Kapital unverändert ließen, stieg von 1,478 Millionen vor dem Kriege auf 3,007 Millionen Mark nach dem Kriege, und der statistische Reingewinn sämtlicher 43 Gesellschaften betrug 6,058 Millionen 1920 gegen 1,428 Millionen Mark im Jahre 1913, oder, auf Goldmark umgerechnet, etwas über 40% des einstigen Friedensgewinnes.

Wenn diese Zahlen, insbesondere die für 1920 errechneten absoluten Gewinnzahlen, einen viel günstigeren Eindruck machen, als man bei der notorisch schlechten Lage vieler Terrain- und Häusergesellschaften erwarten sollte, so liegt dies daran, daß in unserer Statistik ein Reingewinn auch dann errechnet wird, wenn eine Gesellschaft zwar mit einem Verlust abschließt, dieser Verlust aber kleiner ist als der Verlustvortrag, mit dem die Gesellschaft in das Geschäftsjahr eintrat. Außerdem hat man von vornherein das Hausertragsgeschäft und das Terraingeschäft streng zu unterscheiden. Diese Unterscheidung konnte statistisch nicht durchgeführt werden, weil viele Gesellschaften sowohl Häuser besitzen, wie auch Terrainspekulation betreiben. Theoretisch und prinzipiell muß aber eine Trennung stattfinden. Betrachtet man das Mietshausgeschäft für sich und das Terraingeschäft für sich, so ergibt sich, daß ersteres fast durchweg mit einem Verlust abgeschlossen hat, der aber für die Gesamtheit der beiden Geschäftszweige durch die Gewinne der Terrain- und Hausverkäufe mehr als aufgewogen wird. Nur in den seltenen Fällen, in denen Häuser mit zahlreichen gewerblichen Betrieben in bevorzugter Lage für eigene Rechnung verwaltet wurden, hat das Mietshausgeschäft einen Gewinn abgeworfen[1]; im großen und ganzen war es verlustreich. Umgekehrt schloß das Terraingeschäft im allgemeinen mit einem Gewinn ab, und die Fälle, in denen durch Verkauf von Terrains oder Häusern buchmäßige Verluste eintraten, sind nicht zahlreich.

Die Gründe für den schlechten Geschäftsgang im Mietshausgeschäft sind zu bekannt, als daß sie hier einer eingehenden Darlegung bedürften[2]. Für das Terraingeschäft gilt folgendes: Die Nachfrage nach bebauten Grundstücken war in den ersten Monaten des Jahres 1920 lebhaft. Die Käufer waren Wohnungssuchende oder Kapitalisten, die für ihr Geld eine günstige Kapitalsanlage suchten und dabei Geschäftshäuser bevorzugten. Zu diesen Kapitalisten gehörten auch viele Ausländer. Im Frühjahr und im Verlauf der späteren Monate des Jahres 1920 flaute die Nachfrage nach bebauten Grundstücken wesentlich ab. Demgegenüber war die Nachfrage nach unbebautem Gelände wegen des Darniederliegens des Baumarktes im ganzen sehr gering. Nur an Industrieterrains, an Siedlungsland und an Villenterrains war ziemlich reger Bedarf vorhanden, aber auf dem Gebiete,

[1] Wie z. B. bei der Kaufmannshaus Akt.-Ges. in Hamburg, die bei einem Aktienkapital von 2 Millionen Mark einen Reingewinn von rund 252000 Mark erzielte.

[2] Nicht ohne Interesse ist die ziffernmäßige Feststellung im Geschäftsbericht der Hannoverschen Immobilien-Gesellschaft für 1920, nach der die Steigerung der Steuerlasten, Unkosten und Instandsetzungskosten bei der Gesellschaft 288% gegenüber dem Stande von 1913 beträgt.

das normalerweise das wichtigste Arbeitsfeld darstellt, auf dem Hochbaugebiet, fanden gar keine oder nur ganz wenige Verkäufe statt. Die Zwangsbewirtschaftung der Häuser und der Umstand, daß für Hochbauten im Gegensatz zu Flachbauten Überteuerungszuschüsse nicht gewährt wurden, erklären die geringe Verkaufstätigkeit zur Genüge. Wenn die Gesamtheit der berücksichtigten Gesellschaften trotzdem rechnungsmäßig einen Gewinn erzielt hat, so liegt das lediglich an der Geldentwertung und der dadurch bedingten nominellen Preissteigerung, die, wenn auch nur zögernd und in kleinem Maßstabe, schließlich den Terrainmarkt ebenfalls erfaßte. Auch hier liegt unzweifelhaft ein Scheingewinn vor, freilich nicht in dem Sinne der mangelnden Erhaltung des materiellen Kapitals, aber um so mehr im Sinne der mangelnden Erhaltung des realen, d. h. Kaufkraftkapitals. Vergleicht man den Vermögensstand der Terraingesellschaften vor und nach dem Kriege rein mengemäßig und unter Berücksichtigung der Wiederbeschaffungskosten, so ist ein nennenswerter Substanzverlust jedenfalls nicht eingetreten. Vergleicht man aber die Kaufkraft dieses Vermögens vor und nach dem Krieg, so kommt man zu der nüchternen Feststellung, daß die Gesellschaften den größten Teil ihres Vermögens verloren haben. Es ist dies freilich, soweit eine Schädigung der Substanz nicht in Frage kommt, aber nur insoweit, lediglich ein privatwirtschaftlicher, dagegen kein volkswirtschaftlicher Verlust.

Nur in einem, allerdings unbedeutenden Geschäftszweig ist kein Scheingewinn, sondern ein realer mit dem ausgewiesenen übereinstimmender Gewinn erzielt worden, nämlich im Kommissionsgeschäft. Dieses Kommissionsgeschäft steht aber mit dem Kapital der Gesellschaft nur in sehr losem Zusammenhang, denn der Gewinn, den es abwirft, ist im wesentlichen Arbeitsverdienst.

E. Elektrizitäts-, Gas- und Wasserleitungen.

17. Die Elektrizitätsindustrie.

Der Reingewinn aller 58 in unserer Statistik berücksichtigten Gesellschaften der Elektrizitätsindustrie betrug im Jahre 1920 262,545 Millionen Mark gegen 127,285 Millionen im Jahre 1913. Der Reingewinn der 15 Gesellschaften, die ihr Kapital in der Zwischenzeit nicht veränderten, sank von 26,843 Millionen vor dem Kriege auf 21,155 Millionen Mark nach dem Kriege. Der statistische Reingewinn sämtlicher Gesellschaften stieg von 127,285 Millionen auf 195,121 Millionen Mark. Der ziemlich erhebliche Unterschied zwischen der zweiten und dritten statistischen Berechnung erklärt sich dadurch, daß in der Elektrizitätsindustrie, wie übrigens häufig auch sonst, gerade die kleineren und weniger prosperierenden Gesellschaften keine Kapitalserhöhungen vorgenommen haben. Im ganzen hat sich die Rentabilität der Elektrizitätsindustrie jedenfalls recht ungünstig gestaltet; legt man die für den statistischen Reingewinn errechneten Zahlen zugrunde, so ergibt sich, auf Goldmark umgerechnet, ein bilanzmäßiger Reingewinn für 1920 von nur 15% der Jahres 1913.

Unter den verschiedenen Zweigen der Elektrizitätsindustrie spielt der Betrieb der Elektrizitätswerke ziffernmäßig die erste Rolle. Über die Produktion, d. h. die Stromabgabe einer Reihe von Elektrizitätswerken vor und nach dem Kriege unterrichtet die nachstehende kleine Tabelle:

	Stromabsatz in Mill. Kilowattstunden 1913	1920
Elektricitätswerk Südwest	31,739	34,294
Landkraftwerke Leipzig	14,824	33,108
Rheinisch-Westfälisches Elektricitätswerk Akt.-Ges.	290,048	626,361
Schlesische Elektricitäts- und Gas-Akt.-Ges.	141,7	387,0
Amperwerke, Elektricitäts-Akt.-Ges.	13,32	22,26
Kraftwerke Westsachsen Akt.-Ges.	7,438	14,466
Elektricitätswerke Betriebs-Akt.-Ges.	1,145	0,937
Oberrheinische Elektricitätswerke Akt.-Ges.	2,647	3,745
Voigtländisches Elektricitätswerk Akt.-Ges.	1,734	4,376

Wie man sieht, war die Erhöhung des Stromabsatzes fast durchweg sehr erheblich. Mit der Erweiterung der Produktion haben aber die Erträgnisse der Werke nicht einmal in Papiermark Schritt gehalten. Bei dem größten Werk, dem Rheinisch-Westfälischen Elektrizitätswerk z. B. stieg die Erzeugung um rund 115%. Der bilanzmäßige Papiermarkgewinn des Jahres 1919/20 überschritt dagegen den einstigen Goldmarkgewinn nur um etwa 40% (4,838 Millionen gegen 3,381 Millionen Mark). Der Hauptgrund für dieses schlechte Ergebnis liegt in den vergleichsweise sehr niedrigen Preisen, die die Stromabnehmer zu bezahlen hatten[1]). Die Preiserhöhungen bedürfen obrigkeitlicher Genehmigung, und wenn die Erhöhungen durch die Geldentwertung auch noch so gerechtfertigt waren, so erfolgte die Genehmigung doch nicht in dem der Geldentwertung entsprechenden Ausmaß. Überhaupt hatten es die Werke nur der Verordnung vom 1. Februar 1919 betreffend die schiedsrichterliche Erhöhung der Elektrizitäts- usw. Preise zu verdanken, daß sie wenigstens halbwegs erträgliche Preise zugebilligt

[1]) Nach den im Statistischen Jahrbuch, Jahrgang 1921/22, S. 295 mitgeteilten Preisen in einigen deutschen Städten vor und nach dem Kriege, bei denen es sich allerdings nur um städtische Werke handelte, sind die Strompreise in der Zeit vom 1. Juli 1914 bis 12. Januar 1921 im Durchschnitt schätzungsweise nur um das Fünf- und Sechsfache gestiegen.

erhielten; denn das Schiedsgericht, das nach dieser Verordnung bei Streitigkeiten berufen wurde, hatte das Recht, nicht nur die Strompreise zu erhöhen, sondern auch unbequeme Bedingungen der bestehenden Verträge abzuändern. Für die Geldentwertung ausgleichende Abschreibungen reichten die Preise im allgemeinen freilich nicht aus[1]), wie dies von den Verwaltungen mehrerer Werke auch ausdrücklich im Geschäftsbericht betont wurde; und es ist klar, daß, wenn trotzdem Reingewinne ausgewiesen wurden, es sich dabei, wenigstens soweit die Abschreibungen nicht ausreichend waren, nur um Scheingewinne handeln kann. Diese Scheingewinne liegen aber wohlgemerkt regelmäßig lediglich mit Bezug auf das Anlagekapital vor. Durch objektiv unrichtige Kalkulation der Umlaufswerte kann von den Elektrizitätswerken ein Scheingewinn im wesentlichen nicht erzielt worden sein. Produktion und Absatz erfolgen hier durch ein und denselben Akt; Vorräte an Kohlen waren im größerem Umfange nicht vorhanden. Die Gestehungskosten der Umlaufswerte und ihre Wiederbeschaffungskosten blieben daher ungefähr die gleichen. Dazu kommt, daß die Regulierung bei den Elektrizitätswerken grundsätzlich bald nach dem Absatz erfolgt. Das Geld hat also im Augenblick der Entstehung der Schuld durch Produktion und Absatz keinen erheblich höheren Wert als im Augenblick der Bezahlung. Diese Feststellung ist äußerst wichtig für die Beurteilung der Verhältnisse der Elektrizitätswerke. Während der von ihnen ausgewiesene Reingewinn erheblich geringer ist als der Reingewinn der meisten Industriegesellschaften, stehen sie vom Standpunkt des Scheingewinnproblems weit günstiger da als diese.

Die Lage der Fabrikationsunternehmen auf dem Gebiet der Elektrizitätsindustrie ist von der Lage der Elektrizitätswerke grundsätzlich verschieden. Zunächst kann wohl kein Zweifel sein, daß sich die Produktion im ganzen nicht auf der Höhe der Friedenserzeugung gehalten hat, wenn auch zahlenmäßige Angaben kaum gemacht wurden, und einzelne Unternehmungen, wie das Sachsenwerk Licht und Kraft A.-G., laut Geschäftsbericht die Leistungen der Vorkriegszeit nicht nur den Preisen, sondern auch der Menge nach wesentlich überschritten. Hinderlich für die Produktion war vielfach der Kohlenmangel, ferner häufige Ausstände der Arbeiterschaft. Außerdem war die Beschäftigung in den einzelnen Jahresabschnitten sehr ungleich. Über diesen letzten Punkt klagte Walther Rathenau in der ordentlichen Generalversammlung der A.E.G. vom 15. März 1920. Gewisse Waren, nach denen früher starke Nachfrage geherrscht habe, würden jetzt weit weniger verlangt, dagegen sei in anderen, früher nicht so stark ge-

[1]) Eine wichtige Ausnahme macht aber das Rheinisch-Westfälische Elektrizitätswerk, das für das Geschäftsjahr 1919/20 nicht weniger als 30,37 Millionen Mark Abschreibungen gemacht hat gegen 2,78 Millionen Mark 1912/13.

suchten Gegenständen, wie z. B. in Großmaschinen nunmehr bedeutende Nachfrage vorhanden. Besonders ungünstig verlief das Geschäft im Straßenbahnbau im Zusammenhang mit den schlechten Betriebsergebnissen der Straßenbahnen, auch fügten die hohen Preise der Halbfabrikate, wie Bleche, vor allem nach dem Konjunkturumschwung im Frühjahr 1920, dem Inlands- und dem Ausfuhrgeschäft großen Schaden zu[1]). Daß der Absatz im Inland infolge der verminderten Kaufkraft auf die Instandsetzung und Erneuerung früher gelieferter Anlagen beschränkt blieb und größere Batterien fast nur nach Ländern mit hoher Valuta verkauft werden konnten, wurde im Geschäftsbericht der Akkumulatorenfabrik Akt.-Ges. hervorgehoben.

Die Preise waren im allgemeinen den kalkulierten Gestehungskosten angemessen. In der Zeit der Depression im Sommer und Herbst 1920 bewirkten indessen Preisabschläge einen Rückgang der rechnungsmäßigen Gewinne. Vom Standpunkt des Scheingewinngedankens liegen die Verhältnisse freilich umgekehrt. Die Produktion im Fabrikationszweig der Elektrizitätsindustrie durchläuft viele Stadien und dauert längere Zeit. Infolgedessen sind im Herbst und Winter 1919/20 unzweifelhaft Scheingewinne erzielt, im Sommer 1920 aber Scheinverluste erlitten worden, wobei unter Scheinverlust auch ein ausgewiesener Gewinn zu verstehen ist, dem ein größerer wirklicher Gewinn zugrunde liegt. Da der Konjunkturumschwung sich in der Elektrizitätsindustrie viel weniger bemerkbar gemacht hat als beispielsweise in der Holzindustrie, und da infolgedessen ein Stillstand des Absatzes nie eintrat, dürfte den Scheinverlusten immerhin eine größere Bedeutung zukommen, und die fabrizierende Elektrizitätsindustrie steht insofern verhältnismäßig günstig da. Was endlich die Abschreibungen im Fabrikationsgeschäft anbetrifft, so blieben die hierfür ausgewiesenen bilanzmäßigen Ziffern fast durchweg hinter der Geldentwertung weit zurück.

18. Gas- und Wasserleitungen.

Die 14 Gesellschaften der Gas- und Wasserleitungsindustrie, die von unserer Statistik erfaßt werden, wiesen im Jahre 1920 einen Reingewinn von 27,803 Millionen aus gegen 15,3 Millionen im Jahre 1913. Die 6 Gesellschaften, die ihr Kapital in der Zwischenzeit nicht veränderten, steigerten ihren Reingewinn von 1,033 Millionen auf 2,526 Millionen Mark; der statistische Reingewinn aller 14 Gesellschaften hob sich von 15,3 Millionen auf 24,788 Millionen. Eine Trennung der Gas- und Wasserwerke war nicht durchführbar, weil einige Gesellschaften beide Geschäftszweige zugleich betrieben.

---

[1]) Vergleiche die Mitteilungen Rathenaus in der außerordentlichen Generalversammlung der A.E.G. vom 11. September 1920.

Die Produktions- bzw. Absatzverhältnisse der Gaswerke lagen im allgemeinen ungünstiger als in der Vorkriegszeit. Die im Kriege infolge des Kohlenmangels durchgeführten Verbrauchsregelungen waren noch nicht völlig aufgehoben, und die hohen Gaspreise veranlaßten die Verbraucher zu möglichster Einschränkung. Dagegen dürfte die Erzeugung der Wasserwerke im ganzen nicht geringer gewesen sein als vor dem Kriege; nur sind genaue statistische Angaben von den privaten Wasserwerken im allgemeinen leider ebenso wenig gemacht worden[1]), wie von den Gasgesellschaften. Die Preise der Gas- und Wasserwerke hielten sich ebenso wie die Preise der Elektrizitätswerke nur dank der „Verordnung über die schiedsrichterliche Erhöhung von Preisen für die Lieferung von Elektrizität, Arbeit, Gas und Leitungswasser" vom 1. Februar 1919 auf einer erträglichen Höhe. Daneben hatten die Gasanstalten nicht unbeträchtliche Einnahmen aus der Nebenproduktengewinnung, den Einnahmen aus Koks und Ammoniak, sowie Teerprodukten. Die Verwertung dieser Nebenprodukte übertrugen die Werke drei Spitzenorganisationen, der Wirtschaftlichen Vereinigung Deutscher Gaswerke, Akt.-Ges. in Köln, dem Gas-Koks-Syndikat in Köln am Rhein, A.-G. und der Nebenprodukten-Verwertungs-Gesellschaft, Deutsche Gaswerke G.m.b.H. in Frankfurt am Main, Gesellschaften, die durch Personalunion miteinander verbunden, teilweise auch miteinander verschmolzen wurden. Mit dem Übergang zur Selbstverarbeitung des Teers betraten die Werke völlig neue Wege, und ohne Zweifel trug das Nebenproduktengeschäft zu dem Gewinnergebnis mehr als das Hauptgeschäft bei. Allerdings waren die Absatzverhältnisse durchaus nicht immer günstig, in der ziemlich lange währenden Depressionszeit 1920/21 mußten die Preise für Koks und Teer zwar allmählich, aber im ganzen doch bedeutend herabgesetzt werden; und ohne die straffe Organisation der Erzeuger im Gas-Koks-Syndikat wären die Kokspreise vermutlich noch mehr gesunken. Dagegen waren die Preise für Ammoniakprodukte während der ganzen Dauer des Geschäftsjahres der Wirtschaftlichen Vereinigung Deutscher Gaswerke Akt.-Ges. (1. 4. 1920 bis 31. 3. 1921) fest, teilweise steigend.

Was die Frage der Erzielung von Scheingewinnen durch objektiv unrichtige Kalkulation der Umlaufswerte anbetrifft, so liegen hier die Verhältnisse hinsichtlich des Hauptgeschäftes der Gaswerke ebenso wie bei den Elektrizitätswerken, d. h. Scheingewinne kamen im wesentlichen nicht in Betracht. Bei der Nebenproduktion sind sie weit eher möglich und auch zweifellos vorgekommen, da zwischen Beginn der

[1]) Nur ein sehr bedeutendes Unternehmen, das Wasserwerk für das nördliche westfälische Kohlenrevier hat ausreichende Produktionsziffern veröffentlicht; danach wurden im Jahre 1913 97,939 Millionen cbm Wasser gefördert, im Jahre 1920 aber 128,23 Millionen cbm.

Erzeugung und Absatz meist eine größere Spanne Zeit vergeht. Dagegen dürften Scheinverluste auch bei der Nebenerzeugung kaum vorgekommen sein, da die Kohlenpreise in der Zeit der Depression einigermaßen stabil waren, und die Löhne nirgends herabgesetzt, sondern, auch im Sommer 1920, erhöht wurden.

Die Verhältnisse bei den Wasserwerken lagen ähnlich wie bei den Gaswerken, nur daß bei den Wasserwerken naturgemäß eine Nebenerzeugung nicht stattfand.

Allgemein gilt für Gas- und Wasserwerke, übrigens auch für die Elektrizitätswerke, daß sie, soweit sie Installationsgeschäfte betrieben, der Scheingewinngefahr wie jeder Handel unterlagen.

F. Maschinen und Metalle.

19. Maschinen- und Eisenbahnbedarfsindustrie.

Die Gruppe Maschinen- und Eisenbahnbedarfsindustrie umfaßt alle Maschinen im weiteren Sinne des Wortes, insbesondere auch Eisenbahn- und Straßenbahnwagen, Eisenbahnsignale und Schiffe. Berücksichtigt sind insgesamt 144 Gesellschaften, deren bilanzmäßiger Reingewinn sich von 85,61 Millionen 1913 auf 343,73 Millionen Mark im Jahre 1920 hob, während die 16 Gesellschaften, die keine Veränderung ihres Kapitals vornahmen, 1920 einen Reingewinn von 27,1 Millionen Mark auswiesen gegen 6,15 Millionen Mark im Jahre 1913. Der statistische Reingewinn sämtlicher 114 Gesellschaften stieg von 85,61 Millionen auf 306,88 Millionen Mark.

Über die Produktionsverhältnisse der Maschinenindustrie werden von den Gesellschaften im allgemeinen keine Angaben gemacht, wohl aber sind von einer ganzen Reihe von Unternehmungen die Umsatzziffern veröffentlicht worden, womit bei gleichzeitiger Berücksichtigung der Geldentwertung ein einigermaßen brauchbarer Anhaltspunkt für die Schätzung der Erzeugungsmenge gegeben ist. Über den Umsatz vor und nach dem Kriege unterrichtet die nebenstehende Tabelle.

Danach hat sich der Umsatz in Papiermark auf etwas mehr als das Sechsfache erhöht, eine Erhöhung, die nicht entfernt an die Preissteigerung für Maschinen und ähnliche Fabrikate heranreicht. Im ganzen dürfte der Mengenumsatz der Nachkriegszeit kaum mehr als die Hälfte des einstigen Friedensumsatzes betragen haben[1]). Bei dem Produktionsrückgang haben zahlreiche Umstände mitgewirkt: Zunächst und unmittelbar die Kohlennot und die Materialknappheit. Mit diesen beiden Momenten in engem Zusammenhang steht ein dritter Umstand,

[1]) Diese Angabe wird durch zahlreiche Geschäftsberichte und durch die Außenhandelsziffern im allgemeinen bestätigt.

	Umsatz bzw. Erzeugung[1]) in Millionen Mark vor dem Kriege	Umsatz bzw. Erzeugung[1]) in Millionen Mark nach dem Kriege
Maschinenfabrik Augsburg-Nürnberg A.-G.	80,1	337
Berliner Akt.-Ges. für Eisengießerei und Maschinen-Fabrikation	2,87	13,17
Berliner Maschinenbau Akt.-Ges. vorm. L. Schwartzkopf	2,37	147
Carlshütte Akt.-Ges. für Eisengießerei und Maschinenbau	2,66	13,37
Deutsche Maschinenfabrik Akt.-Ges. zu Duisburg	43,94	270,64
Düsseldorfer Eisenbahnbedarf vorm. Carl Weyer & Co.	8,96	48,33
Gasmotoren-Fabrik Deutz	26,05	99,29
Gothaer Waggonfabrik	7,08	40,28
Hannoversche Waggonfabrik Akt.-Ges.	5,3	172
Horchwerke Akt.-Ges.	4,07	49,41
Maschinenbau-Anstalt Humboldt	29,04	121,3
Gesellschaft f. Lindes Eismaschinen Akt.-Ges.	10,86	72,27
Orenstein & Koppel Akt.-Ges.	139,73	1 000,11
J. E. Reinecker A.-G.	6,66	50,92
Sächsische Maschinenfabrik vorm. Richard Hartmann A.-G.	23,28	128,28
Vogtländische Maschinenfabrik vorm. G. u. C. Dietrich Akt.-Ges.	18,84	82,86
Waggonfabrik Josef Rathgeber Akt.-Ges.	3,6	19,85
Wilhelmshütte Akt.-Ges. für Maschinenbau und Eisengießerei	4	28,9
R. Dolberg Maschinen- und Feldbahnfabrik Akt.-Ges.	5,61	44,7
L. A. Riedinger Maschinen- und Broncewaren-Fabrik Akt.-Ges.	5,95	20,93
Waggonfabrik Akt.-Ges. zu Uerdingen	6,59	95
	437,56	2 855,61

das schroffe Auf- und Absteigen der Konjunktur. Hierdurch waren Kohlennot und Materialknappheit zur Zeit der Hochkonjunktur derart drückend, daß die Nachfrage auch nicht entfernt befriedigt werden konnte, während nach dem Konjunkturumschwung Kohle und Material wenigstens eine Zeitlang genügend vorhanden, aber eine ausreichende Verwertungsmöglichkeit nicht gegeben war. So wirkte die Knappheit an Rohstoffen infolge der schwankenden Wirtschaftslage in verstärktem Maße produktionshemmend. Viertens wurde die Erzeugung der Maschinenindustrie vielfach dadurch ungünstig beeinflußt, daß die Fabriken von der Kriegsproduktion auf die Friedensproduktion umgestellt werden mußten, eine Umstellung, die im Jahre 1920 meist noch nicht vollendet war[2]). Außerdem wurde von den Verwaltungen nicht selten über die Erschwerung des Auslandsgeschäftes durch behördliche Maßnahmen, insbesondere durch Ausfuhrabgaben geklagt; doch ist das

[1]) Die Zahlen beziehen sich entweder auf den Umsatz oder — jedoch nur selten — auf die Erzeugung (in jedem Falle Papiermarkwerte).

[2]) Besonders schwer beeinträchtigt war hierdurch die Fabrikation der Daimler Motoren-Gesellschaft.

ein Punkt, der auch vielen anderen Industriezweigen Anlaß zur Beschwerde gegeben hat. In der Arbeitsleistung wurden, vor allem durch Wiedereinführung der Akkordarbeit, bessere Ergebnisse als im Vorjahr gezeitigt, wenn auch die Vorkriegsleistung noch nicht annähernd erreicht wurde. Ferner wirkten die schwankenden Währungsverhältnisse insofern erzeugungshemmend, als die Fabriken häufig das Risiko scheuten, Lieferungsverpflichtungen zu festen Markpreisen einzugehen, weil die Gestehungspreise in Anbetracht der langen Umschlagszeit nicht zu übersehen waren [1]). Endlich wurde die Erzeugung für den Inlandsmarkt dadurch gehemmt, daß viele Industriezweige, die Maschinen sonst abnahmen, während des Krieges erhebliche, später unbenutzbar gewordene Erweiterungen gemacht hatten und nunmehr ganze Werke stillsetzten und die Maschinen ins Ausland verkauften.

Wenn die Maschinenfabriken trotz der stark verringerten Erzeugung mit einem rechnerisch immerhin nicht ganz ungünstigen Ergebnis abgeschlossen haben, so hatten sie das zum großen Teil dem Auslandsabsatz zu verdanken, der bei der Maschinenindustrie als einer Qualitätsindustrie eine große Rolle spielte. Freilich erwiesen sich die in Mark vereinbarten Preise bei späterer Ausführung der Aufträge vielfach als ungenügend, und viele Fabriken erlitten hierdurch große, und zwar eingestandene Verluste [2]). Uneingestandene Verluste bzw. Mindergewinne durch Scheinkalkulationen sind natürlich ebenfalls bei der Maschinenindustrie eingetreten [3]), und zwar handelt es sich hier wegen der langen Produktionszeit der Fabriken zweifellos um sehr bedeutende, mit wirklichen Verlusten verbundene Scheingewinne. Die trotz stark verringerter Erzeugung in sehr hohem Maße vorgenommenen Kapitalserhöhungen [4]) sprechen in dieser Hinsicht eine beredte Sprache. Es gehört zu den Irrtümern der berufsmäßigen Effektenspekulation, daß sie ungeachtet der im Grunde keineswegs glänzenden Lage der meisten Maschinenfabriken und ungeachtet der effektiven Verluste, die sie infolge von Scheinkalkulationen ohne Frage erlitten haben, die Kurse der Aktien dieser Industrie lange Zeit weit mehr in die Höhe trieb, als beispielsweise die Kurse der Kohlenunternehmungen, deren Ge-

[1]) Vgl. besonders den Geschäftsbericht der Maschinenfabrik Augsburg-Nürnberg für 1919/20.

[2]) Vgl. den Geschäftsbericht der Daimler-Motoren-Gesellschaft für 1920, der Horchwerke in Zwickau für 1919/20, der J. E. Reinecker Akt.-Ges. in Chemnitz für 1919/20 u. a.

[3]) Beispielsweise spricht die Verwaltung der Gothaer Waggonfabrik Akt.-Ges. in ihrem Geschäftsbericht für 1919/20 von „vorteilhafter Verarbeitung alter Vorräte“ und von „ansehnlichen Gewinnen“ durch Verkauf der Materialien aus dem Flugzeugbau.

[4]) Von 144 Gesellschaften haben nur 16 ihr altes Friedenskapital beibehalten!

schäftsgang zwar keineswegs günstig war, deren Abschluß aber wenigstens keine großen Gewinne vortäuschte, die in Wahrheit gar nicht vorhanden waren.

20. Die Metallindustrie.

In der Gruppe „Metallindustrie" sind insgesamt 111 Gesellschaften enthalten, die ihren Reingewinn von 97,78 Millionen im Jahre 1913 auf 375,83 Millionen Mark im Jahre 1920 steigerten. Die 27 Gesellschaften, die eine Kapitalsvermehrung in der Zwischenzeit nicht vornahmen, wiesen nach dem Kriege einen Reingewinn von 38,97 Millionen auf, gegen 8,63 Millionen Mark im Jahre 1913, während der statistische Reingewinn sämtlicher Gesellschaften von 97,78 Millionen auf 352,91 Millionen Mark stieg.

Die Geschäftslage der Metallindustrie war in vieler Beziehung der Lage der Maschinenindustrie ähnlich, überdies sind die Grenzen der beiden Unternehmungsarten flüssig. Über den Umsatz zunächst einige Ziffern:

	Umsatz in Millionen Mark	
	vor dem Kriege	nach dem Kriege
Akt.-Ges. für Verzinkerei und Eisenkonstruktion vorm. Jakob Hilgers	5,05	31,33
Alexanderwerk A. von der Nahmer Akt.-Ges.	8,89	50,5
Excelsior Fahrradwerke Gebr. Conrad u. Patz Akt.-Ges.	2,84	17,59
Facon-Eisenwalzwerk L. Mannstädt & Co. A.-G.	17,96	352,01
Hirsch Kupfer- und Messingwerke Akt.-Ges.	27,66	631,73
Eisenhüttenwerk Marienhütte bei Kotzenau	5,16[1])	52,85
H. Meinecke Akt.-Ges.	1,89	13,47
Metallindustrie Schönebeck Akt.-Ges.	1,96	13,26
E. F. Ohles Erben Akt.-Ges.	3,51[2])	5,65
Stahlwerk Oeking Akt.-Ges.	2,41[3])	21,59
Vereinigte Eschebachsche Werke Akt.-Ges.	6,69	37,98

Sieht man von dem Facon-Eisenwalzwerk L. Mannstädt & Co. ab, das durch seine Verbindung mit dem Lothringischen Hüttenverein seine Lage wesentlich verbessern konnte, und von den Hirsch Kupfer- und Messingwerken, die sich in der Zwischenzeit erheblich ausdehnten, so ergeben die Umsatzziffern ein analoges Bild wie bei den Maschinenfabriken. Die Erzeugung ist der Menge nach sehr stark zurückgegangen. Auch die Gründe für den Produktionsrückgang sind fast die gleichen wie bei den Maschinenfabriken. Kohlennot und Materialknappheit, Konjunkturumschwung und Konjunkturrisiko, Umstellung auf die

[1]) Flaue Konjunktur im zweiten Semester.

[2]) 1909/10; der Mengenumsatz bei „Ohles Erben" betrug 1,08 Millionen Kilo im Geschäftsjahr 1909/10 und 0,23 Millionen Kilo im Geschäftsjahr 1919/20.

[3]) 1908/09.

Friedenswirtschaft und unzureichende Arbeitsleistung, alle diese Momente, die wir als erzeugungshemmend bei der Maschinenindustrie kennen gelernt haben, spielen die gleiche Rolle in der Metallindustrie Auch hinsichtlich der Absatzverhältnisse, der Preise und der Scheingewinne ist auf das früher bei den Maschinenfabriken Gesagte zu verweisen. Die Ausfuhr von Erzeugnissen der Metallindustrie war erheblich; die Kaufkraft des Inlandes war geschwächt[1]), und die Industrie mußte infolge der obwaltenden Produktionsverhältnisse notwendigerweise auch Scheingewinne erzielen. Das Gesamturteil, das wir über die Lage der Maschinenindustrie fällten, trifft im wesentlichen auch auf die Lage der Metallindustrie zu.

21. Uhren, Musikwerke, Optik und photographische Apparate.

Unter den Metallindustriewerken nehmen die Uhren, Musikwerke, optische Instrumente und photographische Apparate herstellenden Fabriken insofern eine besondere Stellung ein, als es sich bei ihrer Produktion um besonders hochwertige Qualitätsarbeit handelt. Der Reingewinn der 12 einschlägigen Gesellschaften stieg von 6,18 Millionen in 1913 auf 18,55 Millionen Mark im Jahre 1920. Gesellschaften, die ihr Kapital in der Zwischenzeit nicht veränderten, sind nicht vorhanden; der statistische Reingewinn sämtlicher 12 Gesellschaften stieg von 6,18 Millionen auf 15,7 Millionen Mark. Das Ergebnis ist rein rechnerisch noch etwas ungünstiger als bei der Metallindustrie im allgemeinen. Immerhin erscheint es bei der verhältnismäßig geringen Anzahl von berücksichtigten Gesellschaften angebracht, mit verallgemeinernden Schlußfolgerungen vorsichtig zu sein, zumal die rechnungsmäßigen Ergebnisse durch das System der stillen Reserven illusorisch gemacht werden können und gerade bei dem in Rede stehenden Gewerbezweig auch tatsächlich in hohem Maße illusorisch gemacht wurden. So hatte die Badische Uhrenfabrik Akt.-Ges., deren Maschinen, Geräte und Werkzeuge Ende Juni 1913 noch mit fast 350000 Goldmark zu Buche standen, die genannten Aktiven am Ende des ersten Halbjahres 1920 auf zusammen 6 Mark abgeschrieben. Ebenso standen bei der „Ica“ Betriebsmaschinen, Werzkzeugmaschinen und Mobilien Ultimo September 1920 mit 3 Mark zu Buch, und analog lagen die Verhältnisse bei den Vereinigten Freiburger Uhren-Fabriken, bei der Ludwig Hupfeld Akt.-Ges.[2]) und bei der Leipziger Pianoforte-Fabrik

---

[1]) Die Akt.-Ges. Kollmar & Jourdan hebt in ihrem Geschäftsbericht für 1920/21 ausdrücklich hervor, daß „von den Fabrikaten der Gesellschaft in Deutschland nur die allerbilligsten Sachen verlangt wurden“.

[2]) 367000 Goldmark vor dem Kriege, Ultimo Juni 1920 einschließlich Neuanlagen auf 9 Mark abgeschrieben.

Gebr. Zimmermann, während die Mathias Hohner Akt.-Ges. in ihrer Erfolgsrechnung für 1920 neben nicht unerheblichen Abschreibungen vor Feststellung des Reingewinnes einen außerordentlich hohen Betrag auf Werkerhaltungskonto zurückgestellt hat.

Über den Umfang der Erzeugung vor und nach dem Kriege sind keinerlei Ziffern vorhanden. Teilweise hat sich die Produktion wohl ähnlich gestaltet, wie bei der Metallindustrie im allgemeinen; die Produktion photographischer Apparate im weiteren Sinne des Wortes hat aber ohne Frage im Zusammenhang mit der Ausdehnung der Kinoindustrie eine erhebliche Erweiterung erfahren. Am Absatz war das Ausland besonders stark beteiligt, was offenbar mit der geschwächten Kaufkraft des Inlandes und mit dem starken Bedarf des Auslandes nach Qualitätsware zusammenhängt. Dementsprechend waren auch die Preise verhältnismäßig günstig, und die Gefahr von Scheingewinnen war weniger vorhanden. Die Tatsache, daß Kapitalserhöhungen bei der in Rede stehenden Gesellschaftsgruppe durchweg vorgenommen wurden, ist kein Gegenbeweis; denn bei den Erhöhungen handelt es sich wenigstens zum großen Teil um Erweiterungen der Betriebe oder um eigentliche Kapitalverwässerungen.

G. Nahrungs- und Genußmittelindustrie.

22. Mühlen.

Die 22 Mühlen-Aktiengesellschaften, die unserer Statistik zugrunde liegen, weisen in dem Nachkriegsgeschäftsjahr einen Reingewinn von 13,60 Millionen auf gegen 4,75 Millionen Mark vor dem Kriege. Der Reingewinn der 6 Gesellschaften, die ihr Kapital nicht veränderten, stieg von 0,94 Millionen im Jahre 1913 auf 2,01 Millionen Mark im Jahre 1920. Der statistische Reingewinn sämtlicher 22 Gesellschaften hob sich von 4,75 Millionen auf 12,49 Millionen Mark. Das ergibt einen Reingewinn in Goldmark von weniger als 30% des einstigen Friedensgewinnes.

Einer der Hauptgründe für den verhältnismäßig ungünstigen Abschluß der Mühlen ist der große Rückgang ihrer Produktion. Über die Menge des vermahlenen Getreides wurde zwar von den Gesellschaften im allgemeinen schon seit einer Reihe von Jahren keine Mitteilung mehr gemacht; aber die Klagen über die ungenügende Erzeugung sind in den Geschäftsberichten der Unternehmungen ganz allgemein. Die Ursache der Minderproduktion liegt in dem gegenüber der Vorkriegszeit weit geringeren Ernteertrag der deutschen Landwirtschaft der Nachkriegszeit. Die bis in das Jahr 1921 hinein bestehende Zwangswirtschaft bewirkte überdies, daß alle Mühlen unter Ausschluß der freien Konkurrenz von der Reichsgetreidestelle und von kommunalen Körperschaften gewisse beschränkte Mengen Getreide zur Verarbeitung zugewiesen erhielten, die im Lohne, nicht für eigene Rechnung erfolgte. Soweit Zwangswirtschaft nicht bestand, insbesondere bei Hafer, suchten sich die Mühlen für den Produktionsausfall Ersatz zu schaffen, und hier erfolgte die Verarbeitung teilweise auch für eigene Rechnung. Aber eine volle Ausnutzung der Leistungsfähigkeit der Werke war gleichwohl nicht annähernd möglich. Die Preise, die den Mühlen von der Reichsgetreidestelle bewilligt wurden, waren nach den Angaben der Mühlenverwaltungen[1]), die glaubwürdig erscheinen, nicht in vollem Umfange den Selbstkosten angepaßt. Daher rührt auch die Tatsache, daß die Abschreibungen, gemessen an der Geldentwertung, in der Regel besonders niedrig waren. Andererseits stehen die Mühlen vom Standpunkt des Scheingewinnproblems insofern günstig da, als objektiv unrichtige Kalkulationen der Umlaufswerte wenigstens in der Hauptsache nicht vorgekommen sein können, weil die meisten Produkte nicht für eigene, sondern für fremde Rechnung verarbeitet wurden. Diese günstige Beurteilung gilt aber nur für das laufende Geschäft der Nachkriegszeit, denn es darf nicht verkannt werden, daß die Mühlen auch hinsichtlich ihres umlaufenden Kapitals dadurch sehr große Substanzverluste seit Kriegsbeginn erlitten haben, daß das früher in Vorräten angelegte Betriebsvermögen im Zusammenhang mit der gänzlich veränderten Geschäftslage der Kriegszeit zum größten Teil in Guthaben, besonders Bankguthaben, Wertpapieren und Wechseln angelegt wurde. Diese Aktiven waren aber von der Währung abhängig, und sie gestatteten, als im Jahre 1921 das Getreide teilweise freigegeben wurde, den Ankauf nur eines Bruchteils der Warenmenge, die vor dem Kriege vorhanden war. So sind die großen Kapitalserhöhungen zu erklären, die von den Mühlen 1920, 1921 und 1922 vorgenommen wurden, und die nichts anderes bedeuten, als den Versuch, die geschehenen großen Substanzverluste durch Kapitalserhöhungen nach Möglichkeit auszugleichen[2]).

23. Die Ölindustrie.

Die sechs unserer Statistik zugrunde liegenden Ölfabriken wiesen im Jahre 1920 einen Reingewinn von 18,60 Millionen aus gegen 6,98 Millionen Mark im Jahre 1913. Vier Gesellschaften veränderten

[1]) Vgl. die Geschäftsberichte der Berliner Dampfmühlen-Akt.-Ges. für 1920, der Mühle Rüningen für 1919/20 und der Humboldt-Mühle für 1919/20.

[2]) Zu den gelegentlichen Scheingewinnen, wie sie in allen Gewerbezweigen vorkommen, gehört es, wenn die Mühle Rüningen laut Geschäftsbericht für 1919/20 „aus dem Verkauf von früher erworbenen und für den Betrieb nicht mehr benötigten Materialien“ gute „Einnahmen“ erzielte.

ihr Kapital nicht. Ihr Reingewinn stieg von 2,48 Millionen vor dem Kriege auf 8,00 Millionen Mark nach dem Kriege. Der statistische Reingewinn aller sechs Gesellschaften erhöhte sich von 6,98 Millionen auf 18,19 Millionen Mark. Die Lage der Ölindustrie in der Nachkriegszeit war trotz der durchaus verschiedenen Produktionstechnik ähnlich der Lage der Getreidemühlen. Die Fabriken waren meist nicht für eigene Rechnung, sondern im Lohn tätig, und zwar erfolgte die Beschäftigung in Schlaglohn bis zur teilweisen Aufhebung der Zwangswirtschaft für Öle und Fette im Herbst 1920 für Rechnung des Reiches, danach für Rechnung von in- und ausländischen Margarinefabriken; das Geschäft für eigene Rechnung entwickelte sich nur sehr langsam.

Die Erzeugung war weit geringer als in den früheren Friedenszeiten, was sich mangels einer Produktionsstatistik an den Ziffern des auswärtigen Handels nachweisen läßt, da die Ölindustrie hinsichtlich ihrer Rohstoffversorgung hauptsächlich auf das Ausland angewiesen ist[1]). Abgesehen von dem Produktionsrückgang und gelegentlichen Störungen durch Kohlennot verlief die Fabrikation normal; die Zwangswirtschaft bot wenigstens den Vorteil einer zwar unzureichenden, aber wenigstens gleichmäßigen Beschäftigung.

Die Preise ließen einen angemessenen kalkulatorischen Nutzen, der aber wegen des stark gesunkenen Mengenumsatzes auf Gold umgerechnet im ganzen den einstigen Nutzen auch nicht annähernd erreichen konnte. Scheingewinne durch unrichtige Bewertung der Umlaufswerte wurden bei der üblichen Lohnarbeit kaum erzielt; aber ebenso wie die Mühlenindustrie erlitten zweifellos auch die Ölfabriken durch den Zusammenbruch der Eigenproduktion in und nach der Kriegszeit in Verbindung mit der Geldentwertung große Substanzverluste.

24. Die Brauindustrie.

Unsere Statistik berücksichtigt insgesamt 153 Brauereigesellschaften, die im Jahre 1920 einen Reingewinn von 58,29 Millionen gegen

[1]) Über die Einfuhr für die Ölgewinnung wichtiger Rohstoffe vor und nach dem Kriege unterrichtet die nachstehende kleine Tabelle (vgl. Statistisches Jahrbuch 1921/22, S. 146/47:

	Einfuhr in Tonnen 1920	1913
Erdnüsse	9 952	98 085
Sesam	24 989	116 039
Leinsamen	53 059	560 428
Baumwollsamen	522	219 797
Palmkerne	27 233	235 921
Kopra	96 893	196 598
Raps	88 691	153 427
Sojabohnen	22 765	125 750

38,64 Millionen Mark im Jahre 1913 erzielten. Bei den 87 Gesellschaften, die eine Kapitalsveränderung in der Zwischenzeit nicht vornahmen, stieg der Reingewinn von 14,49 Millionen vor dem Kriege auf 17,18 Millionen Mark nach dem Kriege. Der statistische Reingewinn sämtlicher Gesellschaften belief sich auf 38,64 Millionen Mark im Jahre 1913 und auf 53,27 Millionen Mark im Jahre 1920. Das bilanzmäßige Ergebnis der Brauindustrie gehört hiernach zu den ungünstigsten von allen Gesellschaftsgruppen. Selbst in dem entwerteten Papiergeld war das Erträgnis im Durchschnitt nur unwesentlich höher als in der Vorkriegszeit. — Der wichtigste Grund hierfür liegt ähnlich wie bei der Mühlenindustrie, aber in ungleich verstärktem Maße in dem Rückgang der Erzeugung. Dieser Rückgang erfolgte sowohl in quantitativer wie in qualitativer Hinsicht. Was den ersten Punkt anbetrifft, so sank nach den vom Statistischen Reichsamt veröffentlichten Ziffern[1]) die Menge des im Brau- bzw. Biersteuergebiete gewonnenen Bieres von 40,933 Millionen hl im Jahre 1913 auf 23,366 Millionen hl im Jahre 1920, und die im Durchschnitt für 1 hl Bier verwendete Menge Malz betrug im Jahre 1920 9,44 kg gegen 18,23 kg im Jahre 1913. Von den einzelnen Gesellschaften waren im allgemeinen Erzeugungsziffern nicht zu erlangen. Bei der Schultheiß-Patzenhofer Brauerei Akt.-Ges., die zu den wenigen Gesellschaften gehört, die Absatzzahlen veröffentlichten, belief sich der Absatz im Geschäftsjahr 1919/20 auf 1,2 Millionen hl, während die frühere Schultheiß-Brauerei 1911/12 allein 1,6 Millionen und die Aktienbrauerei-Gesellschaft vorm. Patzenhofer 1912/13 ebenfalls für sich allein 1 Million hl Bier absetzte. Den anderen Brauereien (mit Ausnahme vielleicht der bayrischen Brauereien) ist es kaum besser ergangen[2]).

Für den Rückgang der Erzeugung ist in erster Linie die geringe Belieferung der Brauereien mit Gerste verantwortlich zu machen. Das Kontingent betrug im Braujahr 1920 nicht mehr als 15%, aber selbst mit diesem geringen Hundertsatz wurden die Brauereien nicht wirklich beliefert, vielmehr mußten sich die norddeutschen Brauereien mit einer Belieferung von 5% Inlandsmalz begnügen[3]) und das Fehlende nach Möglichkeit aus dem Auslande zu ergänzen suchen, während allerdings die bayrischen Brauereien infolge des Eintretens ihrer Regierung besser beliefert wurden. Unter dem geringen Malzgehalt litt die Qualität

[1]) Vgl. Statistisches Jahrbuch 1921/22, S. 77.

[2]) Nach dem Geschäftsbericht der Sinner A.-G. für 1920 betrug der Absatz der Brauereien sogar nach Verbesserung des Bieres nur 25% des Friedensausstoßes.

[3]) Es scheint, daß die Gerste von den Landwirten lieber verfüttert wurde, weil der festgesetzte Inlandspreis im Vergleich zum Auslandspreis sehr niedrig war.

des Bieres außerordentlich[1]), und das wirkte wieder auf den Absatz und damit auf die Erzeugung sehr ungünstig ein. Nur wenigen Brauereien gelang es durch Herstellung von brauchbaren Ersatzgetränken einen gewissen Ausgleich zu schaffen[2]). Auch die Kohlennot und der Zwang, geringwertige teure Heizstoffe zu verbrauchen, machte sich nachteilig fühlbar.

War die Erzeugung der Brauereien absolut unzureichend, so waren die Preise lange Zeit hindurch ebenfalls ganz unbefriedigend. Die vor geraumer Zeit normierten Höchstpreise für Bier wurden, ähnlich wie wir das bei den Kohlenpreisen gesehen haben, auch dann noch festgehalten, als die Produktionskosten erheblich gestiegen waren; erst als die Brauereien teilweise schon mit Verlust arbeiteten, erfolgte eine Heraufsetzung des Höchstpreises. Allerdings ist nicht zu verkennen, daß auch die Brauereien selbst insofern ein Interesse an der Niedrighaltung der Bierpreise hatten, als sie das Publikum nur so wieder an den Genuß des lange entbehrten Braugetränkes gewöhnen konnten, dessen Qualität man schließlich wenigstens etwas verbessert hatte. Soweit ein Export stattfand, wie beim Münchener Bier, waren die Preise naturgemäß im allgemeinen gut, doch machte die Ausfuhr verhältnismäßig nur wenig aus, da sie sich in jedem Falle nur auf hochprozentiges Bier erstreckte.

Besonders bemerkenswert im Brauereigewerbe war die Konzentrationsbewegung. Dieselbe verfolgte in erster Linie den Zweck, die Kontingente der zusammengeschlossenen Brauereien auf einen Betrieb zu vereinigen und dadurch eine größere Wirtschaftlichkeit der Produktion zu erzielen, ein Verfahren, das wir bei der Zementindustrie bereits kennen gelernt haben. Eine andere Art des Zusammenschlusses war die Verbindung der Engelhardt-Brauerei mit der C. A. F. Kahlbaum A.-G., die zu einer besseren Ausnutzung des Betriebsapparates der Brauerei durch Aufnahme der Produktion von Kahlbaumlikören, Spirituosen und Weinen führen sollte[3]).

Der kalkulatorische Nutzen der Brauereien war, wie sich aus den Bilanzen ergibt, verhältnismäßig sehr bescheiden, aber auch der ausgewiesene geringe Nutzen ist nicht wirklicher Nutzen gewesen, sondern, wenigstens zum großen Teil, ein Scheinnutzen. Die Schein-

---

[1]) Überdies war die Herstellung stärkeren Bieres 1920 noch nicht gestattet.

[2]) Die Brauerei „Zum Felsenkeller“ in Dresden z. B. konnte in ihrem Geschäftsbericht für 1919/20 über ein gutes Ergebnis berichten, weil sie extraktreiche hochprozentige Ersatzgetränke aus Karamelin unter Benutzung von Zuckerrübenschnitzeln als Rohstoff hergestellt hatte.

[3]) Ein Zusammenschluß von Brauerei- und Spirituosenindustrie hat auch sonst mehrfach stattgefunden (Rückforth-Konzern, Breslauer Spritfabrik—Lagerbier-Brauerei E. Haase, Breslau usw.).

gewinne des Brauereigewerbes waren von dreierlei Art. Zunächst wurden durch vorzeitigen und „billigen“ Einkauf von Rohmaterialien rechnungsmäßig Gewinne erzielt, die in Wahrheit nur eine Folge der Geldentwertung waren[1]), zweitens wurden Scheingewinne dadurch erzielt, daß, teilweise im Zusammenhang mit den Beschlagnahmungen von Metallgefäßen während des Krieges, unzureichende Abschreibungen vorgenommen wurden; drittens — und das ist eine Besonderheit der Brauereiindustrie — wurden sehr häufig Scheingewinne dadurch erzielt, daß, verursacht durch die starke Einschränkung der Erzeugung, Grundstücke, Maschinen und Geräte aller Art mit „Buchgewinn“ verkauft wurden, der seinerseits nur eine Folge der eingetretenen Geldentwertung war.

Im ganzen sind die Brauereien durch den Krieg und seine Begleiterscheinungen jedenfalls in erheblichem Maße verarmt.

25. Die Spritfabriken.

Die Erträgnisse der 8 Spritfabriken, die unserer Statistik zugrunde liegen, beliefen sich vor dem Kriege auf 3,34 Millionen, nach dem Kriege auf 20,04 Millionen Mark. Von diesen 8 Gesellschaften veränderte nur eine, die Leipziger Spritfabrik, ihr Aktienkapital nicht; der Reingewinn dieser Gesellschaft sank von 245000 Mark auf 200000 Mark. Der statistische Reingewinn aller 8 Gesellschaften erhöhte sich von 3,34 Millionen auf 18,3 Millionen Mark. Da hiernach rechnungsmäßig im Durchschnitt etwas mehr als die Hälfte in Gold verdient wurde, muß das Ergebnis als relativ günstig bezeichnet werden.

Das Spiritusgewerbe stand im Kriege und auch noch in der Nachkriegszeit ähnlich wie die Brauindustrie unter dem Druck einer durch behördliche Anordnung erzwungenen sehr starken Betriebseinschränkung[2]). Die verhältnismäßig geringe inländische Erzeugung, die von der Monopolverwaltung nur zu technischen und häuslichen Zwecken abgegeben wurde, erfuhr durch die Einfuhr von Auslandssprit, der im Inlande für Trinkzwecke verarbeitet wurde, nur eine unbedeutende Ergänzung. Da die Monopolverwaltung selbst die Herstellung von

---

[1]) Vgl. z. B. den Bericht der Reichelbräu A.-G. für 1919/20: „Dadurch, daß uns erhebliche Hopfenbestände zu früheren billigen Preisen zur Verfügung standen . . . ., sind wir wieder in der Lage, die Verteilung einer Dividende von 12% in Vorschlag zu bringen.“

[2]) Die Erzeugung der landwirtschaftlichen Brennereien betrug im Betriebsjahr 1919/20 nur 390000 hl = 15,6% ihres Brennrechtes, was in der Hauptsache auf die geringe Kartoffelzuteilung, aber wohl auch auf den zu niedrigen Übernahmepreis der Monopolverwaltung zurückzuführen war (vgl. den Bericht des Regierungsrates Krath in der Generalversammlung des Vereins der Spiritusfabrikanten für das Geschäftsjahr 1919/20). Die gesamte Alkoholerzeugung aller Brennereien sank laut Statistischem Jahrbuch (1921/22, S. 79) von 3,75 Millionen hl im Betriebsjahr 1912/13 auf 0,62 Millionen hl im Betriebsjahr 1919/20.

Trinkbranntwein noch nicht in Angriff nahm, bekamen die Spritfabriken in dieser Hinsicht die öffentliche Konkurrenz zwar nicht zu spüren, aber die Erzeugung von gewöhnlichem Trinkbranntwein erreichte doch nicht entfernt die Höhe der Vorkriegserzeugung; und so war sowohl die für gewerbliche, wie die für Trinkbranntweinzwecke arbeitende Spiritusindustrie im Vergleich zu früher nur schwach beschäftigt. Diese Verhältnisse und die im Jahre 1918 erfolgte Einführung des Monopols veranlaßten die Spritgesellschaften, einen großen Teil ihrer Fabriken an die Monopolverwaltung zu veräußern oder zu verpachten, während ein anderer Teil in ihrer Hand verblieb, um im Lohn für die Verwaltung zu arbeiten. Sehr eingeschränkt im Vergleich zur Vorkriegszeit war auch die Hefeproduktion der im Hefesyndikat zusammengeschlossenen Gesellschaften.

Wenn das finanzielle Ergebnis der Spritfabriken in der Nachkriegszeit trotzdem ein verhältnismäßig recht günstiges Aussehen hatte, so lag das an verschiedenen Umständen. Zunächst fand eine Änderung der Produktionsrichtung durch Aufnahme bzw. Erweiterung der Herstellung feiner Liköre[1]), sowie durch Einrichtung von Brauereien und Mühlenbetrieben[2]) statt. Dazu kam, meist damit in Verbindung stehend, eine bessere Ausnutzung der Betriebe durch Konzentration der Erzeugung auf wenige Fabriken, was seinerseits durch Zusammenschlüsse und durch Übertragung von Kontingentsrechten ermöglicht oder erleichtert wurde[3]), drittens waren die Preise, die unter Mitwirkung der Reichsregierung festgesetzt wurden, so bemessen, daß die ungünstigen Wirkungen der Minderbeschäftigung teilweise ausgeglichen wurden; viertens und letztens waren die ausgewiesenen Gewinne, wenigstens zum Teil, nichts anderes als Scheingewinne. Diese letztere Tatsache liegt nicht nur bis zu einem gewissen Grade in der Produktionsart begründet[4]), sie war auch eine Folge des Umstandes, daß

---

[1]) Z. B. bei der Spritbank, nachmals C. F. Kahlbaum A.-G. — Die Nachfrage nach Likören war so groß, daß die Ferdinand Rückforth A.-G. laut Geschäftsbericht für 1920 zwei Brauereien in Likörfabriken umwandelte.

[2]) So bei der Breslauer Spritfabrik A.-G.

[3]) Der wichtigste Zusammenschluß ist der von „Breslauer Sprit“, „Kahlbaum“ und „Schultheiß-Patzenhofer“; doch wurde dieser erst im Frühjahr 1921 beschlossen und konnte auf das unserer Statistik zugrunde liegende Geschäftsjahr 1919/20 noch keinen Einfluß ausüben. Dagegen löste der zwischen der Dresdner Preßhefe- und Kornspiritus-Fabrik (sonst L. Bramsch) und der Breslauer Spritfabrik A.-G. im Februar 1921 abgeschlossene Interessengemeinschaftsvertrag bei der Dresdner Fabrik schon im Geschäftsjahr 1920/21, das in diesem Falle unserer Statistik zugrunde liegt, eine günstige Wirkung aus, denn der Vertrag ermöglichte ihr eine ausreichende Beschäftigung in der Hefefabrikation durch Übertragung des Hefekontingents von seiten der Breslauer Spritfabrik.

[4]) Bei den im Lohn arbeitenden Raffinerien kommt ein Scheingewinn natürlich im wesentlichen nicht in Frage.

ganze Fabriken mit ihren Einrichtungen an die Monopolverwaltung verkauft und dabei ohne Zweifel Scheingewinne erzielt wurden. Wie weit derartige „Gewinne" auch wirklich ausgewiesen wurden, ist allerdings fraglich, nur die Vereinigten Nord- und Süddeutschen Spritwerke und Preßhefefabrik Bast A.-G. teilten in ihrem Geschäftsbericht für 1919/20 mit, daß sie bei der Verpachtung von Betrieben und eines Lagerhauses an die Monopolverwaltung eine Anzahl von Einrichtungsgegenständen veräußern konnten, was die Verteilung eines Bonus von 10% aus dem ausgewiesenen Reingewinn gestattet habe. Daß es sich bei diesem ausgewiesenen Reingewinn im wesentlichen nur um einen durch die Geldentwertung ermöglichten Scheinnutzen gehandelt haben muß, liegt auf der Hand.

26. Die Zuckerindustrie.

Das finanzielle Ergebnis der 23 berücksichtigten Zuckerfabriken[1]) stellte sich für die Vorkriegszeit auf 11,92 Millionen, für die Nachkriegszeit auf 40,45 Millionen Mark. Bei den 7 Gesellschaften, die ihr Kapital nicht veränderten, erhöhte sich der ausgewiesene Reingewinn von 0,97 Millionen auf 3,03 Millionen Mark, während der statistische Reingewinn aller 23 Gesellschaften von 11,92 Millionen auf 35,7 Millionen Mark stieg, was, auf den gleichen Währungsnenner gebracht, einem Sinken auf fast genau 30% des Vorkriegsgewinnes entspricht.

Zu diesem Ergebnis ist zunächst zu bemerken, daß den Nachkriegsgewinnzahlen, von einigen Ausnahmen abgesehen, nicht das Jahr 1920/21, sondern das Jahr 1919/20 zugrunde liegt. Das ist deswegen von Bedeutung, weil die Kampagne 1920/21 viel günstiger für die Fabriken ausfiel, als die vorhergehende. Während nämlich 1919/20 nur 0,71 Millionen Tonnen Rübenzucker in Deutschland erzeugt wurden, betrug die Produktion 1920/21 1,08 Millionen Tonnen. Freilich blieb auch diese Ziffer hinter der Vorkriegszahl von 2,63 Millionen Tonnen sehr weit zurück[2]); und so ergibt sich als erster und hauptsächlicher Grund für den Rückgang des Realgewinnes der Zuckerfabriken in der Nachkriegszeit, verglichen mit der Vorkriegszeit, der bedeutende Rückgang der Produktion. Der Produktionsrückgang selbst ist zunächst durch den viel geringeren Zuckerrübenanbau zu erklären — und zwar gilt dies besonders für das Jahr 1919/20, aber auch für das folgende Jahr. Für das Jahr 1919/20 kamen dann vor allem die schlechten Ernte- und Witterungsverhältnisse, sowie der geringe Zuckergehalt der Rüben als ungünstige Momente hinzu. Ferner wurde, und zwar in

[1]) Einschließlich Zuckerraffinerien.
[2]) Vgl. Statistisches Jahrbuch 1920, S. 68 und 1921/22, S. 81.

beiden Nachkriegsjahren, ein Teil der erzeugten Rüben gar nicht für die Zuckererzeugung nutzbar gemacht, weil der Verkauf an Zuckerfabriken wegen der verhältnismäßig niedrigen Rübenpreise weniger gewinnbringend war. In dieser Hinsicht, wie auch durch Verhinderung eines ausgedehnteren Rübenanbaues hatte die Zwangswirtschaft mit ihren einengenden Preisvorschriften geradezu verhängnisvolle Folgen. Allerdings waren die für 1920/21 festgesetzten Preise nicht ungünstig; sie wurden aber von der Regierung so spät bekannt gemacht, daß sie auf den Anbau keinen Einfluß mehr ausüben konnten. Über die tatsächlich erzielten Preise wurde von den Fabriken in ihren Geschäftsberichten im allgemeinen wenig geklagt; und im Vergleich zu den kalkulierten Herstellungskosten ließen dieselben auch, zumal im Jahre 1920/21, einen ganz guten Nutzen, indessen war dieser Nutzen ohne Zweifel zum Teil nur ein Scheinnutzen. Denn der unbedingt ausschlaggebende Faktor der Zuckerherstellungskosten sind die Preise, die für die zur Verarbeitung gelangenden Rüben gezahlt werden. Sind nun die Rübenpreise der nächstfolgenden Zuckerkampagne höher als die den Zuckerpreisen der abgelaufenen Kampagne zugrunde liegenden Rübenpreise, so liegt ein Scheingewinn vor; denn von dem Erlös aus dem verkauften Zucker wird dann ein größerer Teil als im Vorjahr für Zwecke des Rübenankaufs in Anspruch genommen, und bei größerer Preissteigerung reicht selbst der ganze Erlös zum Ankauf einer dem vorjährigen Rübenquantum gleichen Rübenmenge nicht mehr aus. Soll trotzdem derselbe Mengenumsatz wie früher beibehalten werden, so muß daher entweder teurer Bankkredit in Anspruch genommen oder das Kapital erhöht werden; auf die Dauer ist letzteres unvermeidlich. Tatsächlich haben die Zuckerfabriken ihre Kapitalien seit 1913/14 in sehr starkem Ausmaße erhöht[1]), und wenn ihre Produktion trotzdem, wie wir gesehen haben, nur einen Bruchteil der Friedensproduktion darstellte, so ist das eine Bestätigung der Tatsache, daß sehr erhebliche Scheingewinne erzielt wurden. Wollte man demgegenüber einwenden, daß viele Fabriken mit landwirtschaftlichem Besitz selbst Rüben erzeugten und infolgedessen durch höhere Rübenpreise nicht beschwert wurden, so wäre das nicht unbedingt richtig; denn die Rüben werden nicht einfach aus dem Boden gestampft, sondern beanspruchen ihrerseits bestimmte, im Zeichen der Geldentwertung fortwährend steigende Herstellungskosten. Nur insofern ist die Lage einer Zuckerfabrik mit landwirtschaftlicher Grundlage günstiger, als bei der Landwirtschaft das Anlagekapital eine größere Rolle spielt

---

[1]) Nach unserer Statistik stieg das werbende Kapital der berücksichtigten 23 Gesellschaften von 84,94 Millionen auf 203,76 Millionen Mark, d. h. auf weit mehr als das Doppelte. Dabei sind die Kapitalserhöhungen der Jahre 1920 und 1921 zum größeren Teil gar nicht berücksichtigt.

als bei der Zuckerherstellung. Die Scheingewinne in der Landwirtschaft sind deshalb im Vergleich zum investierten Kapital minder bedeutend als in der eigentlichen Zuckerindustrie. Außerdem braucht eine Fabrik mit landwirtschaftlicher Grundlage sich nicht so frühzeitig mit Rüben einzudecken.

Alles in allem stehen die Fabriken aus dem Problem der Scheingewinne herausgesehen jedenfalls recht ungünstig da. Sie schlagen ihr umlaufendes Kapital nur einmal im Jahre um, und zwischen dem Verkauf ihrer Produkte und dem Einkauf des wichtigsten Rohmaterials liegt unter Umständen eine Zeitspanne von vielen Monaten, während der der Geldwert eine vollständige Umwälzung erfahren kann. Was endlich die reinen Zuckerraffinerien anbetrifft, so war deren Lage deshalb besonders gefährlich, weil sie mangels jeglicher Rohstoffbasis den Scheingewinnen gleichsam schutzlos preisgegeben waren.

27. Die Schokoladenindustrie.

Die Schokoladenindustrie ist in unserer Statistik nur mit drei Gesellschaften vertreten, deren Reingewinn vor dem Kriege 0,92 Millionen, nach dem Kriege 7,44 Millionen Mark betrug. Gesellschaften, die ihr Kapital in der Zwischenzeit nicht veränderten, fehlen; der statistische Reingewinn der Nachkriegszeit wurde auf 7,23 Millionen Mark berechnet. Die Gewinnziffern gehören zu den besten von allen Gesellschaftsgruppen, wobei freilich nicht vergessen werden darf, daß die Zahl der beobachteten Gesellschaften zu gering ist, um sichere verallgemeinernde Schlüsse zu gestatten, und daß eine Gesellschaft, die Sarotti Akt.-Ges. in dem der Statistik zugrunde liegenden Vorkriegsjahr 1912/13 verhältnismäßig ungünstig abgeschnitten hat.

Über die Erzeugung vor und nach dem Kriege hat nur „Sarotti" nähere Angaben gemacht. Danach wurden im Jahre 1911/12 für 8,7 Millionen Mark, im Jahre 1920 für 78 Millionen Mark Waren umgesetzt. Mit Rücksicht darauf, daß 1919 die Preise zum Teil noch verhältnismäßig niedrig waren, ist anzunehmen, daß der Mengenumsatz bei „Sarotti" im Geschäftsjahr 1919/20 den einstigen Friedensumsatz ungefähr erreicht hat. Mit bemerkenswerter Schnelligkeit gelang es der Gesellschaft, gleich nach Freigabe der Einfuhr von Rohkakao im Jahre 1919 die Herstellung der Friedensartikel, wie Schokolade, Kakaopulver, Pralinen aufzunehmen, an Stelle der während des Krieges betriebenen Herstellung von „Nährmitteln". Dank der nunmehr ermöglichten Erzeugung von Qualitätsware wurde die ausländische Konkurrenz, die sich vorübergehend stark bemerkbar gemacht hatte, rasch aus dem Felde geschlagen, wenn auch die Produktion infolge der Zuckerknappheit laut Geschäftsbericht der Gesellschaft nicht in allen Abteilungen auf die frühere Höhe gebracht werden konnte. Über ungenügende Zuckerversorgung und die Unmöglichkeit, die Nachfrage in vollem Umfange zu befriedigen, wurde auch in den Geschäftsberichten der beiden anderen Schokoladenfabriken, Hartwig & Vogel Akt.-Ges. in Dresden und Riquet & Co. Akt.-Ges. in Gautzsch bei Leipzig, geklagt. Die Entwicklung der Schokoladenproduktion im allgemeinen vor und nach dem Kriege läßt sich an der Hand der Außenhandelsziffern des Statistischen Jahrbuchs [1]) ungefähr ermitteln. Danach betrug die Einfuhr von rohen Kakaobohnen 52,878 Tonnen im Jahre 1913 und 45,959 Tonnen im Jahre 1920. Berücksichtigt man hierbei, daß das Versorgungsgebiet durch die Gebietsverluste geringer geworden ist, so kommt man zu dem Ergebnis, daß die Schokoladenerzeugung des Jahres 1920 die Vorkriegserzeugung mindestens erreicht, vielleicht sogar etwas übertroffen hat [2]).

Da, wenigstens für feine Ware, Höchstpreise nicht bestanden, konnten von den Fabriken im allgemeinen Preise erzielt werden, die einen angemessenen rechnerischen Nutzen ließen. Es kann aber auch hier keinem Zweifel unterliegen, daß dieser Nutzen kein wirklicher Nutzen war. Die Zeitspanne, die zwischen dem Ankauf von Rohkakao sowie Zucker und dem Verkauf der daraus bereiteten Schokolade liegt, ist lang. Die Vorräte an den genannten Rohmaterialien sind notwendigerweise bedeutend, und diese beiden Tatsachen führen bei sinkender Kaufkraft des Geldes, Kalkulation in Papiermark vorausgesetzt, mit zwingender Notwendigkeit zu Scheingewinnen. So wird es verständlich, daß die Sarotti Akt.-Ges. ihr Kapital in der Zeit von August 1919 bis April 1921 vervierfacht, die Hartwig & Vogel Akt.-Ges. ihr Kapital von Oktober 1920 bis November 1921 verdreifacht und die Riquet & Co. Akt.-Ges. ihr Kapital nicht ganz verdoppelt haben, Kapitalserhöhungen, wie sie in diesem Ausmaße auch in der Inflationszeit der Nachkriegsjahre ganz ungewöhnlich waren.

28. Die Schaumweinindustrie.

Der Reingewinn der vier berücksichtigten Schaumweingesellschaften belief sich 1920 auf 6,01 Millionen gegen 1,30 Millionen Mark im Jahre 1913. Die beiden Gesellschaften, die ihr Kapital nicht veränderten, erhöhten ihren Reingewinn von 1,11 auf 3,44 Millionen Mark. Der statistische Reingewinn aller vier Gesellschaften stieg von 1,30 Millionen auf 5,58 Millionen Mark. Das Ergebnis ist rein rechnungsmäßig

[1]) Statistisches Jahrbuch 1920/21, S. 150.

[2]) Bemerkenswerterweise belief sich die Einfuhr von Kakaobohnen in den Monaten Mai bis Dezember 1921 sogar auf 77,315 Tonnen. Es wurden also in acht Monaten des Jahres 1921 anderthalbmal soviel Kakaobohnen verbraucht, wie im ganzen Friedensjahr 1913, dabei ist die Verkleinerung des Versorgungsgebietes nicht einmal berücksichtigt.

ungünstiger als bei der Schokoladenindustrie. Tatsächlich war aber die Lage der Sektindustrie erheblich besser. Zwei Gesellschaften veränderten, wie gesagt, ihr Kapital überhaupt nicht; die dritte erhöhte ihr Kapital durch Ausgabe von Gratisaktien, und lediglich die vierte hat neben einer reinen Kapitalverwässerung durch Begebung von Gratisaktien auch einige wirkliche Kapitalserhöhungen aufzuweisen. Das sind Tatsachen, die a priori gegen die Annahme erheblicher Scheingewinne sprechen. Dabei war die Produktion der Schaumweinfabriken im allgemeinen im Jahre 1920 nur unwesentlich geringer als im Jahre 1913[1]). Das Ausbleiben von Kapitalserhöhungen kann also auch nicht durch Zusammenschrumpfen der Erzeugung erklärt werden. Selbstverständlich sind auch in der Schaumweinindustrie Scheingewinne vorgekommen. Aber es ist doch als sicher anzunehmen, daß die Verkaufspreise sich im allgemeinen über den Wiederbeschaffungskosten hielten, und daß infolgedessen den ausgewiesenen Gewinnen auch wirkliche Gewinne, wenn auch in geringerer Höhe, zugrunde gelegen haben.

Man hat mit Recht auf die merkwürdige Tatsache hingewiesen, daß der Verbrauch von Schaumwein in dem verarmten Deutschland der Nachkriegszeit so bedeutend war[2]). Es verdient aber darüber hinaus hervorgehoben zu werden, daß die Schaumweinindustrie die Preise ohne den Absatz zu gefährden, so hoch stellen konnte, daß sie im Gegensatz zu der Lage der meisten Gewerbezweige von Scheingewinnen mit Realverlusten verschont geblieben ist.

29. Die Tabakindustrie.

Auch die Tabakindustrie ist in unserer Statistik nur mit ganz wenigen Gesellschaften vertreten. Die berücksichtigten 3 Unternehmungen wiesen im Jahre 1920 einen Reingewinn von 4,06 Millionen Mark aus gegen 2,07 Millionen im Jahre 1913. Die beiden Gesellschaften, die ihr Kapital nicht veränderten, steigerten ihren Gewinn von 1,78 Millionen auf 3,18 Millionen Mark; der statistische Reingewinn aller 3 Gesellschaften hob sich von 2,07 Millionen auf 3,89 Millionen Mark. Das Ergebnis muß recht ungünstig genannt werden; doch darf man daraus keine verallgemeinernden Schlüsse ziehen, da bei einer der 3 Gesellschaften, der Georg A. Jasmatzi A.-G., die infolge ihrer Größe zahlenmäßig den Ausschlag gibt, wohl infolge besonders reichlicher innerer Abschreibungen, der Reingewinn der Nachkriegszeit den Gewinn des Jahres

---

[1]) 1913 wurden 1,083 Millionen Flaschen Schaumwein aus Fruchtwein ohne Zusatz von Traubenwein und 11,808 Millionen Flaschen anderer Schaumweine hergestellt, während die entsprechenden Zahlen für 1920 1,313 Millionen und 9,741 Millionen Flaschen waren (Statistisches Jahrbuch 1921/22, S. 80).

[2]) Der Überschuß der Ausfuhr über die Einfuhr war viel geringer als vor dem Kriege.

1913 nicht sehr erheblich überschritten hat. Die anderen beiden Gesellschaften hatten im Verhältnis zur Vorkriegszeit erheblich bessere Papiermarkerträge.

Über die Produktion der Tabakindustrie im Jahre 1920 sind im Statistischen Jahrbuch 1921/22 noch keine Angaben gemacht, wohl aber läßt sich aus den Einfuhrzahlen und aus den Angaben über die deutsche Tabakernte die Höhe der Erzeugung ungefähr berechnnen: Es betrug die Einfuhr von unbearbeiteten Tabakblättern 1913 81400 Tonnen, dagegen 1920 83457 Tonnen. Der Ertrag an getrockneten Tabakblättern innerhalb Deutschlands belief sich 1913 auf 258339 Doppelzentner, dagegen 1920 auf 299652 Doppelzentner[1]). Berücksichtigt man die Verkleinerung des deutschen Zollgebietes durch den Friedensvertrag, so ergibt sich, daß die Erzeugung der deutschen Tabakindustrie 1920 im ganzen erheblich größer gewesen sein muß als 1913.

Die Absatzverhältnisse verliefen parallel der allgemeinen Konjunktur. Im ersten Vierteljahr 1920 war die Nachfrage lebhaft, dann machte sich bis zum Herbst mehr oder weniger starke Kaufunlust bemerkbar, die aber schließlich im Oktober wieder größerem Begehr Platz machte. Sehr lästig war die Konkurrenz der ausländischen Zigarettenfabriken, zumal infolge des ausgedehnten Schmuggels und der dadurch bedingten Zollersparnis.

Die Preise der Tabakfabrikate waren rein rechnerisch wohl angemessen; doch wurden die Wiederbeschaffungskosten sicher vielfach nicht gedeckt. Die Tatsache, daß von den 3 Gesellschaften 2 ihr Kapital nicht erhöhten, darf hierüber nicht hinwegtäuschen, denn die Georg A. Jasmatzi hat Kapitalserhöhungen dadurch vermieden, daß sie sehr hohe Bankkredite in Anspruch nahm. — Schließlich war eine Erhöhung auch bei ihr nicht mehr zu vermeiden, und sie erfolgte im Juni 1921 durch Vermehrung der Aktien von nominal 14 auf nominal 56 Millionen Mark. Jedenfalls war die Lage der Tabakindustrie vom Standpunkt des Scheingewinnproblems nicht so günstig, wie die Lage der Schaumweinindustrie. Diese konnte als ausgesprochene Luxusindustrie bei der großen Genußsucht vieler wohlhabender oder sich für wohlhabend haltender Kreise ihre Preise rücksichtslos erhöhen, ohne deshalb einen nennenswerten Rückgang des Absatzes zu erleiden, während die Tabakindustrie immer auf den Massenverbrauch angewiesen ist und deshalb in der Preisstellung vorsichtiger sein mußte.

30. Die Fischereiindustrie.

Die Fischereiindustrie ist mit 4 Gesellschaften vertreten, die im Jahre 1920 9,29 Millionen Reingewinn auswiesen gegen 1,27 Millionen

---

[1]) Statistisches Jahrbuch 1921/22, S. 149 u. S. 55.

Mark vor dem Kriege. Gesellschaften, die ihr Kapital in der Zwischenzeit nicht veränderten, sind nicht vorhanden. Der statistische Reingewinn der 4 Gesellschaften stieg von 1,27 Millionen auf 8,36 Millionen Mark, was, auf Goldmark umgerechnet, einer Ermäßigung des Reingewinnes auf rund zwei Drittel des Vorkriegsgewinnes entspricht.

Der Fischfang der deutschen Seefischerei hat nach dem Darniederliegen während des Krieges im Jahre 1920 die Höhe der Vorkriegszeit nicht nur erreicht, sondern um fast die Hälfte überschritten[1]). Die Fischereiindustrie gehört demnach zu den wenigen Industriezweigen, die ihre Produktion erheblich über den Vorkriegsstand hinaus erweitern konnten. Im einzelnen entwickelte sich der Fischfang nach dem Kriege nicht gleichmäßig. Während in den ersten neun Monaten des Jahres 1920 die Ausbeute trotz vorübergehender Ausstände, Kohlenmangel und ungünstiger Witterung recht gut war, zwang die Kohlennot im letzten Vierteljahr 1920 eine große Zahl von Fischdampfern zeitweilig zum Aufliegen, wozu noch anhaltend schlechtes Wetter hinzukam. Seit Februar 1921 gestaltete sich die Lage wiederum besser und es wurden abermals sehr gute Fangergebnisse erzielt.

Die Absatzverhältnisse waren 1920 noch sehr günstig; einmal mußte bei der noch immer bestehenden Zwangswirtschaft für Fleisch der Fischgenuß den Fleischverbrauch bis zu einem gewissen Grade ersetzen, ferner verteuerten die verhältnismäßig niedrigen Eisenbahnfrachten die Ware nur wenig, und drittens fand eine umfangreiche Ausfuhr statt, Umstände, die freilich 1921 völlig entgegengesetzten Verhältnissen Platz machten[2]). Auch die Preise waren 1920 noch günstig, sanken aber im Frühjahr 1921 sehr bedeutend. Was endlich die Gefahr von Scheingewinnen anbetrifft, so ist diese infolge des schnellen Umschlages im Fischereigewerbe nur gering. Hier dienten auch die allenthalben vorgekommenen Kapitalserhöhungen weniger zur „Verstärkung der Betriebsmittel" als vielmehr zur Erweiterung des Betriebes, insbesondere zu Dampferneubauten[3]).

Zusammenfassend muß man die Lage der deutschen Fischerei im

[1]) Der Gewinn von Fischen im Nord- und Ostseegebiet ohne Haff belief sich 1913 auf 1063817 Doppelzentner, dagegen 1920 auf 1551539 Doppelzentner (vgl. Statistisches Jahrbuch 1921/22, S. 60). Die Produktion in anderen Seetieren ist allerdings nicht gestiegen, sie spielt aber eine geringere Rolle.

[2]) U. a. wurde die Fischausfuhr nach den südlichen, südöstlichen und östlichen Grenzländern gesperrt.

[3]) Wenn bei 4 in unserer Statistik berücksichtigten Gesellschaften die Zahl der Fischdampfer nach dem Kriege etwas geringer war als vor dem Kriege, so ist das offenbar auf Verluste durch Krieg und Friedensschluß zurückzuführen. Im ganzen ist die deutsche Fischdampferflotte nach Schätzung von sachverständiger Seite von 260 Einheiten im letzten Friedensjahr auf 325 Anfang 1921 angewachsen.

Jahre 1920 im Vergleich zur Lage der anderen Industrien als in jeder Beziehung besonders günstig bezeichnen.

H. Bekleidungsindustrie.

31. Textilindustrie.

Unsere Statistik berücksichtigt in der Gruppe Textilindustrie 133 Gesellschaften, die 1920 einen Reingewinn von 253,20 Millionen Mark auswiesen gegenüber 40,06 Millionen Mark im Jahre 1913. Nur 27 Gesellschaften ließen ihr Kapital in der Zwischenzeit unverändert, und bei diesen 27 Gesellschaften stieg der Reingewinn von 6,09 Millionen auf 24,95 Millionen Mark. Der statistische Reingewinn aller 133 Gesellschaftsgruppen hob sich von 40,06 auf 236,32 Millionen Mark; er betrug also, in Gold umgerechnet, fast 60 % des Vorkriegsgewinnes.

Über die Erzeugung der Textilindustrie in der Nachkriegszeit liegen im allgemeinen keine Angaben vor; wohl aber hat eine Reihe einzelner Unternehmungen die Höhe des Umsatzes vor und nach dem Kriege, einige auch die Größe der Erzeugung selbst, bekanntgegeben. Diese Mitteilungen sind in der nachfolgenden Tabelle zusammengefeßt:

	Umsatz bzw. Erzeugung in Millionen Mark bzw. Millionen kg	
	vor dem Kriege	nach dem Kriege
Bachmann & Ladewig Akt.-Ges.	2,726	15,4
Berlin-Gubener Hutfabrik Akt.-Ges.	15,427	128,0
Erdmannsdorfer A.-G. für Flachsgarn-Maschinen-Spinnerei und Weberei	4,808	20,168
Gebhard & Co. (Seide)	4,369	49,907
Akt.-Ges. für Leingarn-Spinnerei und Bleicherei vorm. Renner & Co.	1,464	5,666
Baumwoll-Spinnerei am Stadtbach (in Kilogramm Garn)	6,561	2,567
Jute-Spinnerei und Weberei Cassel (in Kilogramm Garn)	3,307	1,993
Jute-Spinnerei und Weberei Hamburg-Harburg (in Kilogramm Garn)	6,358	3,483
Mechanische Baumwoll-Spinnerei und Weberei in Augsburg (in Kilogramm Garn)	6,737	2,193

Berücksichtigt man den Umstand, daß die Textilien 1920 auch auf dem Weltmarkt sehr stark im Preise gestiegen und in Deutschland infolgedessen durchschnittlich mehr als dreißigmal so teuer als im Frieden waren, so ergibt sich aus vorstehenden Zahlen, daß die Produktion gegenüber der Vorkriegszeit außerordentlich vermindert war. Immerhin sind die Zahlen, um allgemeine Schlüsse zu ziehen, nicht ausreichend; sie seien ergänzt durch nachstehende Mitteilung der Einfuhrziffern besonders wichtiger Rohstoffe der Textilindustrie[1]):

	Einfuhr in tausend Tonnen	
	1913	1920
Merinowolle im Schweiß	105,9	12,9
Merinowolle nach der Schur gewaschen	4,26	4,12
Kreuzzuchtwolle (Rückenwäsche)	2,81	1,71
Kreuzzuchtwolle nach der Schur gewaschen	16,27	5,76
Kreuzzuchtwolle im Schweiß	69,8	27,6
Baumwolle (roh)	477,9	139,2
Ernteabfälle von roher Baumwolle	43,18	10,71
Flachs	71,63	1,45
Hanf	48,65	13,84
Flachswerg	22,39	0,299
Hanfwerg	16,0	2,34
Jute und Jutewerg	162,1	50,52

Die Zahlen für Flachs sind für die Höhe der Erzeugung deshalb nicht beweiskräftig, weil der inländische Anbau von Flachs, ohne freilich den Einfuhrausfall decken zu können, sich im Kriege und in der Nachkriegszeit bedeutend vergrößert hat. Das gleiche gilt vom Hanf. Im übrigen sind die Ziffern eine Bestätigung der Ziffern der ersten Tabelle. Die Produktion ist, besonders in Woll-, Baumwoll- und Leinenwaren auf einen Bruchteil der einstigen Friedenserzeugung gesunken.

Im einzelnen lagen die Fabrikationsverhältnisse verschieden. Die Woll- und Baumwollindustrie wurde bereits am 29. August 1919 von der Zwangswirtschaft befreit. Seitdem konnten Rohstoffe nach Belieben eingeführt und verarbeitet werden. Die Verarbeitung wurde aber durch die sich ständig wiederholende Kohlennot außerordentlich behindert; und es ist kein Zweifel, daß der Mangel an Brennstoffen in erster Linie dafür verantwortlich zu machen ist, daß die Erzeugung der Woll- und Baumwollindustrie hinter der Vorkriegserzeugung so weit zurückgeblieben ist. Die Herstellung von Papiergarn und Papiergarngeweben und ähnlichen Ersatzstoffen wurde meist schon 1919 aufgegeben, da die Nachfrage nach diesen minderwertigen Waren im allgemeinen aufhörte, sobald echte Produkte erhältlich waren. Auch machte die starke Preissteigerung von Zellulose die Konkurrenz gegenüber der Baumwolle fast unmöglich. Bei der Juteindustrie war die Geschäftslage ähnlich wie bei der Woll- und Baumwollindustrie, doch scheint sich die Erzeugung hier auf einem verhältnismäßig höheren Stand gehalten zu haben.

In entschiedenem Gegensatz zur Woll- und Baumwollindustrie be-

[1]) Vgl. Statistisches Jahrbuch 1921/22, S. 156, 157, 148.

wegte sich die Leinenindustrie, die bis zum 1. August bzw. 1. September 1921 unter der Zwangswirtschaft stand[1]). Die Zwangswirtschaft und die ungenügende Zuteilung inländischer Rohstoffe war es hier, die die Erzeugung in engen Grenzen hielt. Ohne Frage wäre auch die Kohlennot einer Ausdehnung der Produktion hinderlich gewesen, da aber diese Ausdehnung schon am Rohstoffmangel scheiterte, machte sich der Brennstoffmangel weniger fühlbar. Allerdings behalf sich die Leinenindustrie nicht ohne Erfolg mit der Verarbeitung von Ersatzstoffen, wie Baumwollgarn, Hanf, Jute, Misch- und sogar Papiergarn. Aber zur vollen Ausnutzung der Betriebe reichte diese Tätigkeit keineswegs aus.

Besser ging es der Seidenweberei, die, frei von den Fesseln der Zwangswirtschaft, sich günstiger entwickeln konnte, ohne allerdings der Friedenserzeugung auch nur nahezukommen.

Fast überall beeinträchtigte die Umstellung von der Ersatzstoffverarbeitung zur Verarbeitung echter Stoffe die Betriebe erheblich. Dazu kam nicht selten die Umstellung von der Steinkohlen- zur Braunkohlenfeuerung. Auch machte sich Arbeitermangel bemerkbar, da viele Webereiarbeiter in andere Industrien abgewandert waren und im Kriege neue nicht angelernt werden konnten.

In der Entwicklung des Absatzes war die Textilindustrie in ausgesprochenem Maße von der Konjunktur, insbesondere von der Währung, abhängig. Im Sommer 1919 wurde der deutsche Markt mit Auslandswaren überschwemmt, ohne daß regierungsseitig dagegen eingeschritten worden wäre. Das Schiebertum blühte, und die Folge war eine allgemeine Stockung des Geschäftes, sowie, da die Mark noch hoch stand, ein scharfer Rückgang aller Preise. Mit dem Niedergang der Mark im Herbst 1919 verkehrte sich die Lage in ihr Gegenteil. Die Nachfrage wuchs, und die Preise stiegen. Das dauerte bis zum Frühjahr 1920, dann kam ein jäher Rückschlag, und zwar diesmal nicht nur durch die Währungsverhältnisse und insbesondere durch das Steigen der Mark, sondern auch durch den Umschwung der Weltkonjunktur bedingt. Erst das neuerliche allmähliche Fallen der Mark im Spätsommer und Herbst 1920 brachte wieder eine gewisse Belebung des Geschäftes, ohne daß die weltwirtschaftliche Lage sich gebessert hätte. Die Absatzstockung im Sommer 1920 war größer im Inlands-, als im Auslandsgeschäft; hier war infolge der teilweise noch immer niedrigeren Herstellungskosten der deutschen Waren nach wie vor etwas Nachfrage vorhanden.

Der Leinenindustrie war die Sorge um den Absatz infolge der

---

[1]) Vom 1. August ab wurde die Beschlagnahme von Flachsstroh und ausgearbeitetem Flachs, von Ramie und von Garn aus Ramie, vom 1. September ab die Erzeugung der Halbfabrikate (Garn) von Flachs aufgehoben.

Zwangswirtschaft zum großen Teil genommen, dafür war ihr Absatz im ganzen besonders unzureichend.

Die Preise waren rein rechnerisch in der Regel ohne Frage gut; ganz besonders günstig waren sie, wie überall, im Auslandsgeschäft, solange sich bei eingetretenem Tiefstand der Mark die Herstellungskosten, besonders die Löhne, noch nicht dem Währungssturz angepaßt hatten. Nur im Sommer 1920 sind ohne Frage bedeutende Verluste erlitten worden, als die Preise der Textilien auf dem Weltmarkt stürzten und gleichzeitig der Auslandswert der Mark bedeutend gestiegen war. Auch über schlechte Preise infolge der elsässischen Konkurrenz wurde von den Fabriken mehrfach geklagt. Die Preise der Erzeugnisse der Leinenindustrie waren behördlich geregelt. Daß die Scheingewinne bei der Textilindustrie in der Nachkriegszeit sehr bedeutend gewesen sein müssen, liegt in Anbetracht der außerordentlichen Preisschwankungen auf der Hand. Man kann dies aber nicht nur a priori annehmen, es läßt sich auch aus den Mitteilungen vieler Geschäftsberichte der Gesellschaften direkt beweisen. Eine besondere Rolle spielt dabei der Fall, daß Rohstoffe, die vor dem Kriege oder in den ersten Kriegsjahren gekauft waren, nach Einstellung der Feindseligkeiten unversehrt eintrafen und zu Fabrikaten verarbeitet „vorteilhaft“ veräußert wurden[1]). Ein ähnlicher Scheinnutzen lag vor, wenn eine Gesellschaft über Kursgewinne an eingegangenen Auslandsforderungen berichtete[2]), während andererseits eine Scheingewinngefahr, wie überhaupt Abhängigkeit von der Konjunktur dann weniger gegeben war, wenn im Lohn für fremde Rechnung gearbeitet wurde, insbesondere ein Veredelungsverkehr mit dem Auslande stattfand[3]).

Sehr ungünstig war für die Textilindustrie schließlich auch der Umstand, daß sie während des Krieges größtenteils jahrelang unzureichend beschäftigt gewesen war. Als dann im Herbst 1919 die Voraussetzungen für die Aufnahme normaler Tätigkeit wieder gegeben waren, reichten die vorhandenen Mittel infolge der teuren Weltmarktpreise und der Entwertung der Währung nur zum Ankauf eines Bruchteiles der früher verbrauchten Rohstoffe aus, und umfangreiche Kapitalserhöhungen waren die notwendige Folge[4]).

---

[1]) Siehe die Geschäftsberichte von Trenkner & Würker Nachf. für 1919/20, der Leipziger Wollkämmerei für 1919/20, der Geraer Strickgarnfabrik Gebr. Feistkorn A.-G. für 1920, der Augsburger Kammgarnspinnerei für 1920.

[2]) Geschäftsbericht der Mechanischen Treibriemenweberei von Gustav Kunz für 1920.

[3]) Geschäftsbericht der Kammgarnspinnerei Düsseldorf für 1920.

[4]) Nach einer Mitteilung des „Konfektionär“, die ich dem Berliner Börsen-Courier vom 21. III. 1921, Abendausgabe, entnehme, ist das in Stammaktien, Vorzugsaktien und Obligationen investierte Kapital der Aktiengesellschaften der deutschen Textilindustrie von etwas über 1 Milliarde Mark Ende 1914 auf $2\frac{1}{2}$ Milliarden Ende 1920 erhöht worden.

So wirkte die Geldentwertung in der Textilindustrie nicht nur mittelbar substanzvermindernd durch Scheingewinne, sondern auch unmittelbar substanzverringernd durch Entwertung der liquiden Kapitalsanlagen[1]). Die im Sommer 1920 unzweifelhaft eingetretenen Scheinverluste bilden nur einen schwachen Ausgleich für die viel bedeutenderen Scheingewinne. Auch ist dabei zu berücksichtigen, daß den Scheinverlusten in der Regel wohl kein wirklicher Gewinn, sondern nur geringere Realverluste zugrunde lagen. Das gilt wenigstens dann, wenn man nicht von der Erhaltung des mengemäßig bestimmten Kapitals, sondern von der Erhaltung des Kaufkraftkapitals ausgeht; denn der Preissturz, der auf dem Weltmarkt für Baumwolle eintrat, war ungleich größer, als der Preissturz der meisten anderen Waren, die Kaufkraft der gleichen Menge Baumwolle nach dem Preisrückgang also geringer, als vorher.

32. Die Lederindustrie.

Obwohl die Lederindustrie in ihren Weiterverarbeitungsprodukten nicht nur der Bekleidung dient, erscheint ihre Behandlung im Rahmen der Bekleidungsindustrie doch angemessen, weil die Lage der Schuhindustrie, die nachher zu untersuchen sein wird, von der Lage der Lederindustrie völlig abhängig ist.

Die zehn in unserer Statistik berücksichtigten Gesellschaften der Lederindustrie wiesen im Jahre 1920 12,05 Millionen Mark Reingewinn aus gegen 2,77 Millionen Mark im Jahre 1913. Der Reingewinn der beiden Gesellschaften, die ihr Kapital in der Zwischenzeit nicht veränderten, erhöhte sich von 0,47 Millionen vor dem Kriege auf 2,04 Millionen Mark nach dem Kriege. Der statistische Reingewinn aller zehn Gesellschaften stieg von 2,77 Millionen auf 10,26 Millionen Mark, er betrug also, in Gold umgerechnet, nicht ganz 40 % des Vorkriegsgewinnes.

Die Lage der Lederindustrie weist im Vergleich zur Textilindustrie viel verwandte Züge auf: teilweise sehr eingeschränkte Produktion während der Kriegszeit, Aufhebung der Zwangswirtschaft im Spätsommer 1919, starke Abhängigkeit von der Konjunktur. Über die Erzeugungs- und Absatzverhältnisse der Lederfabriken hat der Zentral-Verein der Deutschen Lederindustrie e. V. in seinem Bericht für 1920 sehr interessante Angaben gemacht. Danach betrug die Einfuhr von Leder 1913: 93852 dz, 1920: 121324 dz; dagegen belief sich die Ausfuhr 1913 auf 251535 dz, 1920 auf 43238 dz. Im Verhältnis zur Gesamtproduktion wurden 1913 etwa $^1/_6$ ausgeführt, 1920 dagegen nur

[1]) In einer ähnlichen Lage befanden sich ja auch die Mühlen und die Brauereien.

etwa $^1/_{15}$. Daraus ergibt sich, daß die gesamte inländische Erzeugung von rund $1^1/_2$ Millionen dz 1913 auf ungefähr 650000 dz 1920, d. h. auf weniger als die Hälfte der Vorkriegszeit gesunken ist.

Die Verringerung der Produktion ist in erster Linie auf die Kohlennot zurückzuführen, die allerdings durch Verfeuerung von Braunkohle und gepreßter Lohe etwas gemildert wurde. Zweifellos wäre es auch bei ungehemmter Produktion nicht möglich gewesen, in demselben Umfang wie in der einstigen Friedenszeit zu exportieren, denn die Wiederanknüpfung aller abgebrochenen Auslandsbeziehungen konnte nicht im Nu erfolgen, und insofern war die Produktion auch durch die Absatzmöglichkeiten beschränkt. Aber das wesentliche Moment ist doch in den Erzeugungsbedingungen selbst, nicht in den Absatzschwierigkeiten zu erblicken, sonst wäre wenigstens der Inlandsbedarf besser gedeckt, und die Steigerung der Ledereinfuhr gegenüber 1913 um fast ein Drittel wäre verhindert worden. Hemmend wirkten natürlich auch die scharfen Kurven der Konjunktur, die zur Folge hatten, daß zeitweise die Produktion mit der Absatzmöglichkeit und zu anderer Zeit wieder der Absatz mit der Produktionsmöglichkeit nicht Schritt halten konnte.

Über die Preise und die Erzielung von Scheingewinnen bzw. Scheinverlusten gilt im wesentlichen das bei Besprechung der Textilindustrie Gesagte[1]), nur mit dem Unterschied, daß die Weltmarktpreise für Häute und Leder im Jahre 1920 nicht in demselben Maße stürzten, wie der Baumwollpreis. Auch insofern erging es den Lederfabriken ähnlich wie der Textilindustrie, daß beide durch Entwertung ihrer während des Krieges angesammelten liquiden Kapitalsanlagen große Substanzverluste erlitten.

33. Die Schuhindustrie.

Die Schuhindustrie ist nur durch drei Gesellschaften vertreten, die ihren ausgewiesenen Reingewinn von 1,32 Millionen vor dem Kriege auf 7,52 Millionen nach dem Kriege steigerten. Der statistische Reingewinn dieser drei Gesellschaften, die sämtlich ihr Kapital in der Zwischenzeit erhöhten, hob sich von 1,32 Millionen auf 5,93 Millionen Mark, betrug also in Gold umgerechnet 1920 rund 45% des Reingewinnes von 1913.

Die Außenhandelsziffern für Schuhe zeigen ein ähnlich trübes Bild, wie wir es bei der Lederindustrie kennen gelernt haben[2]):

---

[1]) Auch über die elsässische Konkurrenz wurde von seiten der Lederindustrie geklagt; die Einfuhr von Leder aus Elsaß-Lothringen betrug nicht weniger als 24000 dz, machte demnach mehr als die Hälfte der deutschen Ausfuhr aus (Bericht des Zentralvereins der deutschen Lederindustrie e. V.).

[2]) Vgl. Statistisches Jahrbuch 1922. S. 186.

	Einfuhr in Tonnen 1913	Einfuhr in Tonnen 1920	Ausfuhr in Tonnen 1913	Ausfuhr in Tonnen 1920
Schuhe aus Leder, außer mit Holzsohle: das Paar über 1200 g	27	472	2913	859
Dergleichen: über 600—1200 g; Schuhoberteile aus Leder mit elastischen Einsätzen	386	58	—	—
Dergleichen: das Paar bis 600 g	335	31	—	—

Immerhin ist die Erzeugung zwar weit hinter der einstigen Friedenserzeugung zurückgeblieben, aber doch verhältnismäßig größer gewesen, als die Erzeugung der Lederindustrie. Denn durch die Mehreinfuhr und Minderausfuhr von Leder stand der inländischen Industrie im Jahre 1920 erheblich mehr ausländisches Leder zur Verfügung als im Jahre 1913.

Der Absatz der Schuhindustrie war den gleichen Schwankungen unterworfen wie der Lederabsatz, vielleicht hatte sogar der Konjunkturumschwung im April 1920 für die Schuhfabrikate eine noch größere Deroute zur Folge. Jedenfalls suchten sich die Händler vielfach ihren Abnahmepflichten zu entziehen, und die Fabrikanten sahen sich gezwungen, ihrer Kundschaft entgegenzukommen und erhebliche Opfer auf sich zu nehmen. Nur in Spezialartikeln[1]) war die Nachfrage bis in den Sommer hinein lebhaft. Eine Erscheinung, der man übrigens auch in anderen Gewerbezweigen bei Herstellung von Spezialwaren begegnete. Im Herbst 1920 wurde die allgemeine Geschäftstätigkeit dann wieder, wenn auch allmählich, etwas reger, im Zusammenhang mit der Aufwärtsbewegung der Häute- und Lederpreise, die ihrerseits ohne Frage auf das neuerliche Sinken der Mark zurückzuführen war.

Die Preise der Schuhfabrikate waren rechnerisch, abgesehen von den Verlustpreisen im Sommer 1920, befriedigend. Tatsächlich war aber die Schuhindustrie deshalb noch ungünstiger daran, als die meisten anderen Industrien, weil die im Schuhfabrikanten-Verein e. V. zusammengefaßten Unternehmungen schon bald nach dem Eintritt der freien Wirtschaft gemeinsam bindende Grundsätze aufgestellt hatten, nach welchen den Preisen der Schuhwaren nicht der jeweilige Tageskurs des Rohmaterials, sondern dessen wirklicher (d. h. vermeintlich wirklicher) Einstandspreis zugrunde gelegt werden durfte. Mit diesem Beschluß wurde natürlich auch jede Annäherung an die Wiederbeschaffungskosten unmöglich gemacht und Scheingewinnen mit Realverlusten Tür und Tor geöffnet.

[1]) Wie sie die Schuhfabrik August Wessels A.-G. herstellte (vgl. deren Geschäftsbericht für 1919/20).

I. Transportunternehmungen.

34. Deutsche Eisenbahnen.

Die 48 in unserer Statistik aufgenommenen deutschen Eisenbahngesellschaften erzielten im Jahre 1920 einen Reingewinn von 2,74 Millionen gegen 13,42 Millionen Mark im Jahre 1913. Der Reingewinn der 39 Gesellschaften, die ihr Kapital nicht veränderten, sank von 8,48 Millionen vor dem Kriege auf 1,76 Millionen Mark nach dem Kriege. Der statistiche Reingewinn aller 48 Unternehmungen ermäßigte sich von 13,42 Millionen auf 2,28 Millionen Mark. Das Ergebnis ist ziffernmäßig das ungünstigste von allen Gesellschaftsgruppen. Es wäre noch ungünstiger ausgefallen, wenn die ausgewiesenen Reingewinne bzw. -verluste abzüglich der Verlustvorträge zugrunde gelegt worden wären. In diesem Falle wäre für 1920 sogar ein Gesamtverlust errechnet worden. Nach der Berechnungsmethode, der wir schließlich den Vorzug gegeben haben, wurden aber die sehr häufig vor Feststellung des Reingewinnes erfolgten Zuweisungen an Reservefonds und dergleichen (nicht Erneuerungsfonds) dem ausgewiesenen Reingewinn hinzugerechnet, bzw. vom ausgewiesenen Verlust abgezogen, und so ergab sich wenigstens ein gewisser Überschuß, der freilich selbst in Papiermark außerordentlich niedrig war.

Die Leistungsfähigkeit der deutschen Eisenbahnen ist durch Krieg und Waffenstillstand sehr bedeutend verringert worden. In welchem Umfange dies der Fall war, ergibt die nachfolgende dem Statistischen Jahrbuch für 1921/22[1]) abgekürzt entnommene Tabelle, bei der indessen als Vergleichsjahr der Nachkriegszeit das Jahr 1919 zugrunde gelegt wurde, das erheblich schlechtere Zahlen aufzuweisen hatte als 1920.

	Leistungen der eigenen Lokomotiven auf eigenen und fremden Strecken		Leistung der eigenen	
	überhaupt	durchschnittlich auf eine Lokomotive	Personenwagen	Gepäck- und Güterwagen
	in Tausend Nutzkilometer		in Millionen Wagen-Achsenkilometern	
1913:	814800	27,7	9114	24399
1919:	424682	12,5	5083	15835

Daß die Leistungsfähigkeit der deutschen Bahnen im Jahre 1920 gestiegen ist, ist keine Frage. Die Friedenskapazität wurde aber keinesfalls erreicht, auch wurden von mehreren Privatbahnen einzelne völlig unrentabel gewordene Linien stillgelegt.

Die Ursache der Minderproduktion liegt zunächst in dem unmittelbaren Verlust durch die im Waffenstillstand erzwungene Abgabe von

[1]) S. 103.

5000 Lokomotiven und 150000 Waggons, zweitens wirkte die starke Abnutzung und unzureichende Erneuerung der Betriebsmittel während des Krieges auf die Leistungsfähigkeit verhängnisvoll ein, und schließlich zwang die Kohlennot zu Betriebseinschränkungen, gelegentlich auch zur Verfeuerung minderwertiger Brennstoffe, was nicht nur zu schwächeren Leistungen führte, sondern auch den Betrieb sehr erheblich verteuerte[1]).

Der Hauptgrund für das schlechte Ergebnis der Eisenbahnen in der Nachkriegszeit liegt aber nicht in der gegen früher verringerten Leistung, sondern in den unzureichenden Tarifen. Während die durch die Geldentwertung bedingte Steigerung der Gehälter, Löhne und Kohlenkosten stets mit sofortiger Wirkung oder gar mit rückwirkender Kraft eintrat, blieben die zum Ausgleich notwendigen Tariferhöhungen an Fristen und Genehmigungen gebunden, so daß die neuen Tarife vielfach schon bei ihrem Inkrafttreten veraltet waren. Auch entsprachen die Tariferhöhungen an sich nie im vollen Umfange den gestiegenen Selbstkosten, weil „der Hauptwettbewerber der Privatbahnen, die Reichsbahn, gestützt auf Notenpresse und Steuerzahler, der Selbstkostensteigerung nicht in entsprechenden Tariferhöhungen Rechnung trug"[2]). Andererseits ermöglichte die am 21. Februar 1920 ergangene Verordnung über die Erhöhung langfristig gebundener Beförderungspreise bei den Massenverfrachtern wenigstens Deckung der Selbstkosten, wenn auch im allgemeinen keine Gewinne. Sehr schädlich war für die Eisenbahnen die Konkurrenz des öffentlichen und privaten Kraftwagenverkehrs, der für die Abnutzung der Straßen keine Vergütung zu zahlen brauchte und durch besondere Auflagen, wie Leistungen für Post und Militär, nicht belastet war. Besonders schwer wurden die Eisenbahnen durch die Verkehrssteuer getroffen, die für die Bahnen mehr als doppelt so hoch wie für Kraftwagen ist (14 und 12% gegen 6%), und die entgegen dem ursprünglichen Gedanken des Steuergesetzes eben wegen der Konkurrenz der Reichsbahn und der Kraftwagen sowie wegen der Tarifbeschränkungen auf die Reisenden meist nicht abgewälzt werden konnte.

Was die Lage der Bahnen hinsichtlich der Scheingewinngefahr anbetrifft, so waren die vorgenommenen Abschreibungen zwar hier und da recht ansehnlich, aber im ganzen doch keineswegs ausreichend. Dazu kommt als besonders ungünstiges Moment, daß die Bahnen sehr häufig ihre Erneuerungsfonds nicht nur rechnerisch auf der Passivseite

---

[1]) Bei der Nassauischen Kleinbahn stiegen hierdurch die Brennstoffkosten auf rund das 36fache der Vorkriegszeit und von 24 % der Gesamtbetriebsausgaben vor dem Kriege, auf 50% nach dem Kriege.

[2]) Das sind die treffenden Worte im Geschäftsbericht der Allgemeinen Deutschen Kleinbahn A.-G. für 1920.

gebucht, sondern auch entsprechende wirkliche Fonds in meist „mündelsicheren" Wertpapieren angelegt haben, die durch die Währungskatastrophe nahezu völlig entwertet wurden. Scheingewinne sind ferner auch dadurch vorgekommen, daß Betriebsmittel und Betriebsmaterialien, die infolge Stillegung von Linien frei wurden, über Buchwert verkauft wurden[1]. Im übrigen aber — und insofern stehen die Eisenbahnen ungleich günstiger da als die meisten Unternehmungsgruppen — sind Scheingewinne im wesentlichen nicht vorgekommen. Das ergibt sich ohne weiteres aus der Tatsache, daß das Anlagekapital einschließlich Lokomotiven und Waggons im Vergleich zum umlaufenden Kapital eine überragende Rolle spielt und ferner aus der Technik des Transportwesens. Diese bringt es mit sich, daß Einnahmen und Ausgaben in raschem Wechsel aufeinander folgen, und daß die persönlichen Ausgaben, sowie die Ausgaben für Kohlen den größten Teil des Betriebskapitals in Anspruch nehmen. Bei diesen Ausgaben kamen aber in den Zeiten der Kohlennot nach dem Kriege alte „billig" eingekaufte Vorräte nicht in Frage. Das Fehlen der Scheingewinne erklärt schließlich auch den Umstand, daß von den 48 Unternehmungen, die unserer Statistik zugrunde liegen, 39, d. h. fast fünf Sechstel ihr Aktienkapital in der Zeit von 1913 bis 1920 nicht zu verändern brauchten.

35. Straßen- und Lokalbahnen.

Der Reingewinn der 34 berücksichtigten Straßen- und Lokalbahn-Aktiengesellschaften sank von 17,02 Millionen Mark im Jahre 1913 auf 6,09 Millionen Mark im Jahre 1920. Bei den 26 Gesellschaften, die ihr Kapital nicht veränderten, ermäßigte sich der Gewinn von 9,02 Millionen auf 2,21 Millionen Mark. Der statistische Reingewinn aller 34 Gesellschaften betrug 17,02 Millionen vor dem Kriege und 3,40 Millionen Mark nach dem Kriege.

Die Lage der Straßenbahnen in der Nachkriegszeit war derjenigen der Eisenbahnen in vieler Beziehung ähnlich. Einen Anhaltspunkt über die vollbrachten Leistungen 1913 und 1920 kann man aus den Mitteilungen gewinnen, die im Geschäftsbericht der Allgemeinen Lokal- und Straßenbahn-Gesellschaft für das Jahr 1920 gemacht sind. Danach sank die Zahl der abgerollten Rechnungskilometer bei den fünf eigenen Bahnen der Gesellschaft — Straßenbahn in Duisburg, Straßenbahn in Kiel, Hörder Kleinbahn, Straßenbahn in Frankfurt a. O., Straßenbahn in Görlitz — von 13384000 auf 10532000; ungefähr dasselbe Verhältnis lag bei der Danziger Straßenbahn vor, die laut Geschäftsbericht für 1920 einen Betriebsrückgang auf 74 % des normalen Friedens-

[1] Über einen derartigen Buchgewinn berichtet die Nassauische Kleinbahn in ihrem Geschäftsbericht für 1920.

betriebes zu beklagen hatte. Die Ursache der Betriebseinschränkungen war ohne Frage nicht so sehr Strommangel, als die Tatsache, daß bei Aufrechterhaltung des Friedensbetriebes zu große Verluste entstanden wären. Man sah sich daher gezwungen, entweder den Verkehr auf bestimmten Linien einzustellen, oder die Abstände zwischen den Fahrzeiten zu vergrößern. Zur Erzielung einer angemessenen Rentabilität reichten diese Maßnahmen freilich, wie sich aus unserer Statistik ergibt, auch nicht annähernd aus. Dafür waren die Tarife im allgemeinen viel zu niedrig. Das Verfahren, das bei den immer von neuem erforderlich werdenden Tariferhöhungen eingeschlagen werden mußte, war ähnlich umständlich wie bei den Privat-Eisenbahnen; und während hier, ganz abgesehen von dem Genehmigungszwang, die Konkurrenz der Reichsbahn und sonstigen Transportunternehmungen eine der Geldentwertung wirklich entsprechende Tariffestsetzung unmöglich machte, mußte die Straßenbahn auf die Konkurrenz der menschlichen Fußgänger selbst Rücksicht nehmen[1]). Verhängnisvoll waren für die Straßenbahnen neben der an das Reich zu zahlenden Verkehrssteuer die in vielen Fällen an die betreffende Gemeinde laut Konzessionsvertrag abzuführenden Abgaben. Diese Belastungen waren umso drückender, als sie ihrer Höhe nach ebenso wie die Reichsverkehrssteuer nicht vom Reingewinn, sondern vom Umsatz abhingen, der in Papiermark naturgemäß stark gestiegen war. Gegen derartige Abgaben existierte im Jahre 1920 noch kein wirksamer Schutz, da die Verordnung vom 21. Februar 1920 die Zulässigkeit schiedsgerichtlicher Änderung bestehender Straßenbahnverträge lediglich auf die Beförderungspreise beschränkt hatte, im Gegensatz zu der zugunsten der Elektrizitätswerke erlassenen Verordnung vom 1. Februar 1919, die nicht nur eine Erhöhung der Strompreise, sondern auch eine Änderung unbequemer Bedingungen in den bestehenden Verträgen ermöglichte[2]). Etwas besser waren diejenigen Kleinbahnen daran, die neben dem Personenverkehr einen größeren Güterfrachtverkehr hatten, wie z. B. die Mariendorf-Beendorfer Kleinbahn-Gesellschaft in Berlin. Auf eine andere Art suchte sich die Rostocker Straßenbahn zu helfen, die ihre Angestellten dazu bewegte, eine Zeitlang über acht Stunden zu arbeiten, weil sie andernfalls zur Zahlung der ortsüblichen Tagelöhne

---

[1]) Welche Wirkung diese Konkurrenz hatte, geht daraus hervor, daß nach einer Mitteilung im Geschäftsbericht der Danziger Straßenbahn, die bei diesem Unternehmen am 22. April 1920 eingetretene Fahrpreiserhöhung um 100 % eine Minderbenutzung um 19,4 % und die am 6. Juli in Kraft gesetzte weitere Erhöhung um 50 % der bestehenden Fahrpreise eine Minderbenutzung um 6,2 % zur Folge gehabt hat.

[2]) Erst im Frühjahr 1921 wurde die Verordnung vom 21. Februar 1920 entsprechend erweitert.

nicht imstande war[1]). In einigen Fällen fühlten sich auch die Städte selbst bewogen, angesichts der Notlage ihrer Straßenbahnen diesen Zuschüsse aus eigenen Mitteln zu gewähren.

Was endlich das Scheingewinnproblem anbetrifft, so liegen die Verhältnisse der Straßenbahnen und Lokalbahnen in dieser Hinsicht klar zutage: durch ungenügende Abschreibungen an den Anlagewerten sind unzweifelhaft bedeutende Scheingewinne erzielt worden[2]), an den Umlaufswerten ist dagegen ein Realverlust durch Scheinkalkulation nicht entstanden. Die Lage der Straßenbahnen war hierin der Lage der Eisenbahnen ganz ähnlich.

36. Schiffahrts- und Hafengesellschaften.

Die Schiffahrts- und Hafengesellschaften haben für das Geschäftsjahr der Nachkriegszeit einen Gewinn von 122,42 Millionen ausgewiesen gegenüber 61,05 Millionen Mark vor dem Kriege. Bei den dreizehn Gesellschaften, die ihr Kapital in der Zwischenzeit nicht veränderten, sank der Reingewinn von 22,59 Millionen im Jahre 1913 auf 20,62 Millionen Mark 1920. Der statistische Reingewinn aller berücksichtigten 31 Gesellschaften stieg von 61,05 Millionen auf 113,53 Millionen Mark.

Zwecks näherer Prüfung der Lage der Schiffahrtsgesellschaften ist es notwendig, die Seeschiffahrt und die Binnenschiffahrt voneinander getrennt zu halten. Die Seeschiffahrt ist ihrerseits wieder in die Überseeschiffahrt und die Nord- und Ostseeschiffahrt zu teilen, da die Nachkriegsentwicklung bei diesen beiden Untergruppen durchaus verschieden war.

Über die Leistungen einiger weniger Binnenschiffahrtsgesell-

[1]) In diesem Zusammenhang verdient die Tatsache Erwähnung, daß bei der Elektrischen Hochbahn Berlin nach deren Geschäftsbericht für 1920 das infolge Achtstundentages, längerer Urlaubszeit und anderer sozialer Vergünstigungen erforderliche Mehr an Arbeitskräften etwa 700 Personen betrug, bei einem Gesamt-Personenbestand von 3120 Angestellten und Arbeitern.

[2]) Es ist bemerkenswert, daß in dem Geschäftsbericht der Allgemeinen Lokal- und Straßenbahn-Gesellschaft in Berlin mit Befriedigung darauf hingewiesen wird, daß für die Auswechslung von der Abnutzung unterliegenden Anlageteilen „die planmäßig angesammelten Erneuerungsrücklagen zunächst nur für den Friedenswert in Anspruch genommen zu werden brauchen, während die Mehrkosten den Anlagewerten zugeschrieben werden können. Dabei bleiben die Buchwerte der Unternehmungen auch einigermaßen mit den Zeitwerten in Einklang, was für die in den Konzessionsverträgen meist vorgesehene Ankaufsmöglichkeit von Bedeutung ist“. Der Beweggrund der Zufriedenheit mit den ungenügenden Abschreibungen liegt hier ganz klar zutage, und diese Zufriedenheit ist vom Standpunkt der Aktionäre durchaus verständlich. — Auch die Erfurter elektrische Straßenbahn A.-G. spricht in ihrem Geschäftsbericht für 1919/20 von „aufs äußerste beschränkten Abschreibungen“.

schaften[1]) vor und nach dem Kriege unterrichtet die nachstehende kleine Tabelle:

	Güterbeförderung in tausend Tonnen vor dem Kriege	nach dem Kriege
Schlesische Dampfer Compagnie — Berliner Lloyd A.G.	591	620
Vereinigte Elbeschiffahrts-Gesellschaft A.G.	4869	1497
Sächsisch-Böhmische Dampfschiffahrts-Gesellschaft .	26	11
Schleppschiffahrt auf dem Neckar	122	57

Zwei Momente sind es vor allem, die, abgesehen von der allgemeinen Geschäftslage, die Größe der Leistungen der Binnenschiffahrt bestimmen. Erstens die Wasserverhältnisse (Wasserstand, Frost usw.) und zweitens die mehr oder weniger große Konkurrenz der Eisenbahn. Was den ersteren Punkt anbetrifft, so verlief das Jahr 1920 für die Schiffahrt im allgemeinen nicht günstig. Niedriger Wasserstand, Frost und Eisgang hatten häufige Betriebseinschränkungen und Stillegungen zur Folge. Dazu kamen verschiedentlich länger dauernde Arbeitseinstellungen, die gerade zu einer Zeit stattfanden, als die Wasserverhältnisse einen flotten Betrieb gestattet haben würden. Schwerwiegend war auch die Konkurrenz der Eisenbahn. Während nämlich die Wasserfrachten gegenüber dem Friedensstand eine ungefähr zwanzigfache Steigerung aufwiesen[2]), wurden die Bahnfrachten nur etwa auf das Sechsfache erhöht, so daß der direkte Bahnweg für Massengüter häufig billiger war als der Wasserweg. Wenn die Binnenschiffahrt trotzdem wenigstens zum Teil gut beschäftigt war, so lag das daran, daß die Eisenbahn den Güterverkehr allein nicht bewältigen konnte und die Verfrachter notgedrungen auf den Wasserweg verweisen mußte.

Die Frachtraten selbst waren, wie erwähnt, ungleich höher als die Bahnfrachten und daher den gestiegenen Ausgaben im allgemeinen angepaßt.

Hinsichtlich der Scheingewinne ist die Lage der Binnenschiffahrt, wie der Schiffahrt überhaupt, ganz ähnlich der Lage der Eisenbahnen und der Straßenbahnen. Ein Scheinnutzen kann in der Hauptsache nicht durch unrichtige Bewertung der Umlaufswerte, sondern durch ungenügende Abschreibungen auf die Anlagewerte, die den Hauptteil des Gesellschaftsvermögens bilden, erzielt worden sein. Daneben sind auch infolge Verkaufs unnötig gewordener Betriebsmittel mit mehr oder weniger großem buchmäßigem Nutzen Scheingewinne eingetreten, wie das Beispiel der Vereinigten Elbeschiffahrts-Gesellschaft in Dresden zeigt, die infolge derartiger Verkäufe für 1920 eine hohe Dividende ausschütten konnte.

[1]) Die meisten Gesellschaften haben keine Beförderungsziffern veröffentlicht.

[2]) Vgl. Geschäftsbericht der Hafen- und Lagerhaus A.-G. in Alsen für das Jahr 1920. — Talfahrten waren aber billiger.

Die durchaus verschiedenartige Entwicklung der Überseereedereien und der Nord- und Ostseereedereien rührt vor allem daher, daß jene in ihrer Tätigkeit durch den Krieg völlig lahmgelegt und durch den Friedensvertrag ihrer Schiffe nahezu restlos beraubt wurden, während diese mit den während des Krieges in ihrer Hand befindlichen oder aus dem Friedensvertrag ihnen verbliebenen kleineren Schiffen die günstige Kriegs- und Nachkriegskonjunktur ausnutzen konnten. Infolgedessen waren die Betriebsgewinne des Jahres 1920 bei den kleineren Seeschiffahrtsgesellschaften im Vergleich zum Kapital außerordentlich hoch, während die verhältnismäßig bescheidenen Gewinne der großen Reedereien nur zum kleinen Teil auf das eigentliche Reedereigeschäft, zum größeren Teil auf gewinnbringende Nebenbetriebe zurückzuführen waren. Die kleineren Reedereien konnten bei relativ niedrigen Selbstkosten Valutagewinne im wahrsten Sinne des Wortes erzielen. Freilich erfolgte schon im Mai 1920 ein starker Rückschlag, und die Frachten erreichten gegen Ende des Jahres einen außerordentlich tiefen Stand. Aber Verluste traten für die deutsche Schiffahrt eben wegen ihrer immer noch relativ niedrigen Betriebsausgaben auch dann nicht ein, so daß das Ergebnis für die Nord- und Ostseereedereien sehr günstig genannt werden muß; betrug doch der Gesamtgewinn der sechs Gesellschaften Argo, Neptun, Bugsier-Reederei und Bergungs A.-G., Flensburger Dampfer-Compagnie, Flensburger Dampfschiffahrts-Gesellschaft von 1869 und Neue Dampfer-Compagnie 91,16 Millionen Mark im Jahre 1920 und nur 4,51 Millionen Mark im Jahre 1913. Hierbei sind allerdings die Rückstellungen auf Wiederaufbaukonto in Höhe von 53,45 Millionen Mark dem Gewinn von 1920 hinzugezählt, bzw. mit eingerechnet. Aber selbst wenn man die Hälfte dieser Summe als wirklichen Verlust betrachtet, so ergibt sich immer noch ein Reingewinn von 64,43 Millionen Mark für 1920, d. h. mehr als vierzehnmal soviel wie 1913. Kein Zweifel, die Nord- und Ostseereedereien haben nach dem Kriege, selbst auf Goldmark umgerechnet, mehr verdient, als vor dem Kriege. Aber dieses an sich beispiellose Ergebnis wird durch die Tatsache beeinträchtigt, daß die Gesellschaften im Kriege und durch den Friedensvertrag immerhin recht erhebliche Substanzverluste erlitten hatten. Der Reingewinn war also im Jahre 1920 zwar höher als vor dem Kriege, und die gesamten Abschreibungen für das Jahr 1920 entsprachen auch der Geldentwertung, aber zum Ausgleich der früher erlittenen Substanzverluste reichten die erzielten großen Gewinne doch nicht aus.

Am schwersten trafen Krieg und Friedensschluß die Überseereedereien, die fast ihre gesamte Flotte einbüßten. Nur wenige, zum Teil gemietete Dampfer konnten bereits im Jahre 1920 die Meere wieder befahren; in der Hauptsache rührte der Gewinn dieser Gesellschaften, wie erwähnt, aus Nebenbetrieben und aus der Beteiligung an anderen Unternehmungen her[1]); aber der Wiederaufbau wurde allenthalben kräftig in Angriff genommen, und nach dem zwischen dem Reich und den Schiffahrtsunternehmungen abgeschlossenen Reedereiabfindungsvertrag wurde den Gesellschaften eine Entschädigung zugesagt, die wenigstens den Bau eines Drittels des einstigen Schiffsbestandes aus Mitteln des Reiches ermöglichen sollte[2]). Allerdings müssen 90% der gewährten Entschädigung zu Bauten auf deutschen Werften verwandt werden, was in Anbetracht der Tatsache, daß der Kauf ausländischer Schiffe zeitweise um 50% billiger war, eine erhebliche Belastung der Reedereien darstellte. Auch ist der Verlust von zwei Dritteln des ursprünglichen Anlagekapitals bei den Überseereedereien als endgültig zu betrachten.

37. Sonstige Verkehrsgesellschaften.

Unter der Rubrik „Sonstige Verkehrsgesellschaften" sind Pferde- und Automobil-Fuhrgeschäfte, Speditions- und Lagerhäuser, sowie ein Waggonverleihinstitut zusammengefaßt. Die 14 unserer Statistik zugrunde liegenden Gesellschaften wiesen im Jahre 1920 einen Reingewinn von zusammen 11,89 Millionen aus gegen 5,27 Millionen Mark 1913. Bei den elf Gesellschaften, die ihr Kapital in der Zwischenzeit nicht veränderten, stieg der Gewinn von 4,22 Millionen auf 5,59 Millionen Mark; der statistische Reingewinn aller 14 Gesellschaften betrug 10,40 Millionen nach dem Kriege gegen 5,27 Millionen Mark vor dem Kriege.

Unter den Gesellschaften befinden sich drei Fuhrunternehmungen, die im Jahre 1920 sämtlich sehr schlecht abgeschnitten haben. Es sind dies die Allgemeine Berliner Omnibus-A.-G., die Automobil-Fuhrwesen Kandelhardt A.-G. und die Dresdner Fuhrwesen-Gesellschaft. Der Rückgang der Beförderungsziffern ist bei der ersteren geradezu katastrophal; es wurden nämlich im Jahre 1920 nur 6484654 Fahrgäste gegen 168376405 Fahrgäste im Jahre 1913 befördert. Die Ursache dieses enormen Rückganges liegt einmal darin, daß von der Heeresverwaltung 1914 zwei Drittel der Kraftwagen beschlagnahmt worden waren; ferner war die Gesellschaft bei den außerordentlich gestiegenen Selbstkosten gar nicht in der Lage, einen umfangreichen Betrieb zu unterhalten; denn die Tarife konnten den Ausgaben nicht

---

[1]) In Frage kommen hierbei Gewinne aus Agenturverträgen, aus der Benutzung von Kaianlagen durch dritte, aus Werkstätten- und Werftbetrieben, aus Luftschiffahrt und anderes mehr.

[2]) Infolge der fortschreitenden Geldentwertung wird dieses Ziel nicht erreicht werden.

annähernd angepaßt werden, weil die konkurrierenden Berliner Transportmittel ihre Preise ebenfalls nur ganz ungenügend erhöhten. Besonders unrentabel gestaltete sich der Pferdeomnibusbetrieb, der tagsüber ganz aufgehoben wurde[1]). War der Fuhrbetrieb bei der Berliner Omnibus-Gesellschaft stark eingeschränkt, so war er bei „Kandelhardt" in dem vom 1. Juli 1919 bis 30. Juni 1920 laufenden Geschäftsjahr völlig eingestellt. Die Gesellschaft begründete dies mit den gesteigerten Betriebsunkosten und Löhnen, die die Wiederaufnahme des Droschkenfuhrbetriebes unmöglich machten, während der Inbetriebsetzung anderer Personenkraftwagen die polizeiliche Nummernsperre entgegenstand. Wenn die Gesellschaft trotzdem ein „günstiges Ergebnis" zu verzeichnen hatte, so lag das — wieder ein Musterbeispiel für Scheingewinne — daran, daß ein Teil der entbehrlichen Maschinen und Materialien verkauft werden konnte.

Erheblich besser arbeiteten die Speditions- und Lagerhäuser, was durchaus begreiflich ist; denn wenn auch der Güterverkehr nicht die alte Friedenshöhe erreichte, so war er doch besonders in der Zeit der Hochkonjunktur im Winter und beginnenden Frühjahr 1920 recht ansehnlich, woraus die Speditions- und Lagerhäuser naturgemäß Nutzen zogen. Aus demselben Grunde dürfte auch das Nachkriegsergebnis des einen untersuchten Waggonverleihinstituts, der Eisenbahn-Verkehrsmittel-A.-G., sich in Papiermark ungefähr versechsfacht haben, obgleich bei dieser Gesellschaft auch der Waggonbau eine große Rolle spielt und das relativ gute Ergebnis vielleicht auch hierauf zurückzuführen ist.

Was die Scheingewinngefahr anbetrifft, so ist zwischen dem eigentlichen Speditionsgeschäft und dem Lagergeschäft zu unterscheiden. Bei dem ersteren ist die Lage ähnlich der der übrigen Transportunternehmungen, beim zweiten ähnlich der Lage der Häusergesellschaften.

K. Versicherungsgesellschaften.

38. Die Versicherungsgesellschaften, ausschließlich der Hagelversicherung.

Der rechnungsmäßige Gewinn der 56 berücksichtigten Versicherungsgesellschaften (ausschließlich Hagelversicherung) betrug im Jahre 1920 97,87 Millionen Mark gegen 90,30 Millionen Mark im Jahre 1913. Bei den 35 Gesellschaften, die ihr Kapital in der Zwischenzeit nicht veränderten, sank der Reingewinn von 66,75 Millionen auf 64,23 Millionen

[1]) Nach dem Geschäftsbericht der Gesellschaft für 1920 ist der Pferdeomnibusbetrieb „für immer aus dem Wettbewerb der großstädtischen Verkehrsunternehmungen ausgeschaltet". — Übrigens wurde der Pferdeomnibusbetrieb inzwischen völlig eingestellt.

Mark. Der statistische Reingewinn aller 56 Gesellschaften stieg von 90,30 Millionen auf 91,93 Millionen Mark, er erreichte also in Goldmark kaum mehr als den zehnten Teil des einstigen Friedensgewinnes.

Die statistische Zusammenstellung aller Versicherungsgesellschaften mit Ausnahme der Hagelversicherung war notwendig, weil die verschiedenen Versicherungszweige bei den meisten Gesellschaften mehr oder weniger vereinigt sind. Bei der Besprechung der Ergebnisse der Unternehmungen müssen dagegen die einzelnen Abteilungen getrennt voneinander behandelt werden, da sie sich ganz verschieden entwickelten.

Was zunächst das Lebensversicherungsgeschäft anbetrifft, so hatte dasselbe zwar gegenüber dem Vorjahr 1919 und mehr noch gegenüber 1913 einen erheblichen Papiermarkzuwachs zu verzeichnen; auch war die durchschnittliche Versicherungssumme des Bestandes und vor allem des Zugangs in der Todesfallversicherung nach dem Kriege bedeutend höher als vorher. Aber diese ziffernmäßigen Erhöhungen hielten doch nicht annähernd mit der Geldentwertung Schritt und standen unverhältnismäßig gesteigerten Unkosten gegenüber. Aus der nachfolgenden kleinen Tabelle ist ersichtlich, in welchem Maße sich der Versicherungsbestand bei einer Anzahl größerer Gesellschaften gegenüber der Vorkriegszeit erhöhte, und wie gering die Erhöhung im Vergleich zu dem auf mindestens den zehnten Teil gesunkenen Geldwert war:

	Versicherungskapital in Millionen Mark	
	1913	1920
Berlinische Lebens-Versicherungs-Gesellschaft .	304,7	844,1
Concordia in Cöln	403,8	655,6
Germania in Stettin	950,7	1270,2
Magdeburger Lebensversicherungs-Gesellschaft .	367	610
Viktoria zu Berlin	2449	4381
Arminia in München	272,2	697,2
Gesamtsumme:	4747,4	8458,0

Im einzelnen erwiesen sich die alten Prämiensätze alter Verträge als besonders unzureichend, während andererseits der große Zustrom neuer Versicherungen insofern schädlich war, als die Verwaltungskosten gerade bei Abschluß neuer Versicherungen sehr groß sind und daher die finanzielle Lage der Gesellschaften übermäßig belasten. Viele Gesellschaften konnten sogar die Bewältigung des neuen Geschäfts nur mit Hilfe der sogenannten Zillmerschen Methode (Rückstellung einer niedrigeren Prämienreserve im ersten Jahr) bewirken, was dadurch erleichtert wurde, daß die gesetzliche Bestimmung, die das Zillmern auf den Höchstsatz von $12\frac{1}{2}$% der Versicherungssumme beschränkte, bereits im Jahre 1919 aufgehoben wurde.

Ferner wirkten auf das finanzielle Ergebnis der Lebensversicherungsgesellschaften die gegenüber der früheren Friedenszeit schlechteren Sterblichkeitsverhältnisse ungünstig ein. Vor allem aber wurde den Gesellschaften der Währungsverfall zum Verhängnis, in den ihre Kapitalsanlagen mitgerissen wurden. Besonders schlecht erging es dabei denjenigen Unternehmungen, die ihr Geschäftsgebiet auf das Ausland ausgedehnt und Versicherungen in ausländischer Währung abgeschlossen hatten, denn diese Gesellschaften waren gesetzlich gezwungen, ihre Kapitalien in deutschen Werten anzulegen, so daß sie Rücklagen in ausländischer Währung für ihre ausländischen Versicherungen nicht hatten machen können und durch den Sturz der Mark an den Rand des Bankrotts gebracht wurden[1]).

Zu den nicht meßbaren Verlusten durch die Geldentwertung traten — übrigens bei allen Versicherungsgesellschaften — erhebliche meßbare Verluste infolge Kursrückganges der Wertpapiere, insbesondere der Kriegsanleihen (1919) und der Sparprämienanleihe (1920).

Die unverhältnismäßig hohen Verwaltungskosten wurden bereits erwähnt, sie waren besonders drückend in der Volksversicherung, die mit ihren Wochenbeiträgen weit mehr Arbeitskräfte in Anspruch nahm, als die gewöhnliche Lebensversicherung, was bei der „Viktoria" zu Berlin dahin führte, daß für 1920 an die in der Volksversicherung Versicherten keine Dividende verteilt werden konnte.

In der Feuerversicherung war die Lage für die Versicherungsgesellschaften etwas besser, aber die Anpassung des Versicherungsbestandes an die Geldentwertung erfolgte, wenn auch in stärkerem Umfange als bei der Lebensversicherung, so doch im ganzen ebenfalls recht unvollkommen, wie sich aus der nachfolgenden kleinen Übersicht ergibt:

	Feuerversicherungsbestand in Millionen Mark	
	1913	1920
Aachener u. Münchener Feuer-Versicherungs-Ges.	15 016	32 722
Berlinische Feuer-Versicherungsanstalt (anstatt 1913, 1914)	2 981	8 873
Colonia in Cöln	6 205	14 418
Leipziger Feuer-Versicherungsanstalt	6 724	15 582
Magdeburger Feuerversicherungs-Gesellschaft	14 634	43 956
Oldenburger Versicherungsgesellschaft	1 206	2 307
Schlesische Feuerversicherungs-Gesellschaft	4 491	15 001
Union Allgemeine Versicherungs-Ges. zu Berlin	1 960	4 685
Viktoria Feuerversicherungs-Gesellschaft zu Berlin (statt 1913, 1914)	3 141	13 848
Gesamtsumme:	56 358	151 392

[1]) In neuester Zeit mußte das Reich, um die Gesellschaften vor dem Zusammenbruch zu retten, einspringen und einen Teil der Valutalast auf sich nehmen.

Die Transportversicherung warf im allgemeinen einen ganz guten Gewinn ab, wenn auch die politische und wirtschaftliche Entwicklung durch die Einschränkungen, die sie dem Ein- und Ausfuhrhandel auferlegte, dem Transportversicherungsgeschäft nicht gerade günstig war. Überwiegend mit Verlust schloß dagegen das Geschäft in der Unfall-, Haftpflicht- und Diebstahlversicherung ab. Vor allem das Ergebnis der Haftpflichtversicherung war äußerst ungünstig. Das lag daran, daß in den Haftpflichtversicherungsurkunden keine Versicherungssumme, sondern lediglich Höchstbeträge festgelegt sind, bis zu denen der Versicherer im Schadenfalle haften und innerhalb deren jeder Schadenfall, einerlei wie hoch er ist, bezahlt werden muß. Infolge der Geldentwertung erreichten nun die Schadenfälle regelmäßig sehr hohe Summen, und da dieselben meist noch unter der Höchstgrenze lagen und infolgedessen voll gedeckt werden mußten, wurden die Versicherungsgesellschaften unverhältnismäßig stark belastet, während die Versicherten keine höhere Prämie als früher zu zahlen brauchten[1]). Das schlechte Ergebnis der Einbruchdiebstahlversicherung war eine natürliche Folge des Niederganges der öffentlichen Sicherheit und der allgemeinen Moral, wie sie Krieg und Revolution mit sich brachten.

Was das Problem der Scheingewinne anbetrifft, so haben sämtliche Versicherungsgesellschaften zwar insofern keine Verluste erlitten, als verlustreiche Verkaufskalkulationen bei ihnen nicht vorkamen und nicht vorkommen konnten; wohl aber sind die Versicherungsgesellschaften durch Anlegung ihres Vermögens und der Prämienreserven in festverzinslichen Papieren in Verbindung mit der Geldentwertung in hohem Grade verarmt. Sie sind in dieser Hinsicht den Hypothekenbanken vergleichbar, denen sie auch insofern nahestehen, als ihre Gläubiger ebenfalls infolge der Geldentwertung de facto riesige Summen verloren haben. Man kann in beiden Fällen nicht von Scheingewinnen sprechen, die auf Kosten des Kapitals erzielt worden wären, vielmehr ist das Kapital direkt und in sich selbst zusammengeschrumpft.

39. Die Hagelversicherung.

Der Reingewinn der vier der Statistik zugrunde liegenden Hagelversicherungen belief sich 1920 auf 5,16 Millionen gegen 5,59 Millionen Mark im Jahre 1913. Der Reingewinn der einzigen von den vier Gesellschaften, die ihr Kapital nicht veränderte, sank von 1,55 Millionen auf 1,05 Millionen Mark. Der statistische Reingewinn aller vier Gesellschaften ermäßigte sich von 5,59 Millionen auf 4,59 Millionen Mark. Das Ergebnis erscheint, besonders wenn man den Gewinn von 1920

[1]) Aus diesem Grunde genehmigte auch das Reichsaufsichtsamt unter dem 6. November 1920, daß die Haftpflichtversicherer die Prämie mit Wirkung vom 1. Januar 1921 erhöhten, soweit die Versicherten damit einverstanden waren.

auf Goldmark umrechnet, sehr ungünstig. Es ist vor allem darauf zurückzuführen, daß die im Jahre 1920 niedergegangenen Unwetter mit Hagelschlag zahlreich und umfangreich waren. Dazu kam, wie überall, die starke Steigerung der Gehälter und der allgemeinen Unkosten; wogegen die infolge Steigerung der Preise aller Feldfrüchte eingetretene Erhöhung der Prämien keinen genügenden Ausgleich schaffen konnte.

L. Verschiedene Gesellschaftsgruppen.

40. Chemische Fabriken und Farbwerke.

Der Reingewinn der 67 berücksichtigten Gesellschaften der chemischen Industrie (einschließlich Farbenindustrie) betrug nach dem Kriege 438,48 Millionen gegen 86,46 Millionen Mark vor dem Kriege. Der Reingewinn der 20 Gesellschaften, die ihr Kapital in der Zwischenzeit nicht veränderten, stieg von 9,61 Millionen im Jahre 1913 auf 26,10 Millionen Mark im Jahre 1920. Der statistische Reingewinn aller 67 Gesellschaften hob sich von 86,46 Millionen auf 391,05 Millionen Mark, was in Goldmark umgerechnet einer Ermäßigung auf rund 45 % des Vorkriegsgewinnes gleichkommt.

Über die Erzeugung bzw. den Umsatz hat fast keine Gesellschaft ziffermäßige Angaben veröffentlicht. Auch im Statistischen Jahrbuch 1921/22 sind keine Mitteilungen gemacht, und die ausführlichen Notizen über den auswärtigen Handel, die sich dort finden, sind, ganz abgesehen davon, daß sie keinen Aufschluß über die inländischen Absatzverhältnisse und demgemäß über die Produktion geben, schon deshalb nicht gut verwendbar, weil die Reparationslieferungen in ihnen nicht enthalten sind. Immerhin zeigen diese Notizen einen derartigen Rückgang der Ausfuhr der wichtigsten chemischen Produkte und Farbstoffe [1]), daß man daraus ohne Voreiligkeit auf einen starken Rückgang

[1])

	Ausfuhr in Tonnen 1913	1920
Schwefelsaures Ammoniak	75 868	26 094
Natriumsulfhydrat usw.	62 209	19 438
Anilin und andere n. b. g. Farbstoffe	64 288	17 899
Alizarin usw.	11 040	3 325
Indigo	33 353	6 509
Bleistift usw.	2 698	1 942
Schießpulver	2 283	470
Zündpillen usw.	1 628	418
Gefüllte Waffenpatronen	9 127	1 027
Zubereitete Arzneiwaren u. sonst. pharmazeut. Erzeugnisse	2 508	1 053
Chemische Erzeugnisse zum Heilgebrauch	1 291	286
Chemische Erzeugnisse für pharmazeut. u. dgl. Zwecke	2 768	2 895

der Erzeugung schließen kann. Auch durch allgemeine Angaben in den Gesellschaftsberichten wird dies verschiedentlich bestätigt. So teilt die Verwaltung der Höchster Farbwerke in ihrem Geschäftsbericht für 1920 mit, daß der Betrieb in Spezialprodukten zwar gut beschäftigt gewesen sei, in vielen Artikeln aber kaum die Hälfte der Friedenserzeugung erreicht habe. Auch bei den Elberfelder Farbenfabriken war laut Bericht für 1920 der Umfang der Produktion noch lange nicht auf das Niveau der Friedenszeit gekommen; die chemische Fabrik Weiler ter Meer hatte, wie ausdrücklich mitgeteilt wurde, nicht einmal die Hälfte des Vorkriegsdurchschnitts erreicht, und wenn die Verwaltung der Vereinigten Glanzstoff-Fabriken A.-G. melden konnte, daß ihr Umsatz gegenüber der Friedenszeit auf mehr als das 25fache gestiegen sei — was sicher auch eine Steigerung der Erzeugung bedeutet —, so war das offenbar ein Ausnahmefall. In besonders ungünstiger Lage befanden sich die zahlreichen Gesellschaften, die auf die Erzeugung von Kriegsmaterial, insbesondere Munition, eingestellt waren und nun diese Produktion zum Teil oder — wie die Köln-Rottweiler Pulverfabriken — vollständig aufgeben mußten. Hier wurde zwar unverdrossen an der Umstellung der Betriebe gearbeitet[1]), aber ein normaler Gewinn konnte infolge der Umstellungsarbeiten im Jahre 1920 im allgemeinen noch nicht erzielt werden. Von sehr einschneidender Bedeutung war bei allen Fabriken der Kohlenmangel, der zu häufigen und lange währenden Betriebsstockungen, sowie zu Umstellungen auf Braunkohlenfeuerung, teilweise auch zur Einfuhr teurer ausländischer Kohle führte. In zweiter Linie war der Mangel an eigentlichen Rohstoffen schädlich. Auch die schwankende Konjunktur machte sich, soweit nicht Spezialprodukte in Frage kamen, die immer begehrt wurden, sehr unliebsam bemerkbar und verhinderte eine normale Entwicklung der Produktion. Sehr unregelmäßig war auch der Abruf der Reparationslieferungen, was ebenfalls die Erzeugung indirekt behinderte. — Die Zündholzindustrie stand 1920 noch unter dem Druck der Zwangswirtschaft.

Der Absatz im Ausland wurde dadurch beeinträchtigt, daß während des Krieges die ausländische Konkurrenz erstarkt war[2]). Das gilt vor allem von pharmazeutischen Erzeugnissen und von Farbstoffen.

Ein bedeutendes Aktivum, dessen volle Auswirkung freilich erst im Laufe der Jahre zur Geltung kommen wird, hatte die chemische

[1]) Z. B. verlegte sich „Köln-Rottweil“ u. a. auf die Herstellung von Textilrohstoffen, Vulkanfiber, Fußbodenbelag.

[2]) Bei Quebracho-Holzextrakt machte sich die ausländische Konkurrenz sogar im Inlande stark bemerkbar, da die Fracht für das vom Ausland bezogene fertige Extrakt bedeutend niedriger war, als für das als Rohstoff zu importierende Holz, wogegen der Einfuhrzoll keinen genügenden Ausgleich schuf.

Industrie gegenüber der Vorkriegszeit: Die Gewinnung des Stickstoffes aus der Luft. In dieser Hinsicht nahm die technische Entwicklung der Fabriken im Jahre 1920 einen befriedigenden Verlauf; Erweiterung und Ausbau machten gute Fortschritte.

Hinsichtlich des erzielten Nutzens war die Lage der Gesellschaften sehr verschieden. Für die Erzeugnisse der Stickstoff- und Zündholzfabrikate bestanden Höchstpreise, die sich den erhöhten Gestehungskosten nicht immer anpaßten. So waren die am 1. März 1920 festgesetzten Preise für Stickstoffdüngemittel während des ganzen Jahres 1920 unverändert in Geltung, und die Badische Anilin- und Soda-Fabrik A.-G. beklagte sich in ihrem Geschäftsbericht für 1920 darüber, daß die Löhne das 14fache, die Preise der Steinkohlen das 24fache, der Preis des schwefelsauren Ammoniaks aber nur das 9 1/2fache des Vorkriegsstandes erreicht habe. Immerhin besteht kein Zweifel, daß die Preise wenigstens keinen Verlust brachten, wie das bei den Kalipreisen der Fall war. Auch konnte die Ausfuhr zu mehr als dem doppelten Inlandspreis erfolgen. In der Zündwarenfabrikation waren die Ergebnisse des Nachkriegsgeschäftsjahres sehr schwankend, je nachdem die festgesetzten Höchstpreise den durch die Steigerung der Rohstoffpreise geschaffenen Verhältnissen Rechnung trugen[1]). Der Zwang zur Umstellung auf minderwertige Brennstoffe, sowie zum Bezug ausländischer Kohle erhöhte die Gestehungskosten beträchtlich, wenn auch die Ausfuhr, die im Verhältnis zur Produktion immer noch eine große Rolle spielte, hier wenigstens teilweise einen Ausgleich schuf. Rechnerisch ungünstig wirkte auch die sinkende Konjunktur im Jahre 1920, die zu scharfen Preisrückgängen führte. Dabei gingen die Preise der Rohstoffe nur ganz allmählich zurück, und vor allem — ein Umstand, der wohlgemerkt in sämtlichen Gewerbezweigen der gleiche ist — die Löhne erfuhren keinerlei Ermäßigung, sondern stiegen allmählich weiter, so daß den rechnerischen Verlusten bei der Wichtigkeit des Faktors Arbeit für die chemische Produktion nur in sehr geringem Umfange Scheinverluste entsprachen; vielmehr wurden meist auch wirkliche Verluste erlitten. Umgekehrt spielten die Scheingewinne in der Chemischen Industrie unzweifelhaft eine schwerwiegende Rolle. Ein Gewerbe, das so wie dieses ein großes Lager an Rohstoffen und Fertigfabrikaten hält, muß notwendigerweise bei Kalkulation in Papiermark und sinkendem Geldwert in bedeutendem Umfang Scheingewinne erzielen[2]). Nur

---

[1]) Vgl. Bericht der Stahl- und Nölke-A.-G. für Zündwarenfabrikation für das Jahr 1919/20.

[2]) Andererseits konnte die Chemische Fabrik vorm. Goldenberg, Geromont & Co. der Scheingewinngefahr dadurch entgehen, daß sie laut Geschäftsbericht für 1920 durch Veredelungsverkehr in Weinsteinsäure ohne weitere Erhöhung des Kapitals den Absatz von Weinsteinsäure auf Friedenshöhe brachte.

bei der Stickstoffherstellung ist es im allgemeinen wohl nicht zu Scheingewinnen gekommen, denn der wichtigste Rohstoff ist hier die Luft; die Kohlen bezogen die Fabriken meist aus eigenen Bergwerken; die Erzeugung selbst erstreckte sich über einen ganz kurzen Zeitraum, und der Absatz erfolgte in raschem Tempo, so daß es nicht zu einer Anhäufung von Warenvorräten kam. Die von der eigentlichen Stickstoffindustrie vorgenommenen Kapitalserhöhungen sind daher nicht als ein Beleg für erzielte Scheingewinne anzusehen, sie sind nur eine Folge der Ausdehnung und Erweiterung dieses Industriezweiges. Anders müssen dagegen die Kapitalserhöhungen beurteilt werden, die auf den übrigen Fabrikationsgebieten der chemischen Industrie vorgekommen sind. Hier spricht die unleugbare Tatsache eines erheblichen Produktionsrückganges in Verbindung mit den eingetretenen großen Kapitalserhöhungen a priori dafür, daß Scheingewinne erzielt wurden, denen in Wahrheit nicht nur kein Gewinn, sondern wirkliche Verluste zugrunde lagen. Der durch Auslandsverkäufe erzielte Nutzen konnte diesen Umstand wohl mildern, aber nicht beseitigen.

Was die Abschreibungen anbetrifft, so waren die eigentlichen Abschreibungen in der chemischen Industrie wie in fast allen Gewerbezweigen im Vergleich zu den Vorkriegsabschreibungen unter Berücksichtigung der Geldentwertung nicht voll ausreichend. Man kann aber hieraus keinen allgemeinen Schluß auf wirklich ungenügende Abschreibungen überhaupt ziehen. Die Elberfelder Farben-Fabriken z. B. verbuchten per 31. Dezember 1920 eine Summe von nicht weniger als 80 Millionen Mark unter Kreditoren für einen Werkerhaltungsfonds. Die Vereinigten Glanzstoff-Fabriken A.-G. in Elberfeld brachten 1920 neben 1 1/2 Millionen Mark ordentlichen Abschreibungen für Zuweisungen an ein Werkerhaltungsfonds 30 Millionen Mark vom Rohgewinn in Abzug gegenüber 1,6 Millionen Mark einfachen Abschreibungen vor dem Kriege; und auch völlig unsichtbare stille Rückstellungen sind unzweifelhaft in größerem Umfange vorgekommen. Ob also durch unrichtige Bewertung der Anlagewerte Scheingewinne erzielt worden sind, ist zum mindesten zweifelhaft.

41. Die Papierindustrie.

Der ausgewiesene Reingewinn der untersuchten 40 Gesellschaften der Papierindustrie (auch Pappen-, Tapeten- und Zellstoffindustrie) stieg von 16,94 Millionen vor dem Kriege auf 96,18 Millionen Mark nach dem Kriege. Der Reingewinn der zehn Gesellschaften, deren Kapital in der Zwischenzeit unverändert blieb, hob sich von 1,57 Millionen auf 10,57 Millionen Mark. Der statistische Reingewinn aller 40 Gesellschaften belief sich auf 92,05 Millionen im Jahre 1920 gegen 16,94 Millionen

Mark im Jahre 1913, er betrug also auf Goldmark umgerechnet rund 54% des Vorkriegsgewinnes.

Über die Erzeugung bzw. den Umsatz haben nur sehr wenige Gesellschaften ausreichende Angaben gemacht, immerhin sind dieselben nicht ohne Interesse:

	Produktion in Tonnen		Umsatz in Tausend Mark	
	vor dem Kriege	nach dem Kriege	vor dem Kriege	nach dem Kriege
Ammendorfer Papierfabrik			4 764	33 190
Cröllwitzer Aktien-Papierfabrik			3 426	24 376
Costheimer Cellulose- und Papierfabrik Akt.-Ges.	17 419	4 338		
Papierfabrik Reisholz			7 949	120 165
Schlesische Cellulose- und Papierfabrik Akt.-Ges.	16 836	11 913		
Teisnacher Papierfabrik A.-G.	10 656	8 763		

Die große Umsatzsteigerung bei der Papierfabrik Reisholz ist zum Teil auf die Erweiterung und Ausdehnung des Betriebes zurückzuführen. Im übrigen erhellt aus allen Zahlen, daß ein mehr oder weniger bedeutender Rückgang der Erzeugung[1]) eingetreten ist. Ein ähnliches Bild ergibt sich aus den im Statistischen Jahrbuch 1921/22 veröffentlichten Außenhandelsziffern, die einen bedeutenden Rückgang der Ausfuhr von Papier und vor allem Zellstoff anzeigen[2]).

Die Hauptursachen des Sinkens der Produktion sind neben der überall wirksamen Verringerung der Arbeitsintensität die Kohlennot und der Rohstoffmangel, zwei Momente, die wir schon oft bei anderen Gesellschaftsgruppen als bedeutungsvoll kennen gelernt haben, und die in der Papierindustrie häufig zu Betriebseinschränkungen und Betriebsstillegungen führten. Allerdings gelang es den Fabriken nicht selten, ihren Betrieb allmählich auf Verfeuerung minderwertigen Brennmaterials, insbesondere auch von Ölen umzustellen; aber gerade die Verwendung von Heizöl verschlang verhältnismäßig große Summen, die in den Preisen nicht in vollem Umfange wieder eingebracht werden konnten[3]). Im übrigen waren die Preise rechnerisch günstig, besonders das Exportgeschäft ließ einen guten Nutzen, wenn auch im Sommer 1920 die Nachfrage des Auslandes sowie des Inlandes vielfach stark zurückging.

[1]) Eine der größten Papier- bzw. Zellstoffabriken, die Zellstoffabrik Waldhof teilte in ihrem Geschäftsbericht für 1920 mit, daß sie selbst in den günstigsten Monaten des Geschäftsjahres höchstens 60% der Friedenserzeugung erreicht habe. — Nach einem Bericht aus Fachkreisen an den Berliner Börsen-Courier (Morgenausgabe vom 11. März 1921) wurde die Leistungsfähigkeit der deutschen Papierindustrie im Winter 1920/21 nur zu ungefähr 55% ausgenutzt.

[2]) Die Ausfuhr von Zellstoff sank auf weniger als den fünften Teil der im Jahre 1913 erreichten Ausfuhr.

[3]) Vgl. die Geschäftsberichte der Freiberger Papierfabrik in Weißenborn für 1920 und der Chemnitzer Papierfabrik in Einsiedel für 1919/20.

Was die Frage der Scheingewinne anbetrifft, so liegen die Verhältnisse hier analog denen der Chemischen Industrie; was über diese im allgemeinen gesagt worden ist, gilt deshalb auch hier. Auch entsprachen die ausgewiesenen Abschreibungen in den meisten Fällen nicht der Geldentwertung[1]. Aber ein bestimmter Schluß kann hieraus ebenso wenig gezogen werden, wie bei der Chemischen Industrie.

42. Druckereien und Verlagsanstalten.

Der Reingewinn der berücksichtigten 15 Druckereien und Verlagsanstalten einschließlich Kunstanstalten belief sich im Nachkriegsjahr auf 9,96 Millionen gegen 2,37 Millionen Mark im letzten Vorkriegsjahr; der Reingewinn der drei Gesellschaften mit unverändert gebliebenem Aktienkapital stieg von 0,68 Millionen auf 3,75 Millionen Mark, und der statistische Reingewinn aller 15 Gesellschaften erhöhte sich von 2,37 Millionen auf 9,57 Millionen Mark. Er betrug also, auf Goldmark umgerechnet, rund 40 % des einstigen Friedensgewinnes.

Der Geschäftsgang der von unserer Statistik erfaßten Unternehmungen war äußerlich verhältnismäßig nicht ungünstig. An Aufträgen fehlte es den Druckereien mit Ausnahme der Sommermonate 1920 nicht, und auch für die Verlagsanstalten wurden mehrfach relativ gute Ergebnisse ausgewiesen. Aber diese Resultate dürfen nicht darüber täuschen, daß die Verleger, insbesondere die Zeitungsverleger, schon im Jahre 1920 einen schweren Stand hatten. Ihre Produktion, — oder konkret gesprochen die Höhe ihrer Auflage — sank 1920 und mehr noch 1921 erheblich, was daran lag, daß die Zeitungen mit der fortschreitenden Auflösung der Zwangswirtschaft[2] mehr und mehr den Charakter eines notwendigen Bedarfsartikels, der die Kenntnis der Lebensmittelvorschriften vermittelte, verloren, und daß das Publikum daher um so weniger geneigt war, die notgedrungen erhöhten Abonnementspreise zu zahlen.

Der Gefahr der Scheingewinne unterlagen sowohl Druckereien als auch Verlagsanstalten, und zwar insbesondere durch Einkauf von Papier

---

[1] Immerhin betrugen die Abschreibungen bei fünf Gesellschaften das Zehnfache der Friedenserzeugung oder noch mehr. Es sind dies die Varziner Papierfabrik (4,236 Millionen 1920 gegen 0,374 Millionen 1913), die A.-G. für Zellstoff- und Papierfabrikation (10 Millionen einschließlich Werkerhaltung gegen 1,058 Millionen), die Hasseroder Papierfabrik A.-G. (1,150 gegen 0,104 Millionen), die Holzstoff- und Holzpappenfabrik Limmritz-Steina (2,06 einschließlich Werkerhaltung gegen 0,073 Millionen) und die Chromo-Papier- und Kartonfabrik vorm. Gustav Najork A.-G. (Reparaturen und Erneuerung 0,628 gegen 0,028 Millionen, Abschreibungen 0,599 gegen 0,06 Millionen Mark).

[2] Für die Berliner Vorortblätter war vor allem die Eingemeindung von Nachteil.

zu „vorteilhaften" Preisen [1]). Eine Ausnahme machten die Druckereien insoweit, als sie im Lohndruck für fremde Rechnung arbeiteten. Die meisten Gesellschaften erzielten aber ohne Frage in bedeutendem Umfange Scheingewinne, was sich schon daraus ergibt, daß die große Mehrzahl der Gesellschaften Kapitalserhöhungen vornahm, trotzdem die Produktion sich verringerte. Auch würde es niemals zu dem großen Zeitungssterben gekommen sein, das wir in den Jahren 1921 und 1922 erlebt haben, wenn die Abonnementspreise — was freilich nach Lage der Sache gar nicht durchführbar war — den jeweiligen Wiederbeschaffungskosten hätten angepaßt werden können. Tatsächlich vermochten die Verleger aus den rechnerisch nicht selten noch ausgewiesenen Gewinnen das neu zu erwerbende Papier nicht zu kaufen, sodaß schließlich nur die Einstellung des Betriebes übrig blieb.

43. Die Gummiindustrie.

Der Reingewinn der 13 berücksichtigten Gesellschaften der Gummiindustrie belief sich im Jahre 1920 auf 36,24 Millionen gegenüber 10,83 Millionen Mark im Jahre 1913. Nur bei einer Gesellschaft blieb das Aktienkapital unverändert; der Reingewinn dieser Gesellschaft stieg von 0,102 Millionen auf 0,303 Millionen Mark. Der statistische Reingewinn aller 13 Gesellschaften erhöhte sich von 10,83 Millionen auf 31,11 Millionen Mark; er betrug also im Jahre 1920, auf Goldmark umgerechnet, weniger als 30% des Vorkriegsgewinnes.

Die Deutsche Gummiindustrie verbrauchte im Jahre 1920 an Kautschuk, Guttapercha und Balata (roh oder gereinigt) insgesamt 126 500 Doppelzentner gegen rund 191 800 Doppelzentner im Jahre 1913 [2]). Der Verbrauch und dementsprechend die Erzeugung der eigentlichen Gummiindustrie ist also um etwa 34% zurückgegangen. Da aber das Versorgungsgebiet kleiner geworden ist, war der Produktionsrückgang bei den einzelnen im Rahmen des Deutschen Reiches verbliebenen Gesellschaften minder erheblich [3]).

Mit der Aufhebung der Zwangswirtschaft für Gummi im September 1919 fielen die Fesseln, die die Gummiindustrie lange Zeit gelähmt hatten. Einfuhr und Produktion wurden rasch auf einen ansehnlichen

---

[1]) Die Erzielung von Scheingewinnen wird in den Geschäftsberichten der Kunstdruck- und Verlagsanstalt Wezel & Naumann A.-G. („günstige" Einkäufe) und der Kunstanstalt vorm. Etzold & Kießling A.-G. („aus früheren Jahrgängen stammende Auslandswaren konnten nutzbringend verwertet werden") ausdrücklich bestätigt.

[2]) Errechnet auf Grund der Zahlen des Statistischen Jahrbuchs 1921/22, S. 153.

[3]) 1921 wurde die Friedensproduktion vermutlich erreicht, wenn nicht überschritten.

Umfang gebracht; und wenn die einstige Friedenserzeugung noch nicht erreicht wurde, so lag das vor allem an der Brennstoffnot und den durch sie bedingten Betriebseinschränkungen und Betriebsstillegungen. Der Mangel an Steinkohlen war für die Gummiindustrie besonders schädlich, denn bei der Eigenart der Gummifabrikation konnte die Braunkohlenverfeuerung keinen ausreichenden Ersatz bieten.

An Absatzmöglichkeiten fehlte es der Industrie im allgemeinen nicht. Auch seitens des Auslandes bestand Nachfrage, doch belief sich die tatsächliche Ausfuhr von Gummiwaren per Saldo im Jahre 1920 nur auf 10 500 Doppelzentner gegen 173 000 Doppelzentner im Jahre 1913. Offenbar war der Bedarf des Inlandes infolge der langen Karenzzeit während des Krieges so groß, daß er einen relativ viel größeren Teil der Produktion an sich zog, als vor dem Kriege. Von der Baisse im Sommer 1920 wurde auch die Gummiindustrie, und zwar in erheblichem Maße, betroffen.

Überraschen muß bei dem immerhin bedeutendem Umfang der Erzeugung das vergleichsweise niedrige finanzielle Ergebnis der Gesellschaft. Die Erklärung liegt einmal in der, insbesondere durch Einfuhr amerikanischer Kohle, stark verteuerten Produktion und zweitens vor allen Dingen in den großen kalkulatorischen Verlusten, welche die in ihren Rohstoffen ganz vom Auslande abhängige Industrie durch den Konjunkturumschlag erlitt; dabei war, wie bei den meisten Rohstoffen, nicht nur das Steigen der Mark, sondern auch das Sinken der Weltmarktpreise für Kautschuk verhängnisvoll. Immerhin hatte von den 13 Gesellschaften nur eine, die Norddeutsche Gummi- und Guttaperchawaren-Fabrik Fonrobert und Reimann einen Verlustabschluß infolge nachteiliger Materialienkäufe aufzuweisen, während alle anderen mit einem Reingewinn abschnitten. Da bei der Gummiindustrie der Faktor Rohstoff eine besonders große Rolle spielt, sind diese Konjunkturverluste vom Standpunkt der Erhaltung des mengemäßig bestimmten Kapitals zum großen Teil als Scheinverluste aufzufassen, während unter dem Gesichtspunkt der Erhaltung des realen Kapitals bei der nur ganz unbedeutenden Steigerung des inneren Geldwertes von Scheinverlusten hier, ebenso wie sonst, kaum gesprochen werden kann. Umgekehrt sind Scheingewinne unzweifelhaft in großem Umfange erzielt worden, was in Anbetracht der starken Kapitalserhöhungen in Verbindung mit der verringerten Produktion keines weiteren Beweises bedarf. Außerdem sind große direkte Geldentwertungsverluste dadurch entstanden, daß die Betriebe im Kriege vielfach stilliegen mußten. Die infolgedessen verfügbar gewordenen Mittel wurden nun in Schatzwechseln oder anderen liquiden, aber von der Währung völlig abhängigen Werten angelegt; und als die Fabrikation in den Jahren 1919 und 1920 allmählich wieder aufgenommen werden konnte, reichten die vorhandenen

Mittel nur mehr zum Ankauf eines Bruchteils der früheren Vorräte aus, so daß Kapitalserhöhungen dringend erforderlich wurden, Verhältnisse, wie wir sie ganz ähnlich schon bei der Lederindustrie und anderen Industrien kennen gelernt haben.

44. Die Linoleumindustrie.

Der Reingewinn der vier Gesellschaften der Linoleumindustrie belief sich 1920 auf 9,20 Millionen gegen 2,66 Millionen Mark im Jahre 1913. Der Reingewinn der einzigen Gesellschaft, die ihr Kapital nicht veränderte, der Poppe & Wirth A.-G., stieg von 0,255 Millionen auf 1,327 Millionen Mark. Der statistische Reingewinn aller vier Gesellschaften erhöhte sich von 2,66 Millionen auf 8,89 Millionen Mark. Er betrug also rund 33 ½ % des Vorkriegsgewinnes.

Die Linoleumindustrie gehört zu den Gewerbezweigen, die am meisten durch den Krieg gelitten haben. Ihr wichtigster Rohstoff, das Leinöl, konnte, soweit er aus dem Auslande eingeführt oder im Inlande erzeugt wurde, für die Linoleumfabrikation nicht freigegeben, sondern mußte der Fettversorgung dienstbar gemacht werden. Erst gegen Ende des Jahres 1919 erhielten die Linoleumfabriken Materialien zur Wiederaufnahme der Produktion zugewiesen, jedoch erfolgte die Zuweisung zunächst nur in beschränktem Umfange; und während des ganzen Jahres 1920 blieb die Zwangswirtschaft der Öle und Fette und mit ihr die Beschränkung der Rohstoffbelieferung für die Linoleumindustrie bestehen. Nach der Anfang des Jahres 1921 erfolgten Aufhebung der Zwangswirtschaft war es dann den Fabriken endlich möglich, ihre Produktion nach Belieben einzurichten und auszudehnen.

Ausreichende Angaben über die Produktion fehlen. Daß die Ausfuhr gegenüber der Vorkriegszeit geradezu verschwindend gering war, beweisen die Außenhandelsziffern des Statistischen Jahrbuches 1921/22. Hiernach betrug die Nettoausfuhr[1]) für Fußbodenbelag aus Linoleum oder ähnlichen Stoffen im Jahre 1913 17544 Tonnen, dagegen im Jahre 1920 nur 1396 Tonnen. Mag sein, daß der Inlandsverbrauch nicht im gleichen Verhältnis sank. Daß die Produktion außerordentlich zurückging, ist nicht zu bezweifeln. Merkwürdigerweise war auch für die infolge verringerten Leinölverbrauchs notgedrungen stark beschränkte Erzeugung der Brennstoffmangel immer noch störend, so daß zum Teil ausländische Kohlen bezogen werden mußten[2]).

Andererseits war der Absatz im allgemeinen gut, trotzdem sich der Konjunkturumschwung im Sommer 1920 wie in fast allen Industrien etwas bemerkbar machte.

---

[1]) Ausfuhr abzüglich Einfuhr.

[2]) Vgl. Geschäftsbericht der Delmenhorster Linoleumfabrik (Anker-Marke).

Die von den Fabriken erzielten Preise waren kalkulatorisch offenbar sehr günstig, denn sonst würde das finanzielle Ergebnis bei dem großen Rückgang der Erzeugung rechnerisch viel weniger gut ausgefallen sein.

Scheingewinne sind im ersten Halbjahr 1920 wohl kaum vorgekommen, denn da die Erzeugung erst gegen Ende 1919 aufgenommen wurde, da weiter die Anfertigungsdauer für Linoleum sich über einen Zeitraum von Monaten erstreckt, konnten in der Hausseperiode 1919/20 noch keine bedeutenden Lieferungen erfolgen. Später dürften Scheingewinne gerade wegen der langen Produktionsdauer erzielt worden sein, jedoch nicht in größerem Umfang; denn während der Dollar in der zweiten Hälfte des Jahres 1920 langsam anstieg, sanken die Weltmarktpreise der Rohstoffe, insbesondere von Leinöl, Jute und Korkholz. Nur die Arbeitslöhne wurden dauernd erhöht; und insofern blieb der kalkulierte Einstandspreis zweifellos hinter dem Wiederbeschaffungspreis zurück. Wegen der fortwährend steigenden Arbeitslöhne, die in der Linoleumindustrie einen sehr wichtigen Faktor bilden, ist es andererseits wohl nicht zu größeren Scheinverlusten, bzw. scheinbaren Mindergewinnen gekommen, denn wenn auch die Wiederbeschaffungskosten für Rohstoffe zeitweise viel niedriger waren als die Gestehungskosten, so war doch bei den Löhnen das Verhältnis stets umgekehrt, so daß es wenigstens zu einem gewissen Ausgleich kam.

Endlich erlitt die Linoleumindustrie ebenso wie die Gummiindustrie große direkte Geldentwertungsverluste. Sie war in dieser Beziehung sogar schlimmer daran als die Kautschuk verarbeitenden Fabriken, denn sie mußte mit der Aufnahme eines größeren Fabrikationsbetriebes erheblich länger warten als diese, d. h. bis zu einer Zeit, da Inlands- und Auslandswert des Geldes noch mehr gesunken waren. Wenn es trotzdem im Jahre 1920 zu keinen größeren Kapitalserhöhungen der Linoleumindustrie gekommen ist, so lag das daran, daß die Erzeugung damals noch verhältnismäßig beschränkt war. Erst im Jahre 1921 nach erfolgter völliger Aufhebung der Zwangswirtschaft kam es zu größeren Kapitalserhöhungen, die jetzt, angesichts der nicht mehr beschränkten Erzeugungsmöglichkeiten dringend geboten waren.

45. Die Petroleumindustrie.

Der Reingewinn der berücksichtigten drei Gesellschaften der Petroleumindustrie belief sich im Jahre 1920 auf 28,98 Millionen gegen 5,75 Millionen Mark im Jahre 1913. Der Reingewinn der zwei Gesellschaften, die ihr Kapital in der Zwischenzeit nicht veränderten, stieg von 0,364 Millionen 1913 auf 2,58 Millionen Mark 1920; der statistische Reingewinn aller drei Gesellschaften erhöhte sich von 5,75 Millionen auf 23,71 Millionen Mark. Bei der geringen Zahl der untersuchten Unternehmungen und der eigenartigen Entwicklung der einzelnen Gesellschaften können die genannten Ziffern jedoch nicht als typisch angesehen werden.

In dreifacher Hinsicht wurde die deutsche Petroleumindustrie durch den Krieg und seine Folgen aufs schwerste getroffen. Sie verlor erstens ihr wichtigstes inländisches Erdölgebiet, die im Elsaß gelegenen Pechelbronner Petroleumquellen, sie verlor zweitens ihre Beteiligung an den ausländischen, insbesondere an den rumänischen Erdölquellen der Steaua Romana, und sie erlitt drittens einen außerordentlichen Rückgang ihres Absatzes im Handels- und Raffinationsgeschäft. Die inländische Erdölgewinnung, die freilich nie sehr erheblich war, sank von 121000 Tonnen 1913 auf 35000 Tonnen im Jahre 1920[1]), und die Einfuhr von gereinigtem Erdöl (Leuchtöl) ging von 745000 Tonnen vor dem Kriege auf 109000 Tonnen nach dem Kriege (1920) zurück, während sich die Einfuhr von Rohbenzin von 159000 Tonnen auf 45000 Tonnen ermäßigte.

Die drei von unserer Statistik erfaßten Gesellschaften sind die Deutsche Erdöl A.-G., die Vereinigten Deutschen Petroleumwerke A.-G. und die Petroleum-Raffinerie vormals August Korff. Von diesen Unternehmungen hatten die Vereinigten Deutschen Petroleumwerke im Jahre 1920 einen geringen bilanzmäßigen Verlust gegenüber einem unbedeutenden Reingewinn 1913. Der schlechte Nachkriegsabschluß war allem Anschein nach in erster Linie auf die geringe Produktion bzw. mangelnde Ergiebigkeit der Ölheimer Petroleumquelle zurückzuführen. Die Petroleum-Raffinerie vormals August Korff erzielte 1920 im Handels- und Raffineriegeschäft einen Reingewinn von rund 2½ Millionen Mark gegen rund 350000 Mark Reingewinn im Jahre 1913. Dabei waren die Abschreibungen im Nachkriegsjahr mit 4,6 Millionen Mark beziffert gegen knapp 75000 Mark Abschreibungen vor dem Kriege. Der Verkauf des Petroleums erfolgte also hier offenbar mit einem außerordentlich hohen rechnerischen Nutzen. Bei der stark verminderten Zufuhr von Erdöl muß indessen angenommen werden, daß es sich bei diesem Nutzen zum großen Teil um Scheingewinne infolge frühzeitiger Einkäufe handelt. Woher der für 1920 ausgewiesene immerhin recht bedeutende Reingewinn der Deutschen Erdöl A.-G. in Höhe von rund 26,4 Millionen Mark stammt, ist bei diesem weitverzweigten und auf vielen Gebieten tätigen Unternehmen aus der sehr kurz gehaltenen Erfolgsrechnung nicht ersichtlich. Nach dem Geschäftsbericht für 1920 arbeiteten die Mineralölwerke Rositz, die ihren Rohstoff für die Ölgewinnung von den zum Konzern der Gesell-

[1]) Statistisches Jahrbuch 1921/22 S. 87.

schaft gehörigen Rositzer Braunkohlenwerken bezogen, im Jahre 1920 mit gutem Nutzen. Außerdem war das Handels-, Transport- und Raffineriegeschäft der Deag trotz der bestehenden Zwangswirtschaft ohne Frage gewinnbringend, wenn auch sicherlich zum Teil mit Scheinnutzen verbunden. Dagegen dürfte die Erdölproduktion selbst noch keinen größeren Ertrag abgeworfen haben; und ob die Gesellschaft, die mit anerkennenswerter Energie die inländische Petroleumerzeugung in die Höhe zu bringen versucht, in dieser Hinsicht in absehbarer Zeit einen größeren Erfolg haben wird, bleibt zweifelhaft. Bisher hat weder der einfache Bohrbetrieb, noch der bergmännische Betrieb, noch die Verarbeitung bituminöser Braunkohle eine umfangreichere Erdölgewinnung in Deutschland gezeitigt. Nach den im Statistischen Jahr-Jahrbuch[1]) veröffentlichten vorläufigen Ermittlungen ist die Erdölgewinnung im Jahre 1920 sogar noch unter den Stand des Jahres 1920 — von 35000 auf 27000 metrische Tonnen — gesunken. Übrigens wies die Deag in ihrem Geschäftsbericht für 1920 auch darauf hin, daß sie zwar ihre Braunkohlengrundlage durch Beteiligung an den Vereinigten Kohlenwerken A.-G., die über bituminöse Braunkohle reichlich verfügten, beträchtlich verstärkt habe, daß diese Braunkohle aber der Ölgewinnung noch nicht zugeführt werden könnte[2]). Dies hinge vielmehr von der Marktlage und davon ab, wie weit die Regierung zum Schutze der neuen inländischen Industrie gegen übermächtigen ausländischen Wettbewerb in Tätigkeit treten würde. Eine Verbilligung der Herstellungsweise durch Verbesserung der Technik erscheint demnach dringend erwünscht. Ob sie Wirklichkeit werden wird, muß die Zukunft lehren.

46. Die Plantagen-Gesellschaften.

Auch von den Plantagen-Gesellschaften konnten nur drei unserer Statistik zugrunde gelegt werden. Der Reingewinn dieser drei Gesellschaften stieg von 0,74 Millionen im Jahre 1913 auf 5,30 Millionen Mark im Jahre 1920. Eine Veränderung des Aktienkapitals fand bei keiner der drei Gesellschaften statt. Der statistische Reingewinn stieg von 0,74 Millionen auf 5,26 Millionen Mark. In Wirklichkeit war das Ergebnis unzweifelhaft viel günstiger, denn die Umrechnung der ausländischen Währung in deutsche Mark erfolgte, wenigstens zum Teil, zu einem weit höheren Markkurs als dem Tageskurse entsprach[3]).

---

[1]) 1921/22 S. 41.

[2]) In neuester Zeit ist die Deag bestrebt, auch die Steinkohle für die Ölgewinnung nutzbar zu machen (Angliederung der Zeche Graf Bismarck).

[3]) Bei der Deutschen Ecuador-Kakao-Plantagen- und Export-Gesellschaft wird dies im Geschäftsbericht für die Jahre 1917/20 ausdrücklich hervorgehoben.

Außerdem sind die Gewinne, weil sie im Auslande in einer relativ stabilen Währung erzielt wurden, keine Scheingewinne, sondern in vollem Umfange wirkliche Gewinne, die selbst an der Kaufkraft der Mark gemessen — unter Berücksichtigung der in dem angenommenen Umrechnungskurs liegenden inneren Reserven — die Vorkriegsgewinne erheblich übertrafen. Leider wird dieses an sich erfreuliche Bild durch den Umstand getrübt, daß es sich bei den Gewinnen um Gewinne aus im Auslande liegenden Unternehmungen handelt, und daß die Aktionäre der Gesellschaften selbst zum großen Teil nicht Deutsche, sondern Ausländer sind[1]). Die drei untersuchten Gesellschaften sind die schon erwähnte Deutsche Ecuador-Kakao-Plantagen- und Export-Gesellschaft, die Guatemala-Plantagen-Gesellschaft in Hamburg und die Osuna-Rochela-Plantagen-Gesellschaft in Hamburg. Die Plantagen der beiden letztgenannten Gesellschaften waren eine Zeitlang von der Regierung von Guatemala beschlagnahmt, wurden aber im Juni 1921 wieder freigegeben. Die in Ecuador belegenen Plantagen der erstgenannten Gesellschaft blieben von jeder Beschlagnahme frei.

Daß die Gewinne der drei Gesellschaften bei der im ganzen völlig unbehinderten und teilweise bedeutend erhöhten Produktion[2]), sowie bei den stark gestiegenen Weltmarktpreisen selbst in Goldmark hoch sein mußten, liegt auf der Hand. Auf weitere Einzelheiten über das überseeische Plantagengeschäft einzugehen, erübrigt sich, da dieselben für die Beurteilung der Lage der deutschen Volkswirtschaft nicht von Interesse sind.

47. Hotels, Bäder und Vergnügungsanstalten.

Unsere Statistik umfaßt unter der Rubrik Hotels, Bäder und Vergnügungsanstalten nur ein Badeunternehmen und zwei Vergnügungsanstalten. Die übrigen Gesellschaften sind Hotels. Der bilanzmäßige Reingewinn aller Unternehmungen stieg von 2,48 Millionen im Jahre 1913 auf 9,40 Millionen Mark im Jahre 1920. Der Reingewinn der neun Aktiengesellschaften, die ihr Kapital unverändert ließen, erhöhte sich von 1,50 Millionen auf 2,71 Millionen Mark. Der statistische

---

[1]) Die Aktionäre der Deutschen Ecuador-Kakao-Plantagen- und Export-Gesellschaft sind fast ausschließlich Ausländer.

[2]) Bei der Guatemala-Plantagen-Gesellschaft in Hamburg stieg die Kaffeeerzeugung von 8163 Quintales im Jahre 1912/13 auf 13970 Quintales 1919/20 bzw. 13000 Quintales 1920/21; auch bei der Osuna-Rochela-Gesellschaft erhöhte sich die Produktion, nämlich von 16350 Quintales Kaffee auf 22495 bzw. 23000 Quintales. Bei der Deutschen Ecuador-Kakao-Plantagen- und Export-Gesellschaft sank dagegen die Erzeugung von 21116 auf 14508 Quintales Kakao; der Kakao-Weltmarktpreis war aber ebenso wie der Kaffee-Weltmarktpreis weit höher als vor dem Kriege.

Reingewinn sämtlicher Gesellschaften wurde für das Nachkriegsgeschäftsjahr mit 9,20 Millionen gegen 2,48 Millionen Mark vor dem Kriege ausgewiesen.

Die Kriegszeit hatte den meisten Hotels durch geringeren Umsatz und gesteigerte Unkosten ungünstige Ergebnisse gebracht. Nach dem Kriege besserten sich die Verhältnisse in wachsendem Maße, und schon im Jahre 1920 wurden vielfach sehr gute Ergebnisse erzielt. Im einzelnen hat man die Periode bis zum 1. Oktober 1920 und die Zeit nachher zu unterscheiden. In der ersten Periode behinderte die Rationierung der Lebensmittel den Betrieb noch erheblich, und der Bierverbrauch war sehr gering, weil das Publikum das Dünnbier in der Regel verschmähte. Die am 1. Oktober 1920 erfolgte Aufhebung der Rationierung, insbesondere von Fleisch, erleichterte dann das Geschäft bedeutend, und auch der Biergenuß steigerte sich, nachdem vom gleichen Zeitpunkt ab die Herstellung von 8 %igem Bier gestattet war. Besonders günstig gestaltete sich der Betrieb für die großen Hotels in Berlin mit seinem starken Fremden- und Ausländerverkehr. Hier waren die Häuser — auch infolge der Wohnungsnot — fast stets überfüllt. Die Anpassung der Preise an die gestiegenen Unkosten gelang ohne Schwierigkeit; und es ist kein Zweifel, daß hier die ausgewiesenen Gewinne teilweise hinter den tatsächlich erzielten rechnerischen Gewinnen sehr erheblich zurückblieben.

Scheingewinne wurden von den Hotels bzw. Restaurants ganz allgemein beim Absatz von Wein erzielt. Auch zu direkten Geldentwertungsverlusten ist es stellenweise dadurch gekommen, daß das Betriebskapital im Kriege zum Teil brach lag und bei der nachher einsetzenden Wiederaufnahme eines vollen Betriebes nicht mehr die frühere Kaufkraft hatte. Das gleiche gilt von den Saisonbetrieben, bei denen zwischen dem Ende der früheren Saison und dem Beginn der nächsten eine mehr oder weniger große Geldentwertung eintrat. Im übrigen brachte es aber der in der Hotel- und Restaurationsindustrie stattfindende schnelle Umsatz mit sich, daß Scheingewinne infolge unrichtiger Bewertung der Umlaufsgüter nicht vorkamen. Eine Bestätigung dieser Tatsache bildet der Umstand, daß von den 14 insgesamt berücksichtigten Gesellschaften 9 keine Kapitalserhöhungen vorzunehmen brauchten.

Die Möglichkeit von Scheingewinnen durch unrichtige Bewertung des Anlagekapitals lag im Gasthofgewerbe wie in allen anderen Industrien mit stehendem Kapital vor. Die ausgewiesenen Abschreibungen waren im Vergleich zu den Vorkriegsabschreibungen unter Berücksichtigung der Geldentwertung im allgemeinen nicht genügend. Es ist aber sicher, daß mehrfach hohe innere Rückstellungen vorgenommen wurden, so daß aus den bilanzmäßigen Abschreibungen und den für

Erneuerungen ausgewiesenen Ziffern keinerlei Rückschlüsse auf tatsächlich ungenügende Abschreibungen gezogen werden können.

48. Gesellschaften ohne besondere Gruppierung (verschiedene Gesellschaften).

Die in unserer Statistik unter der Rubrik verschiedene Gesellschaften zusammengefaßten Unternehmungen erzielten im Nachkriegsjahr einen Gesamtgewinn von 71,06 Millionen gegen 24,27 Millionen Mark vor dem Kriege. Der Reingewinn der 10 Gesellschaften dieser Gruppe, die ihr Kapital nicht veränderten, stieg ganz unerheblich, von 2,99 Millionen auf 3,05 Millionen Mark. Der statistische Reingewinn aller 34 Gesellschaften erhöhte sich von 24,27 Millionen auf 61,56 Millionen Mark. Die Gruppe umfaßt Gesellschaften, die auf den verschiedensten Gebieten tätig waren, so daß eine generelle Erörterung nicht möglich ist. Erwähnt sei nur, daß sämtliche in der Gruppe enthaltenen Handelsunternehmungen offenbar infolge von mit Realverlusten verbundenen Scheingewinnen ihr Aktienkapital mehr oder weniger stark erhöht haben. Besonders gilt das von einem reinen Handelsunternehmen, der Leonhardt Tietz A.-G. in Köln, die ihr Aktienkapital in der Zeit von Dezember 1919 bis Januar 1921, also innerhalb 13 Monaten, von $17^1/_2$ Millionen auf 80 Millionen Mark (einschließlich Vorzugsaktien) vermehrte. Im Oktober 1921 fand dann eine weitere Kapitalserhöhung um 35 Millionen Mark statt, und die Generalversammlung vom 24. Juni 1922 beschloß eine abermalige Erhöhung um 60 Millionen Mark, alles ohne nennenswerte Ausdehnung der Betriebe, so daß die großen Gefahren verlustreicher Scheingewinne durch dieses Beispiel besonders gut illustriert werden.

IV. Ergebnis.

Unsere Statistik und die daran anschließende Untersuchung hat gezeigt, daß von den 48 bearbeiteten Gesellschaftsgruppen auch nicht eine vorhanden ist, die — auf Friedensmark umgerechnet — nach dem Kriege denselben Gewinn erzielte wie vorher. Den im Vergleich zum Vorkriegsjahr geringsten statistischen Reingewinn erzielten die Eisenbahnen mit 1,7 %, den größten die Gesellschaften der Holzindustrie mit 88,68 %. Zwischen diesen beiden Hundertsätzen bewegte sich der Reingewinn der großen Masse der Gesellschaftsgruppen, während er bei sämtlichen 1458 Gesellschaften zusammen — immer auf Goldmark umgerechnet — mit 28,81 % festgestellt wurde, d. h. mit kaum mehr als dem vierten Teil des vor dem Kriege erzielten Gewinnes. Auf das vor dem Kriege vorhandene werbende Kapital bezogen, ergab sich eine Goldmarkverzinsung von 3,04% gegen 10,55% im letzten Friedensjahre.

Noch schlechter war das Gesamtergebnis bei den 547 Gesellschaften, die ihr Kapital in der Zwischenzeit nicht veränderten. Hier erreichte der Nachkriegsgoldgewinn nur 15,03% des Gewinnes vor dem Kriege, und das Aktienkapital verzinste sich — in Gold — nur mit 2,03% gegen 13,47% im Jahre 1913.

Wir sahen dann weiter, daß auch diese bescheidenen Gewinne keine wirklichen Gewinne waren, sondern Scheingewinne, denen bei den meisten Gesellschaftsgruppen nicht etwa nur geringere Realgewinne, sondern wirkliche Verluste zugrunde lagen. Freilich vermochten gerade die Aktiengesellschaften diese Verluste durch Kapitalserhöhungen verhältnismäßig leicht auszugleichen, und die Leichtigkeit, mit der diese Kapitalzufuhr, wenigstens bisher, vor sich ging, ließ weder bei den Verwaltungen der Gesellschaften noch beim Publikum den Gedanken aufkommen, daß die Erhöhungen in der Regel nichts anderes bedeuteten als den Ersatz verlorener Vermögensteile durch von außen hinzutretendes neues Kapital. Man hatte sich in den Goldmarkzeiten daran gewöhnt, daß Kapitalserhöhungen nur von Gesellschaften vorgenommen werden konnten, die einen guten Geschäftsgang hatten, und deren Aktien mit einem mehr oder weniger hohen Agio bezahlt wurden; und man übersah nun unter der Herrschaft der Papiermark, daß dieses Agio in Wahrheit gar nicht mehr bestand, daß die Stammaktien — in Gold — weit unter pari standen, und daß infolgedessen die jungen Aktien geradezu verschleudert wurden. Endlich stellten wir fest, daß zwar eine Reihe von Aktiengesellschaften durch Verringerung des Gewichtes ihrer Schulden infolge der Geldentwertung einen Realgewinn erzielen konnten, daß dieser Gewinn aber nur eine Folge von Vermögensverschiebungen zwischen eigenem und Leihkapital war, also volkswirtschaftlich keinen Überschuß darstellte.

Wenn wir die Ursachen für die Mindergewinne bzw. Verluste des Aktienkapitals in der Nachkriegszeit überblicken, so können wir zwei Hauptmomente, zwei Gruppen von Ursachen unterscheiden, die ihrerseits wieder in zahlreiche Einzelursachen zerfallen oder durch andere Ursachen bedingt sind.

Die erste Hauptursache ist die Verringerung der Produktion. Wir sahen, daß die Erzeugung der weitaus meisten Industriezweige mehr oder weniger erheblich zurückging, und daß von dieser Regel nur die Braunkohlenbergwerke, die Elektrizitätswerke (nicht aber die ganze Elektrizitätsindustrie), die Fischereien, die Wasserleitungen, die Steinsalzbergwerke (nicht auch die Kaliindustrie), die Schokoladen-, die Schaumwein- und die Tabakindustrie eine Ausnahme machten. Die Gründe, die den Erzeugungsrückgang herbeigeführt haben, werden später zu erörtern sein. Hier ist nur auf die Tatsache des Rückganges und darauf hinzuweisen, daß die Minderung des Rohertrages ceteris paribus naturgemäß auch eine Minderung des Reinertrages zur Folge hatte und haben mußte.

Die zweite Hauptursache für den Mindergewinn bzw. Verlust des deutschen Aktienkapitals ist die Verringerung des Anteils, der dem Kapital vom Ertrag der Produktion zufloß, also, außer der durch den Rückgang der Erzeugung bedingten Gewinnschmälerung, die über diese Schmälerung hinausgehende und auch unabhängig von ihr vorhandene Gewinnminderung oder Verlustentstehung, als Folge einer für das Kapital ungünstigeren Ertragsverteilung.

Drei Faktoren sind es, zu deren Vorteil sich der dem Kapital zufließende Anteil am Ertrag schmälerte. Der erste ist die Arbeit, d. h. die Gesamtheit aller im Produktionsprozeß tätigen Personen, von Direktoren und Aufsichtsratsmitgliedern angefangen, bis herab zu den ungelernten Arbeitern.

Dafür, daß die Lohnarbeiter vom Ertrage der Produktion einen größeren Anteil erhalten haben als früher, sind unwiderlegliche Beweise vorhanden. Wir haben oben festgestellt, daß selbst unter Außerachtlassung aller durch Scheinkalkulationen verursachten Mindergewinne und effektiven Verluste der Reingewinn sämtlicher Gesellschaftsgruppen mit 1458 einzelnen Gesellschaften nur etwas mehr als den vierten Teil des einstigen Friedensgewinnes betrug, wobei 10 Mark des Jahres 1920 einer Mark des Jahres 1913 gleichgesetzt wurden. Die Löhne der Handarbeiter dagegen beliefen sich trotz geringerer Arbeitszeit und geringerer Arbeitsintensität — 10 Papiermark auch hier zu einer Goldmark gerechnet — im Durchschnitt des Jahres 1920 auf 60—80 und mehr Prozent der Löhne von 1913[1]); sie sind also nur um rund 25% hinter dem Vorkriegsstand zurückgeblieben und haben, auf die Einheit wirklich geleisteter Arbeit bezogen, wahrscheinlich den Friedensstand erreicht, wenn nicht überschritten. Auch dies läßt sich mit einiger Sicherheit sagen. Beziffert man die regelmäßige Arbeitszeit vor dem Kriege nur auf $9^1/_2$ Stunden, nach dem Kriege auf 8 Stunden, so erhält man, auf dieselbe Arbeitszeit berechnet, für das Nachkriegsjahr 1920 Lohnziffern von 70—90%, teilweise sogar von 100% der Vorkriegslöhne. Es muß aber nicht nur der Rückgang der Arbeitszeit, sondern auch der Rückgang der Arbeitsintensität berücksichtigt werden. Dieser ist allerdings statistisch weniger leicht erfaßbar. Beim Bergbau z. B. kann man den Rückgang der Erzeugung pro Kopf der Belegschaft nicht ohne weiteres dem Konto geringerer Arbeitsintensität

[1]) Die Ziffern sind auf Grund der Mitteilungen des Statistischen Reichsamtes (Jahrbuch 1921/22, S. 300 ff.) geschätzt.

zuschreiben. Es ist auch möglich, daß der Stollenabbau sich verschlechtert hat, weil er größere Tiefen erreichte, weil er im Kriege vernachlässigt wurde, weil die Gerätschaften weniger tauglich waren usw., und in der Tat wird von der Arbeiterschaft der Rückgang der Erzeugung auf diese Momente zurückgeführt. Dem steht aber entgegen, daß auch da, wo sicher keine ungünstigeren Produktionsverhältnisse als vor dem Kriege bestanden, die Erzeugung sich stark verminderte. Bei dem Mülheimer Bergwerks-Verein sank laut Geschäftsbericht für 1920 die Leistung pro Kopf von 0,95 Tonnen vor dem Kriege auf 0,61 Tonnen Anfang 1921. Die frühere Arbeitszeit von 8 Stunden auf die jetzige von $6^1/_2$ Stunden umgerechnet, betrug die Vorkriegsleistung 0,77 Tonnen, war also immer noch erheblich größer als die Leistung im Jahre 1921, obwohl, wie im Geschäftsbericht ausdrücklich betont wurde, die Grubenverhältnisse bei der Gesellschaft im wesentlichen dieselben waren, wie vor dem Kriege. Auch andere Industrien, in denen eine Verschlechterung der Produktionsverhältnisse nicht in Frage kommt, hatten eine bedeutende Verringerung der Arbeitsintensität zu beklagen. So teilten die Asbest- und Gummiwerke Alfred Calmon A.-G. in Hamburg in ihrem Geschäftsbericht für das Jahr 1920 mit, daß in der Gummifabrik die Arbeitsleistungen in 10000 Arbeitsstunden 1913 10327 Kilo, 1920 dagegen nur 7287 Kilo betragen haben, und die produktiven Löhne für 10000 Kilo Fertigfabrikate betrugen 1913 5361 Mark, dagegen 1920 60840 Mark, also fast das Zwölffache. In der Asbestfabrik war das Verhältnis noch ungünstiger, dort wurden in 10000 Arbeitsstunden 1914 rund 100000 Kilo, 1920 dagegen nur 47660 Kilo hergestellt; und die produktiven Löhne für 10000 Kilo Fertigfabrikate beliefen sich 1914 auf 389 Mark, 1920 dagegen auf 7800 Mark. Ohne Zweifel lag der Rückgang der Arbeitsintensität nicht nur an dem mangelnden guten Willen der Arbeiter, auch der größere Prozentsatz ungelernter Arbeiter spielte eine nicht unerhebliche Rolle, doch war diese kaum ausschlaggebend, und an der Tatsache des Rückganges der Arbeitsintensität selbst ändert sie nichts. Auch auf dem Gebiete der Elektrizitätsindustrie, in der sich die Produktionsverhältnisse nicht wie im Bergbau verschlechtert haben können, blieb der Wirkungsgrad der Arbeit wesentlich hinter dem Friedensstand zurück, was von Walther Rathenau, ohne Zweifel einem unverdächtigen Zeugen, in der außerordentlichen Generalversammlung der Allgemeinen Elektrizitäts-Gesellschaft vom 11. September 1920 ausdrücklich betont wurde.

Nicht so ungünstig für das Kapital war das Verhältnis von — vermeintlichem — Kapitalgewinn und Angestelltengehalt. Wenn man die Einkommensverhältnisse der Bankangestellten als Muster zugrunde legt, so ergibt sich, daß die unteren Angestellten ihr Gehalt vom

Jahre 1913 bis zum 1. Januar 1921 auf knapp das Sechsfache, die mittleren Angestellten auf gut das Viereinhalbfache und die weiblichen Angestellten auf mehr als das Achtfache in Papiermark steigern konnten [1]). In Goldmark und für den Durchschnitt des Jahres 1920 war demnach das Ergebnis für die Angestellten zwar relativ viel nachteiliger als für die Arbeiter, aber immer noch günstiger als für das Kapital.

Bei den auf Tantiemebezug angewiesenen Arbeitskräften, vor allem Direktoren und Aufsichtsratsmitgliedern, erhielt die Arbeit im Vergleich zur Vorkriegszeit zwar nominell häufig keine größere Vergütung als das Kapital. Da indessen die Tantiemen vom ausgewiesenen Gewinn, nicht vom wirklichen Gewinn, berechnet werden, und da ein wirklicher Gewinn nicht allzu häufig vorkam, so war der Anteil der Arbeit am „Ertrag" des Unternehmens auch hier zum Nachteil des Kapitals erheblich vergrößert, ganz abgesehen davon, daß die Aufsichtsratsmitglieder vielfach für „besondere" Verrichtungen unsichtbare Vergütungen erhielten, die über Handlungsunkostenkonto gingen.

Der zweite Faktor, zu dessen Gunsten das Kapital seinen Gewinn schmälerte oder gar, wie es meist der Fall war, einen Verlust erlitt, war der Verbrauch, d. h. die Masse der Konsumenten, an die die Erzeugnisse geliefert wurden. Zum Teil war diese Gewinnschmälerung eine bewußte, mit Rücksicht auf die geschwächte Kaufkraft des Inlandes getroffene Maßnahme. Im wesentlichen war sie jedoch mehr oder weniger unbewußt und erfolgte durch das Mittel der Scheinkalkulation, die ihrerseits in doppelter Beziehung wirkte, erstens insofern, als sie, wenn auch nicht direkt, sondern mehr gefühlsmäßig, die Kapitalrente statt in Goldmark in Papiermark einstellte, zweitens und hauptsächlich durch Berechnung unzureichender Gestehungskosten. Neben der Scheinkalkulation wurde schließlich auch die Zwangswirtschaft der Erhaltung des Kapitals dadurch gefährlich, daß der Staat wissentlich den Ertrag des Kapitals zugunsten des Verbrauchs beschränkte.

Der dritte Faktor, zu dessen Gunsten das Kapital mehr als früher seinen Gewinn verringern oder einen Verlust erleiden mußte, war die öffentliche Gewalt. Die Steuern, die Reich, Länder und Gemeinden einziehen, wurden und werden vielfach auf Papiermarkgewinne erhoben, die nichts anderes als Scheingewinne sind und denen sehr häufig reelle Verluste zugrunde liegen. Es handelt sich hier um eine ganz neuartige Besteuerung, deren Einführung die Geldentwertung ermöglicht hat. Während man nämlich bisher wohl nominelle Vermögenssteuern kannte, die tatsächlich aus dem Einkommen bezahlt wurden, die also reelle Einkommensteuern waren, ist es der neuesten

---

[1]) Vgl. Statistisches Jahrbuch 1921/22, S. 311.

Zeit vorbehalten geblieben, umgekehrt nominelle Einkommen- und Ertragssteuern einzuführen, die vom Vermögen bezahlt werden müssen, die also reelle Vermögenssteuern sind. Außerdem konnte die Besteuerung, ohne von vornherein eine reelle Vermögensbesteuerung zu sein, dadurch praktisch oft wie eine reelle Vermögenssteuer wirken, daß sie einen so großen Teil des Einkommens oder Ertrages beanspruchte, daß dem Steuerpflichtigen zur Fristung seines Lebensunterhaltes nur der Rückgriff auf das Vermögen übrig blieb.

Der Rückgang der Erzeugung im allgemeinen, den wir als die erste Hauptursache des Mindergewinnes bzw. Verlustes der Aktiengesellschaften bezeichnet hatten, war durch eine Reihe von Umständen begründet. Als erster ist die Verringerung der Arbeitszeit, weiterhin die Verringerung der Arbeitsintensität zu nennen, über die wir bereits gehandelt haben; dazu traten häufigere Arbeitseinstellungen. Nachteilig war ferner der während des Krieges verübte Raubbau, vor allem in der Landwirtschaft, in schwächerem Maße auch im Bergbau. Endlich wirkte der Wagenmangel dadurch, daß die Erzeugnisse nicht abgefahren werden konnten und die Läger gelegentlich überfüllt waren, produktionshemmend. Andere Gründe waren für den Rückgang der Steinkohlenförderung im allgemeinen nicht maßgebend, während für die übrigen Industrien eben der Rückgang der Steinkohlenförderung und die dadurch bedingte mangelnde Belieferung mit Brennstoffen den wichtigsten Grund des Erzeugungsrückganges bildeten. Außerdem wurde der Rückgang der Kohlenförderung in seiner Wirksamkeit durch die Zwangslieferungen an die Entente bedeutend verschlimmert, und so gab es kaum einen Industriezweig, der nicht über mangelnde Kohlenversorgung, besonders nach dem Spaa-Abkommen, zu klagen gehabt hätte. Zu der mangelnden Kohlenlieferung gesellte sich nicht selten ungenügende Rohstoffversorgung, begründet vor allem durch die geschwächte Kaufkraft der Industrie und durch das Valutarisiko. Auf dieser von vornherein beschränkten Grundlage mußten nun die Gewerbe vielfach noch den Kampf mit den Absatzschwankungen aufnehmen, die, wie wir das im einzelnen bereits gesehen haben, häufig die Nachfrage über die Erzeugungsfähigkeit oder die Erzeugungsfähigkeit über die Nachfrage hinausgehen ließen und dadurch im ganzen ebenfalls einschränkend auf die Erzeugung wirkten.

Ein weiterer sehr häufig wiederkehrender Grund für den Rückgang der Produktion war die Zwangswirtschaft, die entweder unmittelbar durch ausdrückliche Anordnung oder mittelbar durch Druck auf die Preise eine Beschränkung der Erzeugung verursachte. Endlich bedang der Zwang zur Umstellung von der Kriegswirtschaft auf die Friedenswirtschaft eine gegenüber der Vorkriegszeit stark verminderte Erzeugung in Friedensartikeln.

Neben den vorstehend angegebenen, häufig wiederkehrenden Ursachen waren bei den einzelnen Gesellschaftsgruppen noch besondere Gründe für den Produktionsrückgang maßgebend, die, soweit sie grundsätzlicher Natur waren, bereits im speziellen Teil erörtert wurden.

In diesem Zusammenhang muß noch ein größerer Substanzverlust erwähnt werden, den freilich nicht so sehr die Aktiengesellschaften, als vielmehr die ganze deutsche Volkswirtschaft erlitt, der Verlust durch Verkauf von inländischen Sachen und Rechten an Ausländer unter ihrem wirklichen Wert. Dieser wirkliche Wert ist gerade volkswirtschaftlich am besten durch die Wiederbeschaffungskosten zu bestimmen, und man kann daher sagen, daß die Volkswirtschaft überall da wirkliche Verluste erlitten hat, wo Inländer Gesellschaftsanteile, Häuser oder irgendwelche anderen Gegenstände unter dem Wiederbeschaffungspreis an Ausländer veräußert haben. Dabei ist unter Wiederbeschaffungspreis eines Gesellschaftsanteils die auf den einzelnen Anteil entfallende Quote des Wiederbeschaffungspreises für das gesamte Gesellschaftsvermögen zu verstehen. Ohne Zweifel gelangt man bei dieser kaum anfechtbaren Begriffsbestimmung zu dem Ergebnis, daß die deutsche Wirtschaft in den letzten Jahren außerordentliche Verluste erlitten hat, wenn auch auf der anderen Seite nicht geleugnet werden kann, daß der Beschaffungspreis der Marknote, die der Ausländer in Zahlung gab, häufig sehr viel höher war als der Weltmarktpreis am Tage des „Umtausches" der Noten in Ware, d. h. am Tage des Einkaufs der Ware.

Das Gegenstück zum Verkauf gegen Markwährung an das Ausland ist der sogenannte Valutagewinn. Dieser wird in seinem Charakter oft verkannt, insofern man mit ihm vielfach den Begriff „Übergewinn" verbindet. Indessen sollte unter „Übergewinn" korrekterweise nur ein Gewinn verstanden werden, bei dem der Unterschied zwischen Wiederbeschaffungspreis und Verkaufspreis in Gold höher ist als der einstige Friedensnutzen, und ein solcher Übergewinn liegt durchaus nicht immer, nicht einmal regelmäßig vor, denn der Exportpreis muß wegen der ausländischen Konkurrenz, wegen der Ausfuhrabgaben und wegen der Einfuhrzölle vielfach erheblich niedriger gestellt werden, als der Weltmarktpreis. Tatsächlich vergleicht man gewöhnlich den Auslandsverkaufspreis mit dem Inlandsverkaufspreis und spricht, wenn jener höher ist als dieser schon von einem Übergewinn, ohne zu beachten, daß der Inlandspreis, besonders infolge von Scheinkalkulationen, sehr oft nicht die wirtschaftlich gerechtfertigte Höhe erreicht.

Wenn die Aktiengesellschaften und überhaupt das Kapital dadurch große reelle Verluste erlitten haben, daß sie ihre Erzeugnisse unter dem Wiederbeschaffungspreis absetzten, so erhebt sich die Frage, ob diesem Verlust des Kapitals auf der anderen Seite nicht ein Gewinn entspricht, der vom Standpunkt der Gesamtwirtschaft einen Ausgleich gegen den vorerwähnten Verlust schafft. Daß der Verbraucher aus dem „Unterpreis" zunächst Nutzen zieht, ist klar, da aber die Masse der Verbraucher ein niedrigeres Realeinkommen als vor dem Kriege besitzt, ist der Unterpreis bestenfalls ihren Einkommensverhältnissen angepaßt. Geht man nun von den Verbrauchern weiter auf diejenigen zurück, von denen die meisten ihr Einkommen beziehen, so stößt man auf das Kapital bzw. auf das Unternehmertum und ist zunächst versucht, zu glauben, sie hätten den Vorteil, und der vorerwähnte Nachteil wäre damit ausgeglichen. Allein auch das ist, wie wir sahen, verfehlt. Denn das Kapitaleinkommen hat sich, vor allem wenn man das Leihkapital mit in Betracht zieht, gegen die Vorkriegszeit außerordentlich verringert. Der Verlust, den das Kapital durch die Geldentwertung und deren Folge, die Scheinkalkulation, erleidet, ist also offenbar ein endgültiger. Eine ähnliche Frage ist die folgende: Wer zieht den Nutzen daraus, daß die Inhaber freier Berufe, die Ärzte, Anwälte, Künstler usw. eine viel geringere Realvergütung für ihre Tätigkeit erhalten als vor dem Kriege? Daß die Verbraucher deshalb nicht leistungsfähiger geworden sind, sondern trotzdem ärmer, ist hier ebenso offenbar wie im vorigen Fall. Wer hat also in Wahrheit den Vorteil? — Das Problem ist nur lösbar, wenn man davon ausgeht, daß die ganze Volkswirtschaft viel weniger produziert und — einschließlich der zur Ausführung des Vertrages von Versailles erforderlichen Ausgaben — ebensoviel oder mehr konsumiert als früher. Das Mißverhältnis zwischen Erzeugung und Verbrauch ist es, das durch das Medium der Geldentwertung seine Wirkungen nach allen Richtungen hin ausstrahlt und durch Verarmung den einen mehr, den anderen weniger, aber im ganzen doch alle Volksgenossen trifft. Häufig, ganz besonders im Ausland, wird der Standpunkt vertreten, daß der Marksturz für Deutschland vorteilhaft oder wenigstens bedeutungslos, und daß es ganz gleichgültig sei, ob die Mark auf pari stehe oder nur den Wert eines Friedenspfennigs habe; der Reichtum der Gesamtwirtschaft werde dadurch nicht vermindert. Das ist an sich richtig. Nicht gleichgültig ist aber für die Volkswirtschaft die eigentliche Ursache der Geldentwertung, die Mindererzeugung und der Mehrverbrauch, und nicht gleichgültig ist schließlich auch die Geldentwertung als Bewegung; denn sie ruft zahlreiche Einkommenverschiebungen hervor, die ihrerseits die Produktionsverhältnisse sehr stark stören können, wie das allgemein bei volkswirtschaftlichen Krisen der Fall ist.

Das Defizit, das durch die Mindererzeugung bzw. den Mehrverbrauch entsteht, muß irgendwie gedeckt werden. Rein gedanklich könnte diese Deckung durch eine große Vermögenssteuer d. h. durch eine gleichmäßig verteilte Verringerung der Substanz des Volksvermögens vorgenommen werden. Praktisch ist eine solche Vermögenssteuer aber ohne feste sittliche Grundlagen nicht durchführbar, und diese Grundlagen sind in unserem Volke zurzeit nicht vorhanden[1]. Auch eine rücksichtslose Einschränkung des Verbrauchs und ein Zwang zur Mehrerzeugung, verbunden mit einer Verringerung der Kriegsschulden, könnte das bestehende Defizit beseitigen, aber das würde, ganz abgesehen von außenpolitischen Wandlungen, einen geschlossenen Volkswillen und eine starke Regierung erfordern, und auch diese Voraussetzungen fehlen. So bleibt denn nichts anderes übrig, als die fehlende Deckung da herzunehmen, wo sie am leichtesten zu holen ist, und wo sich die Leidtragenden wenigstens direkt nicht wehren können, das ist durch die Notenpresse. Von hier aus verteilt sich dann die unsichtbare Abgabe, als welche die Notenpresse wirkt, auf die verschiedensten Volkskreise, zunächst und unentrinnbar auf die Inhaber von Geld und festen Geldforderungen, weiterhin, wie bereits oben ausgeführt, auf fast alle Kreise des Volkes. Auf dem Umweg über die Geldentwertung und die Notenpresse fallen auch die sogenannten Reparationsleistungen allen Schichten des Volkes zur Last, selbst wenn keinerlei Steuer zu ihrer Bezahlung aufgelegt wird. Auf diesem Umweg muß insbesondere auch das Kapital einen Teil seiner Substanz für das Danaidenfaß der Wiedergutmachung ausliefern, und insofern kann man die Reparationslast, die die hauptsächliche Urheberin der Geldentwertung und Inflation ist, auch als einen besonderen — vierten — Faktor bezeichnen, zu dessen Gunsten die Aktiengesellschaften in der Nachkriegszeit ihre Gewinne schmälern bzw. einen Verlust tragen mußten.

Das deutsche Kapital war und ist von Feinden umgeben; sie alle, die Arbeit, der Verbrauch, der Staat und das feindliche Ausland suchten und suchen sich von ihm, so viel in ihrer Macht steht, anzueignen. Sie beschränken sich dabei nicht darauf, seinen Reinertrag zu kürzen, sondern entreißen ihm ein bisher ständig wachsendes Stück seiner Substanz, ohne freilich dadurch selbst reicher zu werden, denn dieser Substanzteil wurde und wird von der Minderarbeit und dem verhältnismäßig zu großen Verbrauch, von der verschwenderischen staatlichen Wirtschaft, von der feindlichen Besatzung und von der internationalen Wirtschaftskrisis völlig vertilgt.

Aber die Feindschaft der genannten vier Mächte ist nicht das ganze Unglück. Fast noch schlimmer ist die Unwissenheit und Unwahrhaftigkeit, mit der sie den Kampf gegen das Kapital führten und führen.

Der französische Ministerpräsident Briand hat seinerzeit mit Em-

---

[1] Näheres habe ich in meiner Schrift „Gedanken zur Reichs-Finanzreform im Jahre 1921", S. 8ff. Jena 1921, ausgeführt.

phase auf das „blühende“ Deutschland hingewiesen und betont, daß es neben diesem blühenden Deutschland kein „ruiniertes“ Frankreich geben dürfe, und während er die deutschen Arbeiter zu schonen vorgab, hat er gelegentlich die strengsten Maßnahmen gegen die deutsche Industrie angekündigt; dieselbe Auffassung sucht ja Poincaré heute auch tatsächlich zu verwirklichen. Immer wieder wird im Ausland von den großen Devisenbeständen der Industrie und davon gesprochen, daß sie diese verborgenen Reichtümer angesammelt habe, um sie dem Zugriff des Staates bzw. der Entente zu entziehen. Eine Behauptung, die um so gefährlicher ist, als es unmöglich ist, sie zahlenmäßig zu widerlegen. Und doch kann man sie a priori als ganz unwahrscheinlich bezeichnen. Wir haben gesehen, daß die „hohen Gewinne“ der Industrie fast durchgängig in das Reich der Fabel gehören, daß sich vielmehr hinter diesen Scheingewinnen mehr oder weniger große Verluste verbergen. Welches Interesse sollte da wohl die Industriellen veranlassen, Devisen über das notwendige Maß hinaus zu hamstern und dauernd dem schon ohnedies geschwächten Unternehmen zu entziehen? Das Privatinteresse kann man hier nicht ohne weiteres als Beweggrund anführen, denn gerade die größten Betriebe sind in der Hand von Aktiengesellschaften, und deren Verwaltungen haben keine Veranlassung, zugunsten von Aktionären, die vielleicht erst in viel späterer Zeit die Aktien der Gesellschaft erwerben werden, große wirtschaftlich nicht gerechtfertigte Devisenvorräte anzuhäufen. Den Leitungen der Gesellschaften ist das Wohlergehen der Unternehmungen selbst notwendigerweise viel wichtiger. Dabei lassen sie gewiß auch ihre Privatinteressen nicht zu kurz kommen, aber diese werden am besten durch hohe Gehälter und Tantiemen auf Scheingewinne gewahrt, und wenn auch mit diesen Mitteln Devisen in größerem Umfange beschafft worden sein mögen, so geschah das doch sicher nur für das Privateigentum der Industriemagnaten. Um sehr bedeutende Summen hat es sich dabei kaum gehandelt; und vor allem sind auch solche Devisen meist nichts anderes als „ausgewalzte Kapitalteile“.

Fast ebenso unwahrhaftig wie die Begründung der Reparationslast als einer tragbaren Schuld, ist die Begründung der kapitalfeindlichen Steuergesetzgebung als einer Besteuerung nach der Leistungsfähigkeit. Man gibt vor, das Einkommen bzw. den Ertrag zu belasten und besteuert tatsächlich die Vermögenssubstanz. Man weist auf das Elend hin, das die große Masse bedrückt, und auf den „aufreizenden Luxus‘ einer kleinen Zahl von Personen, deren märchenhafter Reichtum sich angeblich in diesem Luxus offenbart. Gewiß ist die sogenannte Schlemmerei keine erfreuliche Erscheinung, aber die Rückschlüsse, die man aus ihr in bezug auf die Einkommensverteilung zieht, sind verfehlt. Wenn jemand im Frieden eine Million Mark besaß und im Oktober

1922 50 Millionen Mark, d. h. noch nicht 100000 Goldmark, so hat dieser fünfzigfache Papiermillionär neun Zehntel seines Vermögens verloren, auch wenn er mit dem ihm verbliebenen Rest weit üppiger leben konnte, als die Masse der Bevölkerung und überdies wegen der unsicheren Geldverhältnisse auch tatsächlich zu verschwenderischen Ausgaben veranlaßt wurde. Man verbohrt sich ganz in den Gedanken, daß zwischen dem Einkommen einzelner und der großen Masse immer noch ein bedeutender Unterschied besteht, und vergißt dabei vollkommen, daß sich das „Einkommen" dieser wenigen, abgesehen natürlich von den sogenannten Kriegsgewinnern, deren Zahl aber sicher überschätzt wird, im Vergleich zu ihrem Einkommen vor dem Kriege viel mehr vermindert hat, als das Einkommen der großen Masse im Vergleich zu ihrem einstigen Einkommen. Selbstverständlich soll mit dieser Feststellung nicht einem die ärmeren Schichten stärker belastenden Steuersystem das Wort geredet werden, aber es ist notwendig, die Unbekümmertheit in das rechte Licht zu setzen, mit der man im Interesse der sozialen Gerechtigkeit den „leistungsfähigen Schultern", d. h. in Praxi dem Kapital immer von neuem Steuern aufbürden zu können glaubt.

Wenn Fabrikanten und Kaufleute bei der Kalkulation ihrer Waren den Wiederbeschaffungspreis zugrunde zu legen suchen, um ihr Kapital zu erhalten, so appelliert der Verbraucher an die Hilfe der Staatsgewalt, um die offensichtliche „Übervorteilung" des Publikums abzuwehren. Wenn dem Hausbesitzer durch das neue Reichsmietengesetz eine stärkere Erhöhung der Mieten zugebilligt wird, damit er die Unkosten decken kann, so werden Mieterversammlungen einberufen, die gegen diesen „unerhörten Wucher" Stellung nehmen sollen, und das geschieht angesichts der verfallenden Häuser, dieser untrüglichen Zeichen für die großen Substanzverluste des im Grundbesitz angelegten Kapitals.

Daß von dem Arbeitseinkommen heute ein viel größerer Prozentsatz des Volkseinkommens für sich beansprucht wird, als vor dem Kriege, ist eine unwiderlegliche Tatsache, aber das hat die öffentliche Kritik vielfach nicht daran gehindert, die „Hungerlöhne" den „fetten Dividendeneinkünften" der Aktionäre gegenüberzustellen. Neuerdings hat man sogar die Weigerung der Arbeiter, mehr zu leisten, damit zu entschuldigen gesucht[1]), daß sie nicht wünschten, daß ihre Mehrarbeit „nur zu einer privatwirtschaftlichen Substanzakkumulierung in der Hand der Besitzenden, sei es in Form von Sachwerten oder Devisen, führe". Der „Mehrwert" über den „gerechten Unternehmerlohn" hinaus, der „Surplusgewinn" dürfe nicht dem Kapital zufallen. Diese Ansicht zeugt von einer völligen Verkennung der Lage, in der sich das deutsche

[1]) Felix Pinner im Berliner Tageblatt vom 4. November 1922, Nr. 502.

Kapital nach dem Kriege befindet. Es ist möglich und sogar wahrscheinlich, daß eine Mehrleistung der Arbeiter auch dem Kapital zugute kommen würde, aber um einen Mehrgewinn gegenüber dem normalen Unternehmergewinn, wie er in Friedenszeiten vorhanden war, würde es sich dabei nicht handeln, sondern nur um einen Minderverlust oder allenfalls um einen bescheidenen wirklichen Gewinn gegenüber den jetzt oder wenigstens bis vor kurzem die Regel bildenden wirklichen Verlusten. Immer wieder muß darauf hingewiesen werden, daß die Reallöhne 1920 zwar absolut niedriger, aber bezogen auf die tatsächlich geleistete Arbeit eher höher als vor dem Kriege waren, während die Dividenden der Aktionäre meist aus mit Verlust verbundenen Scheingewinnen, d. h. aus dem Vermögen bezahlt werden mußten. — Von welcher Seite auch der Angriff auf das Kapital kommen mag, von der Entente oder von der eigenen Staatsgewalt, vom Verbrauch oder von der Arbeit, überall tritt uns bewußte oder unbewußte Täuschung entgegen. Das deutsche Kapital und mit ihm das deutsche Volksvermögen droht in einem Meer von Irrtum und Lüge zu versinken.

Aber nun wird im Ausland und selbst im Inland nicht nur auf die rauchenden Schornsteine der deutschen Fabriken hingewiesen, deren Tätigkeit, wie wir gesehen haben, ihren Eigentümern meist überhaupt keine wirklichen Gewinne, sondern erhebliche Verluste verursachten. Es wird auch betont, daß die Industrie besonders in den allerletzten Jahren große Bauten errichtet habe, hinter denen sie ihre angeblichen Riesengewinne zu verstecken suche, um sie dem Zugriff des Staates, des Feindes und des schlecht bezahlten Arbeiters zu entziehen.

Aus mehreren Gründen ist diese auf den ersten Blick offenbar bestechende Auffassung nicht haltbar. Zunächst handelt es sich bei den Bauten der Industrie zum großen Teil gar nicht um Erweiterungsbauten, sondern um Ersatzbauten. Dieser Ersatz war um so notwendiger, als während der Kriegsjahre und auch in der ersten Nachkriegszeit ein außerordentlicher Verschleiß aller Anlagen stattgefunden hat; und wenn sich die Neubauten jetzt zu häufen scheinen, so ist das in erster Linie eine Folge des Umstandes, daß viel Versäumtes nachgeholt werden muß.

Die schweren Verluste, die die deutsche Industrie durch die Wegnahme der lothringischen Gruben und Werke, sowie aller ausländischen Besitzungen erlitten hat, sind bekannt. Sehr viele Neubauten der Industrie dienen keinem anderen Zweck als dem, einen — sicherlich nicht vollwertigen — Ersatz für den in Verfolg des Vertrages von Versailles verlorenen Besitz zu schaffen. Ermöglicht wurde dieses Verfahren aber nicht durch irgendwelche chimärischen Gewinne, sondern hauptsächlich durch die verhältnismäßig bedeutenden Entschädigungszahlungen des Reiches, mit denen eine selbstverständliche, überdies im Friedensvertrag ausdrücklich übernommene Pflicht erfüllt wurde. Jetzt aber muß dieses Verhalten des Reiches und die damit teilweise zusammenhängende Konzentrationsbewegung der Industrie, die an sich durchaus keine erweiterte Produktion der ganzen Volkswirtschaft bedeutet, im Ausland dazu herhalten, der Industrie ungeheure Gewinne anzudichten; und im Inlande sind viele vermeintliche Sachverständige naiv genug, dasselbe zu glauben. — Ebenso sind die Neubauten jener zahlreichen Unternehmungen zu beurteilen, die ihre auf Kriegsproduktion eingestellten Werke mehr oder weniger hatten zerstören müssen und nun für Friedenserzeugung zu arbeiten anfingen.

Und was ist von den umfangreichen Neubauten zur Schaffung von Arbeiterwohnungen zu halten? Liegen hier nicht große Reserven verborgen, um die sich die jährlichen Gewinne der Unternehmungen außerordentlich vermehren? — Das würde dann der Fall sein, wenn diese Neubauten einer Erweiterung der Produktion zugute kämen. Das tun sie aber in der Regel nicht, vielmehr hat ihre Errichtung zunächst nur den Zweck, die Wirkung des Acht- bezw. Siebenstundentages und der verminderten Arbeitsintensität des einzelnen Arbeiters auf die Erzeugung abzuschwächen. Daß die Produktion trotzdem in den meisten Industrien und insbesondere in der Steinkohlenindustrie noch lange nicht den Friedensstand erreicht hat, wurde oben gezeigt. Die neuerbauten Arbeiterwohnungen stellen also keine eigentliche Bereicherung der Unternehmungen dar.

Endlich darf man nicht vergessen, daß, soweit wirkliche Gewinne erzielt wurden, auf seiten der Unternehmer das natürliche Bestreben vorhanden war, diese sicher nicht bedeutenden Erträgnisse sogleich in Sachwerten anzulegen, während in Friedenszeiten in solchen Fällen zunächst nur eine Erhöhung der Bankguthaben oder die Bezahlung von Schulden erfolgte. Auch hierdurch wird offenbar der falsche Eindruck einer im Vergleich zur Friedenszeit besonders gewinnbringenden Beschäftigung erweckt.

Nun haben wir aber früher gesehen, daß die deutsche Industrie im ganzen nicht nur keine Gewinne, sondern teilweise sehr große Verluste erlitten hat, und so bleibt, selbst wenn die Neubauten der Industrie nicht als Erweiterungsbauten, sondern im wesentlichen nur als Ersatzbauten und normale Verbesserungsanlagen anzusehen sind, noch immer ein gewisser Widerspruch zwischen diesen verlustreichen Geschäften auf der einen Seite und den wenigstens intakten Anlagen der meisten Unternehmungen auf der andern Seite bestehen. In der Tat läßt sich nicht leugnen, daß die deutschen Aktiengesellschaften als solche, abgesehen allerdings von den sehr bedeutenden eigentlichen

Kriegsverlusten, infolge der häufigen Kapitalserhöhungen keine wesentliche Substanzminderung, nicht ganz selten sogar eine Substanzmehrung erfahren haben. Aber diese Erhaltung der Substanz ist doch nur eine scheinbare, nicht nur deshalb, weil sie auf Kosten des inländischen Leihkapitals erfolgte, sondern vor allem auch deshalb, weil sie mit Hilfe ausländischen Kapitals ermöglicht wurde. In welcher Höhe das Ausland deutsche Aktien und deutschen Grundbesitz erworben hat, ist nicht genau feststellbar. Vor dem Reichstagsausschuß zur Untersuchung des Fehlschlagens der Markstützungsaktion erklärte der Reichsbankpräsident Havenstein, daß er die Beteiligung des Auslandes am deutschen Aktienbesitz auf 10% des gesamten Aktienvermögens gleich 800 Millionen Goldmark und den Besitz des Auslandes an deutschen Grundstücken auf 5—600 Millionen Goldmark schätze. Ohne Frage handelt es sich um einen verhältnismäßig bedeutenden Bruchteil des Volksvermögens. So hat die deutsche Volkswirtschaft die außerordentliche Passivität ihrer Handels- und Zahlungsbilanz, das Mißverhältnis ihrer Produktion und Konsumtion mit einer ständig wachsenden Verschuldung an das Ausland, d. h. eben durch Hingabe von Aktien und Grundstücken bezahlt, und der Widerspruch zwischen den verlustreichen Geschäften der meisten Industrien und der Erhaltung ihrer Substanz wird dadurch gelöst, daß zwar die Objekte der deutschen Industrie keine allzu große Schädigung erfahren, daß aber die deutschen Träger dieser Industrie einen nicht unerheblichen Prozentsatz ihres Besitzes an das Ausland verloren haben, und zwar zu einem Preise, der nicht mehr als 10—15% des Wiederbeschaffungswertes, d. h. des wahren volkswirtschaftlichen Wertes, betragen haben dürfte. Es verschlägt wenig, wenn man, besonders im Ausland, demgegenüber darauf hinweist, daß das Ausland seine Marknoten zum großen Teil während des Krieges und in der ersten Nachkriegszeit erworben habe, durch den Zusammenbruch der Mark aufs schwerste geschädigt sei und nun durch Erwerb von Aktien und Grundstücken weit unter ihrem inneren Wert lediglich frühere Verluste halbwegs auszugleichen suchte. Diese nicht wegzuleugnende Tatsache bedeutet nichts anderes, als daß unsere Volkswirtschaft bereits während des Krieges und der ersten Nachkriegsjahre in ungeheuerlicher Weise mehr verbrauchte als erzeugte, und daß sie das Defizit auf Kosten des Auslandes ausglich. Aber heute muß uns die Verschleuderung unserer Aktien und Grundstücke an das Ausland genau so schwer und genau so substanzmindernd treffen, wie sie uns treffen würde, wenn das Ausland durch den Zusammenbruch unserer Währung niemals geschädigt worden wäre.

Endlich steht selbst in den Fällen, wo es sich bei den Neuanlagen der Industrie um Erweiterungsbauten über den vor dem Kriege bestehenden Umfang hinaus handelt, dieser Erweiterung des stehenden Kapitals meist eine mehr oder weniger bedeutende Schmälerung des umlaufenden Kapitals gegenüber.

V. Allgemeiner Überblick über die Entwicklung der deutschen Aktiengesellschaften in neuester Zeit.

Wenn auch die Entwicklung der deutschen Aktiengesellschaften in den Jahren 1921 und 1922 im allgemeinen keine grundlegende Umwandlung gegenüber dem Vorjahr aufzuweisen hat, so haben sich die Verhältnisse doch auf verschiedenen Gebieten nicht unerheblich verändert, so daß ein etwas näheres Eingehen auf die wirtschaftlichen Vorgänge der jüngsten Vergangenheit geboten erscheint.

Der Umsatz der Kreditbanken hat naturgemäß infolge der seit 1920 und besonders seit Mitte 1922 rapide fortschreitenden Geldentwertung eine starke — nominelle — Erhöhung erfahren. Wieweit diese Erhöhung der Geldentwertung entsprach, ergibt sich aus den nachfolgenden Ziffern, die zunächst nur die Commerz- und Privatbank berücksichtigen, weil deren Geschäftsbericht am frühesten veröffentlicht wurde, an die sich aber dann die Ziffern der anderen Berliner Großbanken anschließen, die denen der Commerz- und Privatbank durchaus analog sind.

Der Durchschnittskurs des Dollars betrug:

1920	1921	1922
63,06	104,57	1885,78

Die Großhandelsziffer stellte sich:

	1920	1921	1922
auf	1486	1911	34 182[1])

Demgegenüber vermochte die Commerz- und Privatbank ihren Umsatz von 382,9 Milliarden im Jahre 1920 auf 736,8 Milliarden im Jahre 1921 und auf 6998,9 Milliarden im Jahre 1922 zu erhöhen. Untersuchen wir diese Zahlen etwas näher:

Die Umsatzsteigerung von 1920 auf 1921 übertrifft an Ausmaß sowohl die äußere wie vor allem die durch die Großhandelspreise ausgedrückte innere Geldentwertung, aber sie besagt nicht allzuviel, weil das Institut in der Zwischenzeit eine bedeutende Kapitalserhöhung vornahm. Wertvoller ist ein Vergleich der für 1921 und für 1922 ausgewiesenen Zahlen, denn er ergibt, trotzdem auch in dieser Zeit

[1]) „Wirtschaft und Statistik“, H. 2, S. 47. 1923.

Kapitalserhöhungen vorgenommen wurden, daß der Umsatz nur auf das 9½fache stieg, während der Großhandelsindex fast die 18fache Höhe, der Dollarindex mehr als die 18fache Höhe des Vorjahres erreichte. Ziehen wir nunmehr die Ernährungsindexziffern für die drei letzten Jahre zum Vergleich heran:

Es betrug der Ernährungsindex

1920[1])	1921[2])	1922[3])
1068	1397	18129

Hiernach ist der Umsatz der Commerz- und Privatbank von 1920 auf 1921 stärker gestiegen, als der durch den Ernährungsindex ausgedrückten Geldentwertung entspricht, ebenso wie er stärker als der Großhandelsindex und Dollarindex gestiegen war. Umgekehrt bleibt die Steigerung der Umsatzziffer von 1921 auf 1922 hinter der Geldentwertung zurück, auch wenn diese nicht durch den Dollarindex oder Großhandelsindex, sondern durch den Ernährungsindex ausgedrückt wird (13fache Steigerung der Ernährungskosten gegenüber 9½facher Steigerung des Umsatzes), wobei die in der Zwischenzeit erfolgte Kapitalserhöhung noch unberücksichtigt bleibt.

Ein Vergleich der der Commerz- und Privatbank zur Verfügung gestellten fremden Gelder in den drei letzten Jahren ergibt folgendes Bild:

Summe aller Kreditoren in Millionen Mark am Jahresschluß:

1920	1921	1922
5057,9	9255,6	105570,8

Dagegen Großhandelsindexziffer im Durchschnitt Dezember:

1920	1921	1922
1440	3487	147480

Ernährungsindex Dezember:

1920	1921	1922
1272	2088	68506

Fügen wir nunmehr zum Vergleich die Ziffern der übrigen Berliner Großbanken hinzu:

	Umsatz in Milliarden Mark		
	1920	1921	1922
Deutsche Bank.	1282	2125	19383
Dresdner Bank	1090	1664	13129
Discontogesellschaft.	1116	1905	13986

---

[1]) Errechnet auf Grund der Ziffern des Statistischen Jahrbuches 1921/22, S. 296/97. Die Ziffer für Januar ist geschätzt.

[2]) Errechnet auf Grund der Ziffern in „Wirtschaft und Statistik", Jahrgang 1923, Nr. 6, S. 184.

[3]) Errechnet auf Grund der Ziffern des Statistischen Jahrbuches 1921/22, S. 296/97.

	Summe aller Kreditoren in Milliarden Mark		
	1920	1921	1922
Deutsche Bank	21,58	38,73	607,14
Dresdner Bank	11,58	19,29	326,80
Discontogesellschaft	12,02	22,05	278,74
Darmstädter und Nationalbank	—	19,64	246,11
Berliner Handelsgesellschaft	2,53	4,29	27,60

Insgesamt kann man aus den vorstehenden Zahlen etwa folgende Schlüsse ziehen: Im Durchschnitt des Jahres 1921 hielt sich das Bankgeschäft auf dem im Durchschnitt des Jahres 1920 gehaltenen Niveau. Die langsame Geldentwertung, die im Jahre 1921 eintrat, beeinträchtigte nicht die Entwicklung des Geschäfts, sondern wurde durch die Steigerung der Umsatzziffern mindestens ausgeglichen. Die relativ schnelle Geldentwertung gegen Jahresschluß 1921 hatte bereits zur Folge, daß die Entwicklung des Geschäfts ziffernmäßig am Schlusse des Jahres 1921 nicht mehr der Geldentwertung voll entsprach. Die reißende Geldentwertung des Jahres 1922 endlich führte dazu, daß der Umsatz, gemessen an der Kaufkraft des Geldes, erheblich zurückging, ganz gleich, welche Methode der Kaufkraftmessung dabei zugrunde gelegt wird. Die Entwicklung des Bankgeschäfts hat also, offenbar im Zusammenhang mit der reißenden Geldentwertung und zumal in der zweiten Hälfte des Jahres 1922, im allgemeinen eine ungünstige Wendung genommen.

Besser als der Umsatz und die Summe der zur Verfügung gestellten fremden Gelder gestaltete sich der Reingewinn der Berliner Großbanken für das Jahr 1922.

Es betrug der ausgewiesene Reingewinn einschließlich Vortrag in Millionen Mark:

	1920	1921	1922
bei der Deutschen Bank	185,0	292,0	5964,0
„ „ Dresdner Bank	144,0	207,0	2626,0
„ „ Discontogesellschaft	160,13	228,52	4789,0
„ „ Darmstädter und Nationalbank	—	68,97	1408,0
„ „ Commerz- und Privatbank	66,8	98,7	1453,0
„ „ Berliner Handelsgesellschaft	37,0	62,0	680,0

Die Tatsache, daß selbst der ausgewiesene Reingewinn bei allen vorstehend angeführten Banken im Jahre 1922 stärker stieg als der Umsatz, ist in Anbetracht der außerordentlich hohen Differenz zwischen Debet- und Kreditzinsen und angesichts der sehr hohen Provisionen des Jahres 1922 nicht erstaunlich. Aber um wirkliche Gewinne (im Sinne des Nichtvorhandenseins von Scheingewinnen) dürfte es sich dabei nicht handeln. Wohl sind die Bankleitungen ebenso wie alle anderen Wirtschaftskreise im Jahre 1922 restlos zur Erkenntnis gelangt, daß ihre Substanz durch die Geldentwertung vermindert wurde, wohl haben sie ohne Frage das

Bestreben gehabt, das ihnen verbliebene eigene Vermögen möglichst wertbeständig anzulegen; und man kann annehmen, daß sich insofern ein Wandel gegenüber der früheren Zeit und auch gegenüber den noch im Jahre 1920 verfolgten Tendenzen vollzog. Aber die Unantastbarkeit des eigenen Kapitals der Banken läßt sich doch nur theoretisch herstellen, praktisch muß die Bank den Wünschen ihrer Kundschaft entgegenkommen und kann nicht rücksichtslos von einem gewissen Punkte ab jeden Kredit verweigern, um ihre Substanz völlig unversehrt zu erhalten. Andererseits steht der Bank allerdings die Möglichkeit offen, auf die Reichsbank zurückzugreifen. Da aber Devisenbeleihungen ausgeschlossen sind, ist sie gezwungen, auf diese sicherste und wertbeständigste Anlage wenigstens teilweise zu verzichten; außerdem hat die Reichsbank mehrfach sogenannte Kreditrestriktionen vorgenommen, durch die die Rediskontierung von Wechseln eingeschränkt wurde und wird. So bleibt den Banken denn auch jetzt nichts anderes übrig als — mindestens ergänzungsweise — Kredite zu geben, die sie aus Mitteln ihres eigenen Kapitals bestreiten, und sie können sich dieser Alternative um so weniger entziehen, als sie in vielen Fällen mit den kreditbedürftigen Kreisen der Industrie seit Jahrzehnten aufs engste verflochten sind. Welchen anderen Zweck sollten schließlich auch jene ungeheueren Zins- und Provisionssätze haben, durch die der effektive Zinsfuß für kurzfristige Kredite auf weit über 100, unter Umständen auf 200% Zinsen und noch mehr gesteigert wird, wenn es nicht der Zweck wäre, die durch die Geldentwertung erlittenen Substanzverluste auszugleichen? Es ist ein Unding, die derart gestiegene Belastung der Bankschuldner mit dem Steigen der Unkosten zu erklären, denn die Steigerung der Unkosten geht kaum wesentlich über die Steigerung des Umsatzes hinaus, könnte also in der Hauptsache durch die automatisch mit dem Umsatz steigenden Einnahmen wieder eingebracht werden. Nicht zur Deckung gestiegener Unkosten sind die Debetzinsen und Provisionen der Banken ins Gigantische gestiegen, sondern, wenigstens im wesentlichen, nur zur Erhaltung der Vermögenssubstanz. Ob dieses Ziel neuerdings erreicht wird, läßt sich nicht mit voller Gewißheit sagen, da das wirkliche Verhältnis von fremden Geldern und Debitoren nicht bekannt ist. Es ist aber als sicher anzunehmen, daß die wachsende Einsicht in die vermögenzerstörenden Wirkungen der Geldentwertung die überwiegende Mehrzahl der Banken dazu gebracht hat, durch geeignete und nötigenfalls energisch durchgeführte Maßnahmen Substanzverluste von dem Umfang zu vermeiden, wie sie die erste Nachkriegszeit gebracht hat, obwohl die Geldentwertung im Jahre 1922 viel rapider fortschritt als in jener Zeit. Eine völlige Unversehrtheit der Substanz oder gar ein wirklicher Überschuß ist aber wohl nicht erreicht worden, dazu erfolgte der Markverfall zu rasch, zu stark und jeweils zu unerwartet.

Geht der Kampf der Kreditbanken neuerdings um die Erhaltung ihrer Substanz, so kämpfen die Hypothekenbanken lediglich um die Erhaltung dürftiger und doch chimärischer Gewinne, hinter denen sich die größten Substanzverluste verbergen. Ja, hätten die Grundkreditbanken nur das normale Hypotheken- und Pfandbriefgeschäft gepflogen, so würde auch dieses bescheidene Ziel im Jahre 1922 nicht mehr erreicht worden sein; dann wäre nicht nur die Substanz entsprechend der Geldentwertung vermindert worden, sondern darüber hinaus ein erheblicher sichtbarer Verlust eingetreten als Folge der außerordentlich gestiegenen Unkosten, die im Jahre 1922 den Zinsüberschuß im Hypotheken- bzw. Pfandbriefgeschäft an Höhe weit übertrafen, was 1920 und auch 1921 noch nicht der Fall gewesen war. Wenn die Hypothekenbanken unter Aufwendung der größten Mühe einen „Reingewinn" überhaupt erzielten, so hatten sie das nur Einnahmen zu verdanken, die nicht im Rahmen des regulären Hypothekenbankgeschäfts liegen. Zunächst wurde das kommunale Darlehnsgeschäft und dementsprechend der Umlauf an Kommunalobligationen erheblich erweitert. Dabei handelt es sich allerdings teilweise nicht um eine regelrechte Neuemission von Kommunalobligationen, vielmehr wurden die Schuldverschreibungen der Banken mehrfach direkt in Zahlung gegeben und von den Darlehnssuchern dann, wenigstens vorübergehend, im Wege der Lombardierung flüssig gemacht. Weiter wurden nicht unbeträchtliche Einnahmen aus Aufgeldern bei Begebung von Schuldverschreibungen und bei vorzeitigen Rückzahlungen von Hypotheken erzielt. Stark gestiegen sind auch die Provisionen, die bei Abschluß von neuen Beleihungen in Ansatz gebracht wurden, ferner die Einnahmen aus Wechselzinsen und aus dem kommissionsweisen An- und Verkauf von Wertpapieren. So gelang es den Hypothekenbanken, nicht zum wenigsten durch Ausübung kreditbankmäßiger Geschäfte, einen sogenannten Überschuß zu erzielen, der die Verteilung einer „gleichen" oder gar einer „höheren" Dividende als im Vorjahre gestattete. Vom Standpunkt der Erhaltung des realen, d. h. des Kaufkraftkapitals erlitten die Hypothekenbanken im Jahre 1922 größere Verluste als je zuvor, und bei der fortschreitenden Geldentwertung sind die Aussichten auch für 1923 nicht günstig.

In der Lage der deutschen Industrie ist insofern seit dem Jahre 1920 eine Besserung eingetreten, als die Produktion auf verschiedenen Gebieten eine nennenswerte Steigerung erfahren hat. Die Steinkohlenförderung im gesamten Reichsgebiet ist zwar von 131,3 Millionen Tonnen im Jahre 1920 auf 130 Millionen Tonnen 1922 gesunken, aber diese Mindererzeugung ist nur eine Folge der Abtretung Ost-Oberschlesiens.

Im Ruhrgebiet ist die Kohlenförderung von 84,8 Millionen Tonnen 1920 auf 90,5 Millionen Tonnen 1921 und 93 Millionen Tonnen 1922 gestiegen, blieb allerdings noch immer wesentlich unter der Förderungszahl von 1913 mit 110,4 Millionen Tonnen zurück. Die Braunkohlenproduktion zeigte auch weiterhin nach oben gerichtete Tendenz und übertraf mit 137,2 Millionen Tonnen im Jahre 1922 die vorjährige Produktion um 14,2 Millionen, die Produktion von 1920 um 25,6 Millionen Tonnen, während die Förderung des Jahres 1913 nur 87,2 Millionen Tonnen betragen hatte[1]).

Sehr günstig war auch die Entwicklung von Förderung und Absatz des Kalibergbaues seit 1920. Der Absatz von Reinkali übertraf im Jahre 1922 nicht nur den Absatz der beiden Vorjahre, sondern auch den des Jahres 1913 (13 Millionen Doppelzentner 1922 gegen 11,1 Millionen 1913). Aber nicht nur hinsichtlich der Rohstoffe, auch auf dem Gebiet der Halbfabrikate und fertigen Waren weist die Erzeugung des Jahres 1922 im großen und ganzen ohne Frage gegenüber der ersten Nachkriegszeit eine steigende Tendenz auf; das ergibt sich sowohl aus den Geschäftsberichten der meisten Aktiengesellschaften, wie auch aus einem Vergleich der Außenhandelszahlen für 1920 und 1922. Sicher ist aber auf der anderen Seite, daß die Friedensproduktion, d. h. die Produktion des Jahres 1913, in den meisten Fällen noch nicht erreicht wurde.

Bedeutend besser ist auch die Lage der Eisenbahnen seit 1920 geworden, weil die Tarife der Reichsbahnen der Geldentwertung mehr und mehr angepaßt wurden und infolgedessen die privaten Gesellschaften Einnahmen erzielten, die ihnen neben größeren Abschreibungen teilweise nicht unbeträchtliche Papiermarkgewinne, sowie vor allem eine Verbesserung des Betriebes, d. h. allgemein gesprochen, der Produktion ermöglichten.

Dagegen ist die Lage der Straßenbahnen nach wie vor äußerst schwierig, weil einerseits die Kaufkraft der Bevölkerung gesunken ist und andererseits die Benutzung der Straßenbahn vom Publikum eher vermieden werden kann als die Benutzung der Fernbahn.

Sehr viel verwickelter als die Frage der Produktivität liegt die Frage der Rentabilität der deutschen Industrie in der neuesten Zeit. Daß die ausgewiesenen Gewinne auch im Jahre 1922 der fortschreitenden Geldentwertung im allgemeinen nicht entsprachen, ist kaum zu bezweifeln. Aber das Hauptproblem ist nicht die Höhe der bilanzmäßigen Gewinne, sondern die Höhe der wirklichen Gewinne unter Ausschluß aller Scheingewinne. In dieser Beziehung ist zunächst festzustellen, daß in der Industrie ebenso wie bei den Banken und im

[1]) „Wirtschaft und Statistik", Jahrg. 1923, Nr. 2, S. 39.

Handel spätestens in der zweiten Hälfte des Jahres 1922 das Blendwerk der Scheinkalkulation allenthalben erkannt worden ist, und daß allseitig das Bestreben vorhanden war, unter Verzicht auf rechnerische Gewinne die Vermögenssubstanz zu erhalten. Zweifellos ist dies auch sehr vielen Unternehmungen gelungen; das beweist nicht nur die Schärfe der Verkaufsbedingungen, die von ihnen beim Absatz zugrunde gelegt wurden, das beweisen auch die häufigen in den Geschäftsberichten der Gesellschaften wiederkehrenden Mitteilungen, daß die Substanz des Gesellschaftsvermögens nicht geschmälert worden sei. Diesen Unternehmungen stehen aber andere Gesellschaften gegenüber, deren Verkaufsbedingungen keine Sicherung gegen direkte oder indirekte Geldentwertungsverluste verbürgten, und deren Geschäftsberichte das Vorhandensein von Scheingewinnen klar erweisen, sei es, daß Kapitalserhöhungen vorgenommen wurden, ohne daß der Mengenumsatz sich entsprechend vergrößerte und ohne anderweite Ausdehnung, sei es, daß die Scheingewinne mehr oder weniger offen eingestanden wurden. Dazu kommt, daß es in vielen Industriezweigen nicht möglich ist, allen Geldentwertungsverlusten zu entrinnen. Der Handel in leicht vertretbaren Waren ist wohl regelmäßig in der Lage, sich sogleich nach Verkauf „einzudecken", und in ähnlicher Weise kann ohne Frage auch in zahlreichen Fabrikationszweigen verfahren werden, wo schnell und in großen Mengen erhältliche Rohstoffe bzw. Halbfabrikate verarbeitet werden. Eine gewisse Schwierigkeit ergibt sich aber auch hier insofern, als die „Eindeckung" in dem anderen Kostenfaktor, in den produktiven Löhnen, nicht durchzuführen ist. In dieser Hinsicht ist es immer nur möglich, den zur Zeit des Verkaufs der Waren gültigen Lohn, gegebenenfalls mit einem mehr oder weniger erheblichen Zuschlag, zugrunde zu legen, und das kann in Zeiten reißender Geldentwertung, selbst wenn der Zuschlag reichlich bemessen ist, ungenügend sein, ganz abgesehen davon, daß die Zuschlagsbemessung eine Grenze in der Konkurrenz der Verkäufer und in der Zahlungsfähigkeit der Käufer hat. Noch viel mehr gilt das Gesagte dort, wo die Produktionsdauer eine lange und der Anteil der Arbeitskosten am Produkt unverhältnismäßig groß ist; hier erhält die Kalkulation notwendig spekulativen Charakter, da die Wiederbeschaffungskosten schlechterdings unübersehbar sind. Die Erhaltung der Substanz oder die Erzielung wirklicher Gewinne ist dann meist mehr die Folge unverdienten Glückes oder weitgehender Zuhilfenahme von Krediten als normaler Geschäftstätigkeit. Nun ist man neuerdings vielfach geneigt, die Kreditansprüche der Industrie bei den Banken und durch deren Vermittlung oder auch direkt bei der Reichsbank derart zu beurteilen, daß durch sie die Unternehmungen ihre Substanz nicht nur voll erhalten, sondern sich überdies auf Kosten der Reichsbank und der Allgemeinheit bereichern. Indessen ist es nicht richtig, das außerordentliche Ansteigen des privaten Wechselkredits bei der Reichsbank als Beweis hierfür anzusehen, wie das z. B. Felix Pinner in der Handelszeitung des Berliner Tageblattes[1]) tut; denn dieses Ansteigen braucht nicht die Folge davon zu sein, daß Industrie und Handel im Durchschnitt mehr Markschulden als Markguthaben besitzen, es kann lediglich die Folge des Anziehens der Devisenkurse sein. Nehmen wir an, ein Importeur hat Baumwolle aus Amerika bezogen und diese Baumwolle zu einem Dollarkurs von 2000 bezahlt. Wenige Tage später ist der Dollarkurs auf 3000 gestiegen, und der Importeur verkauft nun die Baumwolle an den inländischen Großhändler oder Fabrikanten zu einem Preise, der das Eineinhalbfache der bisherigen Preise beträgt. Der Großhändler oder Fabrikant hat aus seinen eigenen früheren Verkäufen nur Barmittel zur Verfügung, die zum Ankauf bei einem Dollarstand von 2000, nicht aber bei einem Dollarstande von 3000 ausreichen; infolgedessen ist er gezwungen, dem Importeur einen Wechsel in Höhe der Differenz in Zahlung zu geben. Diesen Wechsel diskontiert der Importeur bei der Reichsbank und kauft mit dem Erlös zuzüglich der Barzahlung seines Abnehmers Devisen zum Dollarkurs von 3000, um sich für spätere Baumwollimporte einzudecken. Die Folge dieser Transaktion ist, daß die Reichsbank einerseits mehr Wechsel als vorher im Portefeuille und andererseits einen größeren Notenumlauf hat. Aber eine Bereicherung auf Kosten der Reichsbank oder der Allgemeinheit ist nicht eingetreten; weder der Importeur, noch der inländische Händler bzw. Fabrikant haben ein größeres reales Vermögen als vorher, sie haben höchstens die Substanz ihres Vermögens gerettet.

Nun soll nicht geleugnet werden, daß viele einzelne Industrielle und Händler nicht nur soviel Kredite aufnehmen, als zur Erhaltung ihrer Substanz erforderlich ist, sondern erheblich darüber hinaus, und hier tritt zweifellos eine reale Bereicherung bei zunehmender Geldentwertung ein. Aber der Schluß, daß diese Bereicherung auf Kosten der Allgemeinheit, insbesondere auf Kosten der Lohn- und Gehaltsempfänger gehe, ist zum mindesten voreilig. Wenn ein Unternehmen seine Markforderungen diskontiert und für den Erlös Devisen kauft, während es gleichzeitig hohe Warenschulden hat und behält, so wird es im Falle fortschreitender Geldentwertung zwar reicher, aber auf der anderen Seite muß doch der Devisenabgeber ceteris paribus ärmer werden. Nun sagt man, die Reichsbank gebe die Devisen ab, und das trifft an sich auch regelmäßig zu. Aber die Reichsbank selbst kann die Devisen doch nicht aus sich herausholen, sondern muß sie zum größten Teil

[1]) Jahrgang 1923, Nr. 221.

dem Bestande entnehmen, der sich aus den Pflichtablieferungen der Exporteure zusammensetzt. So entspricht dem realen Geldentwertungsgewinn des industriellen oder kaufmännischen Kreditnehmers zunächst ein realer Geldentwertungsverlust des Devisen abliefernden Exporteurs. Zweifellos kann dann im weiteren Verlauf der Exporteur durch Erzielung hoher und eigentlicher Valutagewinne den Schaden wieder ausgleichen; aber das ist eine Sache für sich, und jedenfalls ist der Stand der Reichsbank kein Beweis dafür, daß die Industrie als Ganzes „Nutznießerin der Markverschlechterung" sei.

Angenommen aber, die Industrie werde wirklich durch die Geldentwertung auf Kosten der Gesamtwirtschaft und insbesondere der Lohn- und Gehaltsempfänger an und für sich bereichert, so würde diese Bereicherung auf der anderen Seite doch wieder verloren gehen durch Scheingewinne zugunsten des Verbrauchs oder durch sichtbare Mindergewinne bzw. Verluste als Folge aller jener Ursachen, die wir früher dargelegt haben, und die auch heute zum größten Teil fortbestehen. Mit Bezug auf die Scheingewinne kann man nur sagen, daß sich die Verhältnisse in dieser Hinsicht seit 1920 gebessert haben, und daß durch Scheingewinne jedenfalls keine neuerlichen Verluste von dem Ausmaß entstanden sind, wie sie die Geldentwertung der ersten Nachkriegszeit mit sich brachte. Daß aber überhaupt keine Scheingewinne mehr erzielt werden, ist unbedingt unrichtig. Immer noch stehen erhebliche Teile der Industrie unter Zwangswirtschaft und müssen sich infolgedessen nicht selten mit Preisen begnügen, die unter den Wiederbeschaffungskosten liegen; immer noch treibt die Konkurrenz vor allem seitens der mit fremden Krediten arbeitenden Industrie die auf eigenen Füßen stehende Industrie zu substanzmindernden Verkäufen, und schließlich zwingt auch die Geldknappheit in Verbindung mit der Unmöglichkeit, den Betrieb plötzlich stillzulegen, zu Verkäufen unter dem realen Wert, um Betriebsmittel zur Bezahlung der laufenden Kosten, insbesondere der Löhne, zu erhalten; ganz zu schweigen von anderen Gründen. Dazu kommt, daß die Behörden noch heute auf dem Standpunkt stehen, daß zwar der Einstandspreis der Indexsteigerung entsprechend erhöht werden darf, daß aber der volle Wiederbeschaffungspreis nicht gefordert werden soll, weil auch die Industrie und der Handel an der allgemeinen Verarmung teilnehmen sollen.

Auch insofern hat sich gegen die erste Nachkriegszeit nicht sehr viel geändert, als Perioden reißenden, nicht zu befriedigenden Absatzes mit Perioden der Absatzstockung abwechseln. Und in Perioden des stockenden Absatzes machen sich jetzt die hohen Bankzinsen unliebsam bemerkbar und führen zu schweren Verlusten. Wenn man aber hiergegen einwenden wollte, daß der Verlust des einen den Gewinn des anderen bedeutet, so wäre auch das nicht richtig; denn die Geldwertschwankungen verursachen einen Aufwand an Zeit und Kraft, der für die Gesamtwirtschaft nicht im mindesten produktiv ist und anderer produktiver Tätigkeit entzogen wird.

So erscheint die Lage der deutschen Industrie auch heute (Juni 1923) in keinem rosigen Lichte. Das gegenwärtige Bild trägt vielleicht — abgesehen natürlich von dem Ruhreinbruch und dessen Folgen — etwas hellere Farben als das Bild der ersten Nachkriegszeit. Aber eine entscheidende Wendung zum Besseren ist noch immer nicht eingetreten.

Verlag von Julius Springer in Berlin W 9

Betriebswirtschaftliche Zeitfragen

herausgegeben von der

Gesellschaft für wirtschaftliche Ausbildung

Erstes Heft: **Goldmarkbilanz.** Von Dr. **E. Schmalenbach,** Professor der Betriebswirtschaftslehre an der Universität Köln. Zweite, unveränderte Auflage. 1923. GZ. 1,5

Zweites und drittes Heft: **Wirtschaftsunruhe und Bilanz.** Von Dr. **Erwin Geldmacher,** Privatdozent der Betriebswirtschaftslehre an der Universität Köln.

1. Teil: Grundlagen und Technik der bilanzmäßigen Erfolgsrechnung. Mit 15 Abbildungen. Erscheint im Sommer 1923.
2. Teil: Die bilanzmäßige Erfolgsrechnung in Zeiten gestörter Wirtschaftsentwicklung. Erscheint Ende Sommer 1923.

Viertes Heft: **Goldkreditverkehr und Goldmark-Buchführung.** Von Dr. **W. Mahlberg,** Professor der Betriebswirtschaftslehre an der Handelshochschule Mannheim. Mit 12 Abbildungen. 1923. GZ. 1,5

Bank- und finanzwirtschaftliche Abhandlungen

herausgegeben von

Professor Dr. **W. Prion,** Köln

Erstes Heft: **Die Verwendung maschineller Hilfsmittel im Bankbetrieb.** Von Dr. **Joh. Diedrichs,** Diplom-Kaufmann. 1923. GZ. 1,6

Zweites Heft: **Der Filialbetrieb der deutschen Kreditbanken.** Von Dr. **Math. Göbbels,** Diplom-Kaufmann. Erscheint Ende Sommer 1923.

Die Grundzahlen (GZ.) entsprechen den ungefähren Vorkriegspreisen und ergeben mit dem jeweiligen Entwertungsfaktor (Umrechnungsschlüssel) vervielfacht den Verkaufspreis. Über den zur Zeit geltenden Umrechnungsschlüssel geben alle Buchhandlungen sowie der Verlag bereitwilligst Auskunft.

Verlag von Julius Springer in Berlin W 9

Taschenbuch für den Fabrikbetrieb. Bearbeitet von zahlreichen Fachleuten, herausgegeben von Professor **H. Dubbel,** Ingenieur, Berlin. Mit 933 Textfiguren und 8 Tafeln. 1923. Gebunden GZ. 15

Grundlagen der Fabrikorganisation. Von Dr.-Ing. **E. Sachsenberg,** ord. Professor an der Technischen Hochschule Dresden. Dritte, verbesserte und erweiterte Auflage. Mit 66 Textabbildungen. 1922. Gebunden GZ. 8

Organisation der Arbeit. Von **H. L. Gantt.** Gedanken eines amerikanischen Ingenieurs über die wirtschaftlichen Folgen des Weltkrieges. Deutsch von Dipl.-Ing. Friedrich Meyenberg. Mit 9 Textabbildungen. 1922. GZ. 2,5

Warum arbeitet die Fabrik mit Verlust? Eine wissenschaftliche Untersuchung von Krebsschäden in der Fabrikleitung. Von **William Kent.** Mit einer Einleitung von Henry L. Gantt. Übersetzt und bearbeitet von **Karl Italiener.** 1921. GZ. 2,6

Fabrikorganisation, Fabrikbuchführung und Selbstkostenberechnung der Firma Ludwig Loewe & Co., A.-G., Berlin. Mit Genehmigung der Direktion zusammengestellt und erläutert von **J. Lilienthal.** Mit einem Vorwort von Prof. Dr.-Ing. G. Schlesinger, Berlin. Zweite, durchgesehene und vermehrte Auflage. Unveränderter Neudruck 1919. Gebunden GZ. 10

Die Abschätzung des Wertes industrieller Unternehmungen. Von Dr. **Felix Moral,** Zivilingenieur und beeidigter Sachverständiger. Zweite, verbesserte und vermehrte Auflage. 1923. GZ. 4; gebunden GZ. 5

Die Taxation maschineller Anlagen. Von Dr. **Felix Moral,** Zivilingenieur und beeidigter Sachverständiger. Dritte, neubearbeitete und vermehrte Auflage. 1922. GZ. 3,8; gebunden GZ. 6

Grundlagen der Betriebsrechnung in Maschinenbauanstalten. Von **Herbert Peiser,** Direktor der Berlin-Anhaltischen Maschinenbau-Aktiengesellschaft. Zweite, erheblich erweiterte Auflage. Mit 5 Textabbildungen. 1923. GZ. 5,6; gebunden GZ. 7

Betriebsverrechnung in der chemischen Großindustrie. Von **Albert Hempelmann,** Dr. rer. pol. D. H. H. C. 1922. GZ. 4,5; gebunden GZ. 5,6

Die Nachkalkulation nebst zugehöriger Betriebsbuchhaltung in der modernen Maschinenfabrik. Für die Praxis bearbeitet unter Zugrundelegung von Organisationsmethoden der Berlin-Anhaltischen Maschinenbau-A.-G., Berlin. Von **J. Mundstein.** Mit 30 Formularen und Beispielen. 1920. GZ. 2

Die Grundzahlen (GZ.) entsprechen den ungefähren Vorkriegspreisen und ergeben mit dem jeweiligen Entwertungsfaktor (Umrechnungsschlüssel) vervielfacht den Verkaufspreis. Über den zur Zeit geltenden Umrechnungsschlüssel geben alle Buchhandlungen sowie der Verlag bereitwilligst Auskunft.

Finanzen, Defizit und Notenpresse 1914—1922. Reich — Preußen — Bayern — Sachsen — Württemberg. Von Dr. **A. Jessen.** Mit einem Vorwort von Preuß. Staats- und Finanzminister a. D. Saemisch. 1923. GZ. 4

Die volkswirtschaftliche Bilanz und eine neue Theorie der Wechselkurse. Die Theorie der reinen Papierwährung. Von **Edmund Herzfelder.** Mit 11 Textfiguren. 1919. GZ. 12; gebunden GZ. 15

Die Wertminderungen an Betriebsanlagen in wirtschaftlicher, rechtlicher und rechnerischer Beziehung. (Bewertung, Abschreibung, Tilgung, Heimfallast, Ersatz und Unterhaltung.) Von **Emil Schiff.** Dritter, unveränderter Neudruck 1920. GZ. 6

Die Wertveränderung durch Abschreibung, Tilgung und Zinseszinsen. Formeln und Tabellen zur sofortigen Ermittlung des Verlaufes und jeweiligen Standes eines Betriebs- oder Kapitalwertes. Zum Gebrauch für Ingenieure, Verwaltungsbeamte, Kaufleute usw. Aufgestellt und erläutert von Dipl.-Ing. **H. Kastendieck.** 1914. Gebunden GZ. 1,6

Die Werterhaltung in der Unternehmung und das einschlägige Steuerrecht. Von Dipl.-Kaufmann **A. Römer,** Fabrikdirektor. 1923. GZ. 1,2

Buchführung und Bücherabschluß bei der industriellen Aktiengesellschaft. Von **Johannes Curt Porzig,** Fabrikdirektor in Dresden. Mit 28 Formularen. 1923. GZ. 2,7; gebunden GZ. 3,6

Die systematische (doppelte) Buchführung. Grundlage, System und Technik. Von **Max Schau,** Diplomhandelslehrer an der Staatlichen Handelsschule und Dozent am Technischen Vorlesungswesen und der Volkshochschule zu Hamburg. Mit zwei Tafeln. 1923. GZ. 2

Buchführung für Klein- und Großbetriebe. Mit Anleitung zu den Steuererklärungen. Von Dr. **Th. Meinecke,** Winsen a. d. Luhe. Mit zahlreichen Buchungsbeispielen. 1923. GZ. 1,5

Buchhaltung und Bilanz auf wirtschaftlicher, rechtlicher und mathematischer Grundlage für Juristen, Ingenieure, Kaufleute und Studierende der Privatwirtschaftslehre mit Anhängen über »Bilanzverschleierung« und »Teuerung, Geldentwertung und Bilanz«. Von Professor Dr. hon. c. **Johann Friedrich Schär.** Fünfte, durchgesehene und erweiterte Auflage. 1922. Gebunden GZ. 15

Die Grundzahlen (GZ.) entsprechen den ungefähren Vorkriegspreisen und ergeben mit dem jeweiligen Entwertungsfaktor (Umrechnungsschlüssel) vervielfacht den Verkaufspreis. Über den zur Zeit geltenden Umrechnungsschlüssel geben alle Buchhandlungen sowie der Verlag bereitwilligst Auskunft.

GPSR Compliance

The European Union's (EU) General Product Safety Regulation (GPSR) is a set of rules that requires consumer products to be safe and our obligations to ensure this.

If you have any concerns about our products, you can contact us on ProductSafety@springernature.com

In case Publisher is established outside the EU, the EU authorized representative is:

Springer Nature Customer Service Center GmbH
Europaplatz 3
69115 Heidelberg, Germany

Batch number: 10844675

Printed by Printforce, the Netherlands